中国
社会科学
博士论文
文库

利奥塔
崇高美学思想研究

A Study on Lyotard's Aesthetics of the Sublime

刘冠君　著

导师　曾繁仁

中国社会科学出版社

图书在版编目（CIP）数据

利奥塔崇高美学思想研究／刘冠君著 . —北京：中国社会科学出版社，2015. 10
（中国社会科学博士论文文库）
ISBN 978 – 7 – 5161 – 7015 – 1

Ⅰ. ①利…　Ⅱ. ①刘…　Ⅲ. ①利奥塔，J. F.（1924～1998）— 美学思想—研究
Ⅳ. ①B565. 59②B83 – 095. 65

中国版本图书馆 CIP 数据核字（2015）第 256744 号

出 版 人	赵剑英	
责任编辑	姜阿平	
责任校对	邓晓春	
责任印制	王　超	

出　　版	中国社会科学出版社	
社　　址	北京鼓楼西大街甲 158 号	
邮　　编	100720	
网　　址	http：//www. csspw. cn	
发 行 部	010 – 84083685	
门 市 部	010 – 84029450	
经　　销	新华书店及其他书店	

印　　刷	北京君升印刷有限公司	
装　　订	廊坊市广阳区广增装订厂	
版　　次	2015 年 10 月第 1 版	
印　　次	2015 年 10 月第 1 次印刷	

开　　本	710 × 1000　1/16	
印　　张	14. 25	
插　　页	2	
字　　数	241 千字	
定　　价	49. 00 元	

凡购买中国社会科学出版社图书，如有质量问题请与本社营销中心联系调换
电话：010 – 84083683

总　序

　　在胡绳同志倡导和主持下，中国社会科学院组成编委会，从全国每年毕业并通过答辩的社会科学博士论文中遴选优秀者纳入《中国社会科学博士论文文库》，由中国社会科学出版社正式出版，这项工作已持续了12年。这12年所出版的论文，代表了这一时期中国社会科学各学科博士学位论文水平，较好地实现了本文库编辑出版的初衷。

　　编辑出版博士文库，既是培养社会科学各学科学术带头人的有效举措，又是一种重要的文化积累，很有意义。在到中国社会科学院之前，我就曾饶有兴趣地看过文库中的部分论文，到社科院以后，也一直关注和支持文库的出版。新旧世纪之交，原编委会主任胡绳同志仙逝，社科院希望我主持文库编委会的工作，我同意了。社会科学博士都是青年社会科学研究人员，青年是国家的未来，青年社科学者是我们社会科学的未来，我们有责任支持他们更快地成长。

　　每一个时代总有属于它们自己的问题，"问题就是时代的声音"（马克思语）。坚持理论联系实际，注意研究带全局性的战略问题，是我们党的优良传统。我希望包括博士在内的青年社会科学工作者继承和发扬这一优良传统，密切关注、深入研究21世纪初中国面临的重大时代问题。离开了时代性，脱离了社会潮流，社会科学研究的价值就要受到影响。我是鼓励青年人成名成家的，这是党的需要，国家的需要，人民的需要。但问题在于，什么是名呢？名，就是他的价值得到了社会的承认。如果没有得到社会、人民的承认，他的价值又表现在哪里呢？所以说，价值就在于对社会重大问题的回答和解决。一旦回答了时代性的重大问题，就必然会对社会产生巨大而深刻的影响，你也因此而实现了你的价值。在这方面年轻的博士有很大的优势：精力旺盛，思想敏捷，勤于学习，勇于创新。但青年学者要多向老一辈学者学习，博士尤其要很好地向导师学习，在导师的指导下，发挥自己的优势，研究重大问题，就有可能出好的成果，实现自己的价值。过去12年入选文库的论文，也说明了这一点。

什么是当前时代的重大问题呢？纵观当今世界，无外乎两种社会制度，一种是资本主义制度，一种是社会主义制度。所有的世界观问题、政治问题、理论问题都离不开对这两大制度的基本看法。对于社会主义，马克思主义者和资本主义世界的学者都有很多的研究和论述；对于资本主义，马克思主义者和资本主义世界的学者也有过很多研究和论述。面对这些众说纷纭的思潮和学说，我们应该如何认识？从基本倾向看，资本主义国家的学者、政治家论证的是资本主义的合理性和长期存在的"必然性"；中国的马克思主义者，中国的社会科学工作者，当然要向世界、向社会讲清楚，中国坚持走自己的路一定能实现现代化，中华民族一定能通过社会主义来实现全面的振兴。中国的问题只能由中国人用自己的理论来解决，让外国人来解决中国的问题，是行不通的。也许有的同志会说，马克思主义也是外来的。但是，要知道，马克思主义只是在中国化了以后才解决中国的问题的。如果没有马克思主义的普遍原理与中国革命和建设的实际相结合而形成的毛泽东思想、邓小平理论，马克思主义同样不能解决中国的问题。教条主义是不行的，东教条不行，西教条也不行，什么教条都不行。把学问、理论当教条，本身就是反科学的。

在21世纪，人类所面对的最重大的问题仍然是两大制度问题：这两大制度的前途、命运如何？资本主义会如何变化？社会主义怎么发展？中国特色的社会主义怎么发展？中国学者无论是研究资本主义，还是研究社会主义，最终总是要落脚到解决中国的现实与未来问题。我看中国的未来就是如何保持长期的稳定和发展。只要能长期稳定，就能长期发展；只要能长期发展，中国的社会主义现代化就能实现。

什么是21世纪的重大理论问题？我看还是马克思主义的发展问

题。我们的理论是为中国的发展服务的，决不是相反。解决中国问题的关键，取决于我们能否更好地坚持和发展马克思主义，特别是发展马克思主义。不能发展马克思主义也就不能坚持马克思主义。一切不发展的、僵化的东西都是坚持不住的，也不可能坚持住。坚持马克思主义，就是要随着实践，随着社会、经济各方面的发展，不断地发展马克思主义。马克思主义没有穷尽真理，也没有包揽一切答案。它所提供给我们的，更多的是认识世界、改造世界的世界观、方法论、价值观，是立场，是方法。我们必须学会运用科学的世界观来认识社会的发展，在实践中不断地丰富和发展马克思主义，只有发展马克思主义才能真正坚持马克思主义。我们年轻的社会科学博士们要以坚持和发展马克思主义为己任，在这方面多出精品力作。我们将优先出版这种成果。

2001 年 8 月 8 日于北戴河

序　言

　　刘冠君的博士论文《利奥塔崇高美学思想研究》即将出版，要我为之写一个序言，我是非常愿意接受的。刘冠君是我们山东大学文艺美学研究中心的优秀毕业生。她从本科到硕士与博士都在山东大学文学与新闻传播学院完成，其中硕士与博士在我们文艺美学研究中心完成。她的博士论文《利奥塔崇高美学思想研究》是在硕士论文基础上的进一步深化，其间为更好地完成论文写作专门到美国访学。

　　因为问题本身比较前沿新颖，研究刚刚开始不久，可供参考的文献不多，又比较晦涩难懂等，论文写作比较艰辛，但刘冠君还是较好地完成了论文。首先是选题具有较大意义。利奥塔是对"后现代"这一命题做出"对现代性的超越与反思"这一判断的极为重要的理论家，他发表于1979年的著名论著《后现代知识状况》让我们看到所谓"后现代"不仅是对于现代性的突破，而且是一种反思，反思中包含着某种继承，而不纯是"打碎"，是在"现代性中不断地孕育着后现代"。这种对于"后现代"的阐释不仅是"解构"，而且有"建构"，意义深远。刘冠君的论文较为忠实地体现了利奥塔的解构与建构并行，重在建构的思想追求，因此论文具有建设性意义是十分明显的。同时，论文还深入论述了利奥塔不同凡响的、积极的"后现代"美学与艺术理论。在通常的意义上，"后现代"作为一种对于现代的解构，其美学与艺术应该是一种意义的瓦解，破碎与零散化，是一种对于市场的迎合与俗化。但利奥塔独具慧眼，将后现代艺术实际上区分为消极与积极两种，所谓消极的后现代艺术是一种一味迎合现实的后现代艺术，他称之为"金钱现实主义"，具有极强的媚俗性与消极性，可谓一语中的。利奥塔则要在后现代艺术中追求一种具有"崇高"之美学精神的艺术，这不是意义的消解而是意义的重建，具有积极的意义，对我国当下的美学与艺术建设都有参考价值。

刘冠君恰是以"崇高美学"作为自己论文的主旨，较为深入地论述了利奥塔"崇高美学"的三大要旨。首先，崇高是一种呈现不可呈现性的情感。这是对于崇高的一种新的"后现代"的阐释，是一种由传统认识论的崇高理论到当代存在论崇高理论的转型。从西方美学与艺术史上来看，崇高都是对于一种具有较大价值的物象与精神实体的追求，或者是表现一种伟大的事物，如亚里士多德对于悲剧的论述；或者是对于一种永恒正义的表现，如黑格尔的美学理论；或者是面对强大感性而诉诸理性精神，如康德之崇高理论，如此等等。但利奥塔则独树一帜，将崇高归结为"呈现不可呈现性的情感"，这种不可呈现性的情感，刘冠君将之归纳为"个体生命意义的存在"的逐渐展开，这就离开了传统认识论实体性美学走向当代对于人之生存意义关怀的存在论美学，是崇高美学的一种突破。她较为深入准确地论证了这种新的当代存在论崇高美学。其次，崇高发生在"现在"的状态下。这又是一种对于西方传统认识论美学的突破，西方传统的认识论美学是一种静止的美学，主客之间是一种仅凭视听感觉的距离美学，但当代包括利奥塔崇高美学在内的存在论美学则是一种现象学的阐释学美学，只有在阐释之中凭借主体的构成能力，对象才得以呈现。这就是一种艺术活动中"此在与世界"之关系，此在即人，所有的艺术活动都是个体的人的当下、现在的活动。这在一定程度上肯定了"先锋艺术"，因为所有的"先锋艺术"都是现在的、当下的，是一种参与性的、身体性的，这就是"先锋艺术"的特点与价值所在。最后，崇高这种情感的中心是歧论。这是对于传统认识论之中心论的解构，传统认识论之崇高都指向一种中心论，或是亚里士多德的恐惧与怜悯，或是康德的"理性的偷换"，但利奥塔则将这种崇高的精神归于"歧论"，是一种两方与多方之间"不可决定的"判断。不可决定是一种模糊性，但也意味着一种选择性、开放性，为当代后现代艺术提供了多种解释的可能。总之，利奥塔的崇高作为后现代的崇高是一种对于传统崇高理论的突破，具有诸多崭新的因素，也正因此而具有诸多不稳定性。

刘冠君的论文尽管是2010年答辩的，已经过去了4年，但现在看仍不陈旧，说明利奥塔崇高美学的研究还是一块有待继续开发的领域，对于利奥塔的研究需要进一步深入，也说明刘冠君的论文所具有的学术价值。刘冠君在论文中阐发利奥塔的贡献的同时也指出了利奥塔的局限，但对于后现代崇高理论的研究却还需要继续下去。在这里还要给予充分肯定的是，刘冠君在本论文中做了比较好的文献工作，她认真梳理了利奥塔崇高美学的理论来源，利奥塔与胡塞尔、弗洛伊德、康德、海德格尔、列维纳斯等人的学术继承关系，特别是阐释了利奥塔的欲望美学与弗洛伊德的"力比多"理论的关系，他的"反思判断"审美理论与康德崇高理论的学术关系，他的"呈现不可见性"与海德格尔的存在论美学的关系，等等。这都说明刘冠君在学术态度与学风上是端正而严肃的，说明她的学术起步是坚实而稳固的。利奥塔的崇高美学是一个有待继续研究的领域，刘冠君开了一个好头，希望她有机会继续做下去，也可以由此思考后现代的美学与艺术，在这方面做出成绩。学术的追求是终生的事业，无论做什么工作，希望刘冠君不要放弃学术的追求，这是一种旨趣，也是一种境界。

祝贺并期望着冠君。

曾繁仁

2015 年 5 月 26 日

中文摘要

让－弗朗索瓦·利奥塔是当代西方最具代表性的后现代主义哲学家之一。今天，许多人几乎把他视为后现代主义的同义词。20世纪70年代以来，利奥塔的后现代主义思想在人文社会科学的各个领域都受到了极大关注，也引发了不少讨论，在西方学术界产生了巨大的影响。他的后现代主义哲学勾勒出一幅当今科学知识、伦理、美学、政治学等领域内出现的后现代性的图画，其核心思想是摒弃统一性、决定论等现代模式，建立多元性、多样化，保持异质性的后现代秩序。而利奥塔提出的以"非人"抗拒"非人"的艺术理想和重写现代性的社会理想，最终是借助于他在艺术和社会政治领域的崇高美学来实施的。利奥塔的崇高美学思想不仅是他的后现代主义哲学的有机组成部分，而且随着利奥塔思想的发展，崇高美学在他的后现代理论中占据了越来越重要的地位。研究利奥塔的崇高美学思想，深化对利奥塔整个后现代主义哲学的认识，发掘其对西方当代哲学、美学发展的重要意义，阐明它在艺术领域和社会政治领域的独特价值，厘清其中存在的局限，是本书的主要研究目的。

本书由七部分组成。

导言部分重在说明本书的选题意义，介绍国内外学者对利奥塔哲学、美学思想的研究现状和本书的写作思路、内容简介、创新之处。在选题意义方面，说明了本书以利奥塔的"崇高美学"思想为主题来展开研究的理由：一是因为，利奥塔是当代崇高理论发展中最主要的哲学家之一，他的崇高美学思想因其与后现代主义的紧密关系而独树一帜，值得关注。对利奥塔的崇高美学进行研究，不但能加深我们对他整个哲学思想的认识，也有助于我们进一步理解和把握崇高这一古老的美学范畴在当今社会的新发展，更为我们当前的审美、政治、伦理思考提供了新的思考可能性。二是因为，在当前中国的现实语境下，研究利奥塔的崇高美学思想，了解他对当代西方社会文化和艺术的批判性反思,可以为我们当下文化、艺术的健康发展提供有益的借鉴。在研究现状方面,介绍了国内外学者几十年来对利奥塔的哲学、美学思想研究的总体情况。指出与国外学者对利奥塔研究的广度与深度相比,目前国内的利奥塔研究,尤其是对他的美学和艺术理论的研究在一定程度上还只能说是"冰山一角"。本书的主要创新之处在于:一是阐明利奥塔早期的欲望美学和崇高美学之间的关系;二是论证利奥塔崇高理论的新发展和新突破;三是分析作为利奥塔崇高美学思想重要组成部分的先锋艺术理论;四是对利奥塔崇高美学在社会政治领域的运用展开深入解读。

第一章以利奥塔的思想发展历程为研究对象。相比于很多埋头学术的哲学家,利奥塔显示出更多的政治介入的热情,他积极投身社会政治生活的实践经历和社会交往对其思想的形成和发展影响至关重要。而他对美学问题和艺术作品的探讨,也始终伴随着他的哲学研究。利奥塔的思想发展经历了三个阶段:第一阶段是 20 世纪五六十年代,他主要从胡塞尔现象学和马克思主义那里寻找批判和改造社会的思想武器,并热心于马克思主义无产阶级革命理论的革命实践。第二阶段是 20 世纪 60 年代至 70 年代末以前,这一时期是利奥塔思想的"漂流"期。他在现实的多样化矛盾面前逐渐丧失了对马克思主义的信仰,先是以尼采的思想来改造弗洛伊德和马克思的理论并发展了一种欲望哲学,而后又抛弃了这一过于极端化的哲学立场,转向异教主义,并在其中显示出了后现代主义的端倪。第三阶段,也就是 20 世纪 70 年代末以后,是利奥塔思想发展的最后阶段。他正式提出了后现代主义,并在此基础上大力颂扬崇高美学,深入探索艺术发展和社会公正相关问题。

第二章论述了利奥塔的欲望美学。欲望美学可以看作是利奥塔后现代崇高美学的最初表述。《话语,图像》一书集中体现了他的欲望美学思想,主要在两个方面展开:第一,利奥塔重新阐释了话语和图像,解构了二者之间的单纯对立关系,把图像作为话语的他者来看待,让我们意识到在话语中存在一些不可表现、异于表现的东西。在此基础上,他把美学与理论对立起来,用艺术形象来颠覆理论话语,主张感官和经验优于抽象物和概念,把诗歌、绘画等艺术看作是异质空间的同时展开。实际上,后现代主义、崇高都是利奥塔言说"图像"的一种方式,他对"图像"的论述、对"异质性"的坚持以及由此对艺术所做的分析,在理论上为后现代崇高美学奠定了基础。第二，借助弗洛伊德的精神分析学说，利奥塔着重考察了图像，把图像理解为无意识欲望的直接表达，并且区分了"图像—肖像""图像—形式"和"图像—母体"三种图像。他认为，是"图像—母体"把异质的不可共存之物汇聚起来，带领我们接近无意识的欲望。而艺术作品作为强度和结构的集合体，既揭示了结构的局限性又保持了结构变形的开放性，不是欲望的完成而是未完成。关于艺术作品开放性和未定性的思想在利奥塔崇高美学的艺术理论中得到进一步发展。

第三章在考察崇高这一重要美学范畴的历史发展脉络及其在当今社会的发展境遇后，集中论述了利奥塔崇高观念的理论源流，详细阐释了利奥塔关于崇高的基本认识和核心观念。指出利奥塔对崇高美学的理解，与他对哈贝马斯的"现代性规划"的批判和他提出的重写现代性有关。利奥塔认为哈贝马斯对秩序和稳定性的追求就是让艺术家回到公众的怀抱，停止艺术实验，这是一种重整现实主义美学的企图。他反对20世纪前期的庸俗现实主义和一切与资本主义消费价值观一致的后现代主义，指出后现代性对现代性的重写只能属于崇高的课题范围。除了在新的社会条件下思考"崇高"，利奥塔还借鉴了西方美学家对崇高的论述，他尤其看重伯克的紧张化观念和康德关于否定性呈现的观念。但与伯克和康德所不同的是，利奥塔以未定性把主体从理性的控制中释放出来，也由此把他的后现代崇高范畴与现代崇高范畴区别开来。利奥塔所理解的崇高，某种程度上已经转向了生命意义的存在论崇高，明显与海德格尔的存在论哲学联系在一起，是生命于当下瞬间对于原初本真状态的自我体认。利奥塔重新厘定了后现代崇高的核心要义，具体来说有三点：第一，崇高是一种"呈现不可呈现性"的情感，也就是把崇高作为未知的革新力量的确证。我们可以把要"呈现"的东西看作既无时间性，又不能被划归为总体性的特殊事件，把"不可呈现性"理解为不可做出符合人为逻辑规则的精确呈现。而对于崇高情感中表现出的主客合一的感受性，即对统一性主体的打断，利奥塔实则意在用某种难以捕捉的发生把主体从康德式主体自我独断的意志中释放出来。第二，崇高发生在"现在"的状态下，它具有未完成的现时性品质，从而是无法绝对理解和准确把握的。崇高的本性也可以看作是利奥塔所说的"此时此地"发生的"事件"，意味着矛盾性、特殊性、未定性、偶然性，意味着断裂和突破规范的状态，需要新的体验模式和不同的判断形式。第三，崇高作为利奥塔所谓的"不可决定的"判断的范型，这种情感的中心正是歧论。歧论意味着两方或者多方间的争论由于缺乏一种可作用于双方或多方的共识判断规则而不能被公平解决。歧论在痛苦的沉默中被确证，同时又召唤新的判断规则的发明，其中伴随着一种快感——这正是崇高。由此，我们可以发现利奥塔对"崇高"的认识表现出一种强调作为感性经验的个体生存的价值取向。

　　第四章考察了由利奥塔后现代崇高美学的基本思想阐发出的艺术理论。利奥塔崇高理论的独特之处在于把崇高美学与先锋艺术相关联，提出以先锋艺术的"非人"来对抗资本主义社会作用下的非人性和现代科技发展带来的非人化，这充分体现出利奥塔的崇高美学对人的心灵苦难和生存境遇的深刻关注。利奥塔区分了两种崇高：怀旧的崇高和革新的崇高。他认为怀旧的作品无法实现其崇高潜能，而革新的作品强调存在感的增加和创造艺术新规则的喜悦，通过呈现不可呈现性的实验把艺术的本质问题化。在对先锋派的社会历史背景，先锋艺术与现代性的关系，以及先锋艺术的精神内核进行考察的基础上，我们找到利奥塔倾心于先锋艺术的深刻原因。利奥塔认为后现代艺术家的作品应该具有事件的特性，呈现革新的崇高，在艺术创作中坚守一种绝对先锋的创新精神。实际上，不管是后现代主义还是崇高美学，抑或是先锋派艺术，在利奥塔看来都要摒除总体性和终极性结论，以无限感和碎片化的呈现表达未来先在的可能性，在拒绝旧有规则的同时不断探寻新规则。这也是他强调要重视先锋艺术的意义所在。围绕"崇高"这一中心，利奥塔提出"此时此地"的先锋艺术创作理念，极力强调瞬时性，认为先锋派的崇高就表现为"此时此地"的未实现状态。不仅如此，他还指出，形式已经不能承载对不可呈现之物的呈现，先锋艺术创作必须更加强调对非物质材料的运用。但是，事实证明，资本主义的文化危机不能在资本主义社会体制内消除。真正的改变只能从经济结构入手。

　　第五章论述了社会政治领域的崇高美学。利奥塔借助于崇高美学，试图在反思判断中发现政治判断的合理依据，并借助康德的批判哲学和列维纳斯的伦理学找寻后现代政治的出路。在他看来，先锋艺术为他的"歧论"政治学探索提供了一种范型。在任何时期，利奥塔始终没有放弃对平等、公正、自由的社会生活的理想追求。不过，理想的实现对他来说意味着保持历史异质性的本来面貌，绝非实现某种总体性的思路。他揭示了审美判断和政治判断之间的相关性和一致性。对前者来说，重要的是对不可呈现性的呈现；对后者来说，历史的"事件"特性则凸显出政治判断的特征。利奥塔认为，反思性判断力除了作用于审美对象和自然之外，还可以作用于社会政治领域，这也是经验的道德所应该遵循的判断。艺术、哲学、政治，都不属于特定的话语类型，也不能被归结到认知领域之中。反思性判断力在其中发挥作用，在没有标准的情况下进行判断，见证可能出现的歧论，呈现不可呈现性，这是利奥塔的崇高美学能够在社会政治领域有所作为的最根本基础。但是三者虽然可以类比，却无法同一，因为共同的先验规则并不存在。而对于不可呈现性之呈现的崇高情感，则在政治、历史事件中起到了记号的作用，它是一种感情的悖论，在经验内部构成了对社会理念的和道德理念的虚拟呈现，既暗示了一种自由的因果关系，又证明了进步话语的作用。

最后，余论部分把利奥塔崇高美学放置在西方哲学、美学的学术发展视域下，宏观把握利奥塔崇高美学对西方美学传统的继承与突破，指出经由利奥塔，后现代美学实现了从单向度的空间静观的认识论美学到多向度的时空介入的存在论美学之转型。其后，分析了利奥塔崇高美学思想的有益启示和不可忽视的局限性，指出在当前中国语境下，我们对利奥塔崇高美学思想的评判和借鉴，必须以马克思主义的历史发展观和辩证唯物观的科学指导为前提。

关键词：后现代主义　崇高　先锋　歧论

ABSTRACT

Jean – François Lyotard is one of the most representative contemporary postmodern philosophers in the West; people even take him as the synonym of Postmodernism. From the 1970s, Lyotard's postmodernism has attracted much concern from different domains of social sciences and human sciences, and has led to many discussions, so as to have had a large influence in the West academe. His postmodern philosophy depicts a painting of postmodernity in the realm of scientific knowledge, ethics, aesthetics and politics. His central idea is to spurn totality, determinism and other modern pattern, so to build the postmodern order with multiplicity and heterogeneity. The artistic ideal of antagonizing ' inhumanity' with ' inhumanity' and the social ideal of rewriting the Modernity that Lyotard brings forward, are actualized at last by his aesthetics of the Sublime in Art and Politics. Lyotard's aesthetics of the Sublime is not only the organic part of his postmodern philosophy, but takes more and more important position with the development of his own idea. To research Lyotard's aesthetics of the Sublime can help us to deepen our understanding of his postmodern philosophy, to find out its significance to the development of contemporary Western Philosophy and contemporary Western Aesthetics, its particular value to Art and Politics and to make its limitations clear. These are the main objects of this dissertation.

This dissertation contains a preface, five chapters and a conclusion.

In the preface, I introduce the significance of the topic; review the research to Lyotard's philosophy and aesthetics from different scholars in and out of China; introduce the train of my thoughts and the innovations of my dissertation. As the significance of the topic, the first point is that Lyotard is one of the most important contemporary philosophers to the Sublime, and his aesthetics of the Sublime is so unique because of its close relationship with his postmodernism. To research Lyotard's aesthetics of the Sublime, can not only help us to deepen the understanding of his philosophy, but can make us more clear with the new development of the aesthetics of the Sublime in contemporary society as well. What's more, it can offer new possibilities for us to think contemporary aesthetics, politics and ethics. The second reason is that we can learn the good points from Lyotard's aesthetics of the Sublime and his critics of the contemporary western culture and art, so to well develop our own culture and art. As the review of Lyotard studies, I introduce the studies of him in and out of China these years. What's more, I find that our Chinese scholars' study to Lyotard is just as a corner of a huge iceberg, compared with the scope and the depth of foreign scholars' study. There are four innovations of my dissertation: First is the explanation to the relationship between the Aesthetics of the desire and the Aesthetics of the Sublime. Second is the demonstration of the new development of Lyotard's idea of the sublime. Third is the analysis of Lyotard's theory of the avant – garde. Fourth is the reading to the application of the Aesthetics of the Sublime in social and political field.

In Chapter I , I generally discuss the development of Lyotard's philosophy. Compared to many other philosophers who only concern philosophy, Lyotard has more passion to the social politics. His social practice and affiliation affects his philosophy in a large scale. And his concerns to Aesthetics and Art accompany his philosophy all the time. There are three period of the development of his philosophy. The first is in the 1950s and the 1960s. He took mental weapon from Husserl's Phenomenology and

Marxism to unfold his social critics. At that time, he fell over himself for the revolutionary practice of the proletariat revolution in Marxism. The second is before the 1970s. To his philosophy, it was a time of driftage. After losing the belief to Marxism in front of the diverse conflict in society, he firstly developed a 'philosophy of desire', to reverse the theory of Freud and Marx with Nietzsche's philosophy. Then he cast off it and raised the theory of paganism, in which we can see the clue of his postmodernism. The third is after the 1970s until his death. This is the last developing period of Lyotard's theory. He formally brought forward his postmodernism, advocated his aesthetics of the Sublime on the basis of it and went deep into the problems of justice.

In Chapter II, I analyze Lyotard's aesthetics of desire, which is the initial declaration of his aesthetics of the Sublime. *Discourse, Figure*, this book is mainly about his aesthetics of desire, and it deploys in two aspects. In the first, Lyotard re – explains discourse and figure, then deconstruct their opposite relationship. He treats figure as discourse's Other, and it lets us realize that there is something in discourse can't be presented or different from presentation. Taking this point as a basis, he opposes Aesthetics and Theory, and uses artistic figure to reverse theory discourse. He claims that senses and experiences are better than abstract concepts. Poetry and paintings are the simultaneous extending of heterogeneous spaces. In fact, Postmodernism and the Sublime are ways that Lyotard used to explain 'figure'. His ideas of 'figure', his insistence of heterogeneity and relevant analysis to Art all settle a basis for his aesthetics of the Sublime. In the second, borrowing Freud's psychology, Lyotard examines figure in detail. He sees figure as the direct expression of unconscious desire. He distinguishes figure – image, figure – form and figure – matrix. It is figure – matrix, gathering the things that can't coexist, that leads us to approach unconscious desire. Art works, as the collection of intensity and structure, disclose the limits of structure and keep the openness of distortion. They are not the finished of desire but the unfinished. Lyotard develops this idea in his theory of avant – garde.

In Chapter Ⅲ , after introducing the history of the Sublime and its condition in contemporary society, I focus on the headstream of Lyotard's theory of the Sublime, and then particularly explain Lyotard's core idea about the Sublime. His understanding to the Sublime bears on Habermas's project to Modernity and has close relationship with the rewriting of the Modernity meanwhile. He thinks that Habermas's court to order and stability is to make artists withdraw to the public. It is a return to the aesthetics of realism. He opposes to the trite realism in the first half of the 20th century and all the postmodernism being consistent with the capital consumer values. He points out that the rewriting of the Modernity can only belong to the subject of the Sublime. Excepting for thinking the Sublime in contemporary society, Lyotard also borrows ideas about the Sublime from different Western philosophers. He especially attaches importance to Burke's point of the tension and Kant's point of negative representation, although the sublime in his mind has already turned to ontology, and obviously connected with Heidegger. It is the self presentation of the moment. With these preparations, Lyotard stipulates his understanding to the postmodern Sublime. There are three aspects. Firstly, the Sublime is a feeling to present the unpresentable, which means that the Sublime is the witness to the unknown new power. In the feeling of the Sublime, the distance between the subject and the object will disappear; this is a disturbance to the unity of the subject. With this point, Lyotard wants to release the subject from the Kantian subject's dogmatized will by some intricate happening. Secondly, the Sublime happens instantly, it has the unfinished quality that can't be absolutely understanded and held. So the nature of the sublime can be seen as Lyotardian event happening 'here and now' . It means contradictoriness, particularity and uncertaintity, also a status of disruption and breaking the rule. Then we need new way to experience it and new forms to judge it. Thirdly, it is différend being in the center of the Sublime, which is a feeling as the representative from the ‘ indeterminate ’ judgment. Différend is the condition that the dispute between two parties or various parties can’t be resolved evenly because of the lack of the consensus rule. In the suffering silence, the différend can be testified; meanwhile, with a pleasure, it calls for the discovery of new rules—it is just the Sublime. From these points, we can find that Lyotard in fact express a value oriention by sublime, which is to emphasize or to protect different livings of single lives.

In Chapter Ⅳ, I introduce the artistic theory of Lyotard’s aesthetics of the Sublime. The unique point of Lyotard’s sublime is that he connects the aesthetics with the avant – garde. He poses that we need to resist the inhumanity of the capital society and the development of science and technology with the inhumanity of the avant – garde. We can realize Lyotard’s deep concern to the mental misery in human mind and human survival in society. He believes that there are two kinds of Sublime, the nostalgic sublime and the renovating sublime. He claims that the nostalgic works can’t realize the potential of the Sublime. However, the renovating works emphasize the increase of the feeling of existence and the joyfulness of the creation of new rules in Art. They make the essence of Art as a problem by the experiment of the presentation of the unpresentable. Therefore, the artistic works have the characteristic of events; they embody a spirit of the absolutely avant – garde. In fact, postmodernism, the aesthetics of the Sublime and the art of avant – garde are all to dismiss the totality and the last answer, to emphasize the feeling of infinity and fragments, and to reject the old rules while keeping the exploration to new ones. This is his intension to stress the avant – garde. Surrounding the center of the Sublime, Lyotard poses the idea of creations of the avant – garde, which is ‘ here and now ’ . He puts forward the instance, and claims that the Sublime in the avant – garde is represented as an unconsummated condition. What’s more, he thinks that the form of Art can't bear the weight of the presentation of the unpresentable anymore. The creation of the avant – garde should pay more attention to the immaterial. However, facts have proved that cultural crisis of Capitalism cannot be eliminated inside capitalist social system. True change can only be started from economic structure.

In Chapter V , I discuss Lyotard's aesthetics of the Sublime in society and politics. By right of the aesthetics of the Sublime, Lyotard tries to find out the reasonable operation of the reflective judgment in the political judgment. He finds out the way out for the postmodern politics in Kant's critical philosophy and Levinas's Ethics. In his view, the avant – garde offers a model for his exploration to the politics of the 'différend'. Lyotard never gives up his pursuit to the social lives with equality, justice and freedom. However, this doesn't mean some totality to him, but to keep the history's heterogeneity. He discloses the consistence of the reflective judgment and the political judgment. For the former, what is important is the presentation of the unpresentable; while for the latter, the characteristic of historic events reveals the particularity of the political judgment. He believes that the reflective judgment can be applied to politics excepting for the application in aesthetic objects and nature. In the same time, it should be the judgment in the domain of morality. Art, Philosophy and Politics, are not belong to some given genre of discourse; they can't be sum up to the realm of knowledge. We judge without rule with the application of the reflective judgment in them, to be the witness of the possible différend, and to present the unpresentable; those are the base of Lyotard's aesthetics of the Sublime that can work in the domain of society and politics. We also need to notice that Art, Philosophy and Politics are analogous, but not identical, for there isn't some transcendental grammar. The feeling of the Sublime, as the presentation of the unpresentable, it works as the sign of history in historic events. This contradiction implies a free causality and protests the progress by its 'as if' presentation to social reason and moral reason in human experience.

In the conclusion, I firstly analyze the inheritance and the break-through of Lyotard's Aesthetics of the Sublime to the tradition of West Aesthetics in the background of the development of West Philosophy and West Aesthetics. By Lyotard, the postmodern Aesthetics completes the transformation from unidirectional in – position viewing epistemological Aesthetics to multidirectional spatio – temporal intervened ontological Aesthetics. Then, I analyze the reasonable inspiration to us from Lyotard's aesthetics of the Sublime and its limits. At last, I realize that in contemporary China, if we use Lyotard's aesthetics of the Sublime as reference, we must keep the premise of the insistence of scientific view of history development and the view of dialectical materialism of Marxism.

Key Words: Postmodernism; Sublime; Avant – garde; Différend

目 录

Contents

导　言

一　选题意义

让－弗朗索瓦·利奥塔（Jean－François Lyotard, 1924—1998）是当代公认的杰出哲学家，也是极具代表性的法国后现代主义思想家之一。他把从 19 世纪上半叶就已经形成的后现代思想以哲学理论和方法论的系统形式正式加以提出。1979 年《后现代状况：关于知识的报告》的出版，更为利奥塔带来了世界性的声誉。实际上，利奥塔有着广泛的学术背景，多位西方近代以来的重要哲学家如胡塞尔、马克思、尼采、弗洛伊德、康德、维特根斯坦、海德格尔、列维纳斯等，都对他产生过很大的影响，而他 40 多年的理论生涯也几乎遍涉人文学科的各个理论领域。理论上涉猎广泛的利奥塔不但关注社会现实、心怀政治热情，更是一位深受美学关怀影响的哲学家，他非常重视美学理论和艺术创作，一直保持着一种激进的、革命性的精神来反抗资本主义社会体制下的文化秩序和工具理性，希求通过对艺术、文化和社会正义永不停歇的探索来觅得使世界变得更加公正、美好的方法和路径。可以说，利奥塔在从事学术探索的前后几十年中，从来没有忽视过对美学问题的研究和对文学、绘画等具体艺术实践的探讨，同时，他的美学理论又是不能与他的哲学、社会理想乃至政治诉求相分离的。随着利奥塔哲学思想的发展，崇高美学在他的后现代理论中占据了越来越重要的地位。这一点尤其突出地体现在利奥塔于 20 世纪 80 年代之后着力发展的崇高美学思想之上。

利奥塔的后现代主义理论产生于 20 世纪 70 年代末的西方资本主义社会，就其产生的动因来说，它是对现代性的价值体系和工具理性无限膨胀的独特反思，是对西方传统双重话语机制和公正性模式的批判。而利奥塔的崇高美学思想，作为其后现代主义哲学思想的有机组成部分，更是对于在科技和市场双重压迫下，文化和艺术该如何抗拒"非人"、保持崇高情操的深刻思索。我们对此进行研究，一方面可以更好地理解和把握利奥塔的美学思想，深化对他的后现代哲学思想，乃至整个法国后现代思想的认识，发掘其在美学、艺术领域和社会政治领域的独特价值。利奥塔的崇高美学思想中，尤其突出的一个特点就是他把对"崇高"这一美学范畴的探索与对社会政治领域的思考紧密相连，有学者提出："崇高观念是利奥塔反对形而上学整体观的基础点和主要武器。"① 而"对于任何想要把握当今时代的文化、社会、政治状况的人来说，利奥塔都是必需的读本"②。的确，在不同国家的不同时期，学者的学术活动都要面对特殊问题，在不同时期，有不同的痛点。我们要了解当代欧洲人文思潮发展状况，尤其是把握法国哲学紧跟时代主题的发展态势，利奥塔始终是无法绕过的一位哲学家。另一方面，利奥塔是当代美学领域"崇高"范畴和理论发展中最主要的哲学家之一。他不遗余力地强调"崇高"的重要性，并由自己的后现代主义哲学立场出发，在对朗吉努斯、康德、伯克等西方美学家的崇高理论重新阐释的基础上，发展出一种新的后现代崇高美学。如果想要系统、准确地把握"崇高"这一重要的西方美学范畴在当今社会语境下的新发展，对利奥塔的崇高美学思想展开深入研究无疑是十分必要的。

在当前中国的语境下，研究利奥塔关于后现代崇高美学的思想和理论方法，也为我们对当前中国社会的审美、艺术、伦理等文化景象的认知提供了新的思考可能性。其实践意义首先基于全球化背景下，当今国内社会文化的某些局部存在着现代与后现代并存的现象，西方的后现代话语在当代中国语境下存有一定范围的交流与对话的空间。同时，不可否认的是，在日新月异的现代化进程中，我国社会文化发展的某些方面也的确存有工具理性泛滥、市场拜物教、艺术媚俗化、个别领域无序发展、心理疾患蔓延等问题，这些也都是西方社会在现代性发展过程中曾经暴露出的问题。如此，利奥塔的崇高美学思想，以及他对西方资本主义社会文化的批判性反思为我们深化和拓展现代性研究提供了理论场域和思想火花，也为我们

---

① 肖鹰：《目击时间的深渊——利奥塔美学评述》，《国外社会科学》1996 年第 2 期。

② Jean - François Lyotard, *The Lyotard Reader & Guide*, ed. Keith Crome and James Williams, Edinburgh：Edinburgh University Press, 2006, p. 1.

规避现代化发展正在或可能引发的某些负面作用提供一种警示，帮助我们重塑被市场逻辑过度侵蚀的人文价值，探求当下社会文化、艺术的健康发展路径，为社会主义和谐文化建设提供有益参考。

二　国内外研究状况

西方学者对利奥塔的理论研究从 20 世纪 70 年代早期就已经开始，那时利奥塔的影响主要集中在法国，对他的研究也主要出现在法国。比较早的研究文献包括罗伯特·赫利发表于《泰勒斯》（Telos）1974 年春季号的《介绍利奥塔》，安·寇克兰和吕西安·斯费兹发表于《法国政治学杂志》（Revue Française de Science Politique）1975 年 8 月号的《旅程：力比多经济学的社会要求》，还有 1976 年《沉思》（L'Arc）杂志为利奥塔所做的研究专刊。根据利奥塔当时的哲学思想状况，研究主题大多是探讨利奥塔早期的力比多哲学，或者说欲望哲学。

随着 1979 年《后现代状况：关于知识的报告》的出版和利奥塔后现代主义理论影响力的不断扩大，利奥塔在西方学术界声名显赫，有更多的欧美学者开始把他作为学术研究的对象，掀起一轮利奥塔研究的高潮。从 20 世纪 70 年代的早期利奥塔研究开始算起，在截至今日的四十多年中，西方学者对于利奥塔的研究是全方位、多角度的，基本涉及了利奥塔思想的方方面面，包括政治学、美学、宗教、伦理学、社会学、精神分析、现象学、语言学、科学哲学、文艺评论、女性主义，等等，在各个领域均有相当数目且有影响力的研究成果，比如美国学者梅力·斯蒂尔发表于《文化批评》（Cultural Critique）1990 年秋季号的《利奥塔的语句政治学》，从利奥塔的《歧论》① 出发，探讨了利奥塔通过对政治学和语言学在哲学意义上的创新，来批判压迫性的实用主义的问题；澳大利亚学者 A. T. 努亚在《今日哲学》（Philosophy Today）1998 年春季号的《利奥塔的后现代伦理学和标准问题》一文中，从伦理学角度探讨了利奥塔的后现代思想和他对于道德标准的新看法；英国学者盖瑞·布朗宁发表于《当代政治学》（Contemporary Politics）2002 年第 8 期的论文《利奥塔：

---

① 利奥塔哲学中的法语 différend 一词，在英语中并无与之完全对应的表述，通常对应于 disagreement 或 dispute，本书统一翻译为"歧论"，特此说明。

跟随马克思，从内部对资本主义的批判》则试图说明利奥塔对马克思政治经济学的吸收和借用，以及在此基础上对资本主义社会的反思和批判。

除了着眼于各个独立学科领域的利奥塔研究，还有不少学者从整体上考察了利奥塔的主要著作，对他所关注的主要问题进行了深入的探索，并已出版了相关专著。比如杰弗瑞·班宁顿 1988 年出版的《利奥塔：书写事件》，是比较早的针对利奥塔开展个案研究的专门著作，他以利奥塔不同思想发生期的三部代表性著作《力比多经济学》《话语，图像》和《歧论》为线索，论述了利奥塔思想从现象学背景、接受精神分析到后现代主义的思想转变。1991 年比尔·雷丁斯的《利奥塔导论：艺术与政治》，则着力于分析利奥塔与结构主义、马克思主义和符号学的关系，并由之对利奥塔的艺术和文化理论进行探讨。而斯图亚特·西姆在 1996 年出版的《让－弗朗索瓦·利奥塔》中，全面讨论了利奥塔各个阶段的著作和不同的研究主题，如异教主义、崇高、艺术与美学以及知识分子理论等。此外，还有一些学者把利奥塔与西方现代的其他重要哲学家放到一起进行比较研究，比如在 2002 年出版的纪念利奥塔的论文集《利奥塔：哲学，政治和崇高》中，就有不同学者将利奥塔与罗蒂、列维纳斯、伽达默尔等风格迥异的哲学家分别放在一起，从政治学、伦理学、解释学等不同角度进行了对比和分析。不仅如此，随着利奥塔学术影响的日渐扩大，西方人文社科领域的国际性专业期刊先后有 8 次以特刊形式来研究和纪念利奥塔。在这些众多研究成果中，尽管人们对利奥塔的研究角度是多样化的，但其中所占比例最高、研究范围最广的仍然是利奥塔的后现代主义哲学思想。

而利奥塔的美学思想，也早已被国外的研究者所重视，尤其对于他在 20 世纪 80 年代后着力推崇的后现代崇高美学，有许多研究者从不同维度展开论述和阐释。其中最突出的是英国学者保罗·克劳瑟，他在 20 世纪八九十年代发表过数篇关于康德崇高理论及利奥塔后现代崇高理论的论文，包括《美学领域：定位崇高》《非物质性和后现代崇高》《利奥塔的非物质性和后现代崇高》等，并在其著作《康德主义崇高：从道德到艺术》和《批判美学和后现代主义》中对利奥塔的崇高美学进行了论述。此外，还有卡西·洛多弗的《崇高，本体论的认识》，赛格·特罗坦的《利奥塔：崇高之前，崇高之后》等。当然，也有一些学者在其关于崇高理论或后现代理论的著作中对利奥塔的崇高美学开辟专章研究，如菲利普·邵《崇高》中的《纽曼和利奥塔：后现代崇高》，让·洛斯克《保持崇高：海德格尔和阿多诺》中的《犹太律令的崇高性：利奥塔》。从20世纪80年代中期以后，国外就有了涉及利奥塔美学思想研究的博士学位论文，截至2007年，共有英语和德语论文10篇左右，这些论文有的把利奥塔与康德或者阿多诺的美学放到一起进行研究，有的是用利奥塔的美学思想来阐释音乐、传媒等文化领域的相关问题。专门研究利奥塔美学思想的学位论文也有一篇，即1987年美国纽约州立大学石溪分校马克·罗伯特的博士学位论文《让-弗朗索瓦·利奥塔：力比多美学》。

再把目光投向国内，20世纪90年代初，中国学者开始关注利奥塔研究，陆续出版了一些利奥塔作品的译著，包括《后现代状况》《后现代性与公正游戏——利奥塔访谈、书信录》《后现代道德》《非人》《马尔罗传》《话语，图像》等；还有国外学者对利奥塔的研究著作，比如西蒙·莫尔帕斯的《导读利奥塔》，这本书非常明晰地介绍了利奥塔作品的核心思想，包括现代性、后现代、伦理、崇高和"不可呈现"等概念。《导读利奥塔》将利奥塔相关研究的重要文本放在它们的知识背景下，追溯了它们在当代思想中深远的影响力，对我们了解利奥塔是一本非常好的导读。另外，在一些介绍当代西方哲学、美学思想的译著中，也有关于利奥塔的专节论述，如道格拉斯·凯尔纳和斯蒂文·贝斯特合著的《后现代理论》中的"利奥塔与后现代游戏"和布劳耶尔的《法意哲学家圆桌》中的"利奥塔的后现代哲学"等。在汝信、朱立元、王岳川等中国学者编著的西方美学、文艺学史论著作中，也都对利奥塔做过篇幅不一的介绍。但是，利奥塔一生著述颇丰，这些译著只是介绍其中的一部分，还不足以反映他一生理论探索的全貌。翻译著作的稀少，也在一定程度上导致了国内的利奥塔研究在涉及领域和认识深度上的局限。目前国内的利奥塔研究，除了秦喜清的《让·弗-利奥塔：独树一帜的后现代理论家》，赵雄峰的《利奥塔论艺术》，周慧的《利奥塔的差异哲学：法则、事件、形式》之外，尚未有其他专著。虽然探讨或涉及利奥塔的后现代主义的文章也不在少数，但是大部分国内学者对利奥塔的研究仍然集中于对《后现代状况》的解析，以此为基础或对利奥塔的后现代主义理论进行综合概括，或就其中涉及的合法化思想、科学哲学、知识分子理论等具体的问题展开论述。最近几年，利奥塔早期的哲学思想逐渐进入了国内研究视野，像赵虹的《从利奥塔的三部著作看其后现代思想的连续性》就选取了利奥塔早、中、后期的三部代表作作为研究对象，探讨其后现代思想的一贯性。

再具体到利奥塔的美学和艺术理论，近年来国内的相关研究成果略有增多之势。除了前面提到的赵雄峰的《利奥塔论艺术》之外，肖鹰的《目击时间的深渊——利奥塔美学评述》，戚吟的《无奈的后现代主义——论利奥塔的艺术理论》，黄华军的《利奥塔对康德崇高理论的后现代发展——兼论中国文化为何缺乏崇高观念》是此方面的代表文章，作者主要根据《非人》和《后现代状况》等，对利奥塔明确转向后现代立场以后的美学思想进行探究。杨小滨在《利奥塔：无中生有的美学》中除了谈到利奥塔对崇高的看法，也向读者展示了利奥塔把美学问题落实到艺术实践的特色。另外，朱立元在《现代西方美学二十讲》一书中以专节探讨了利奥塔的后现代崇高美学。还有前文提到的周慧在其研究中选取"差异"作为理解利奥塔哲学的关键词，并以之为线索厘清利奥塔在转向判断的政治学之后关于伦理、政治和美学问题的主要研究思路，角度较为新颖，分析深入透彻。她还在《通往先锋的崇高美学——利奥塔的后现代美学观述评》一文中进一步集中探讨了利奥塔的后现代美学观念。在学位论文方面，也出现了以利奥塔的崇高美学为研究对象的论文，如2010年华东师范大学邹广艳的硕士学位论文《利奥塔的崇高美学》和2011年郑州大学蔡丹丹的硕士学位论文《论利奥塔的崇高美学》。

综上可见，相比国外利奥塔研究的广度和深度，国内学人现阶段对于利奥塔的研究在对象上相对集中，角度上比较单一，处于仍在不断发展之中的相对初始的阶段上。为了更好地推进国内的利奥塔研究，特别是推进相对薄弱的利奥塔美学研究，本书选取利奥塔的崇高美学思想作为主题，在马克思主义哲学原理及方法论的指导下，坚持逻辑方法和历史方法的统一、历时追溯和共时探索的结合，试图在哲学、美学、文化等多角度、跨学科的视域和方法的综合运用中，以批判性解读的眼光对利奥塔的后现代崇高美学思想进行分析和探究。崇高美学思想作为利奥塔后期后现代主义哲学思想的有机组成部分，同利奥塔在其他领域的理论探索有着千丝万缕、密不可分的联系。因此，要想准确、深入地把握利奥塔崇高美学思想，加深对他的后现代主义哲学思想的认识，就绝不能把眼光仅仅局限于美学和艺术的领域之内，而是要从他的哲学思想入手，以之为基础展开对美学领域的探索。

三　本书写作思路及内容简介

以利奥塔崇高美学为研究中心，本书的写作依照如下三个主要问题展开：第一，梳理利奥塔一生哲学、美学思想的发展轨迹，以此探明他的哲学理论为崇高美学思想形成所奠定的基础。在对此获得清晰认识之后，方能理解他作为世人眼中后现代哲学家的代表，却在"崇高"这一现代感很强的美学范畴中找到共鸣，展开后现代美学论证的原因。第二，阐释利奥塔在后现代立场上，通过对康德、伯克等美学家的崇高理论进行批判性继承，发展出的新的崇高美学和艺术理论诸观点，并以此为基础进一步探究利奥塔关于崇高美学、先锋艺术的基本观念。第三，把崇高美学嵌入利奥塔的整个思想体系中，探索其崇高美学对于社会政治领域的特殊意义。

依照如上思路，本书分为六个部分：

第一章以利奥塔的思想发展历程为研究对象。相比于很多埋头学术的哲学家，利奥塔显示出更多的政治介入的热情，他积极投身社会政治生活的实践经历和社会交往对其思想的形成和发展影响至关重要。而他对美学问题和艺术作品的探讨，也始终伴随着他的哲学研究。利奥塔的思想发展经历了三个阶段：第一阶段是 20 世纪五六十年代，他主要从胡塞尔现象学和马克思主义那里寻找批判和改造社会的思想武器，并热心于马克思主义无产阶级革命理论的革命实践。第二阶段是 20 世纪 70 年代末以前，这一时期是利奥塔思想的"漂流"期。他在现实的多样化矛盾面前逐渐丧失了对马克思主义的信仰，先是以尼采的思想来改造弗洛伊德和马克思的理论并发展了一种"欲望哲学"，而后又抛弃了这一过于极端化的哲学立场，转向异教主义，并在其中显示出了后现代主义的端倪。第三阶段，也就是 20 世纪 70 年代末以后，是利奥塔思想发展的最后阶段。他正式提出了后现代主义，并在此基础上大力颂扬崇高美学，深入探索艺术发展和社会公正相关问题。

第二章论述了利奥塔的欲望美学。欲望美学可以看作是利奥塔后现代崇高美学的最初表述。《话语，图像》一书集中体现了他的欲望美学思想，主要在两个方面展开：第一，利奥塔重新阐释了话语和图像，解构了二者之间的单纯对立关系，把图像作为话语的他者来看待，让我们意识到在话语中存在一些不可表现、异于表现的东西。在此基础上，他把美学与理论对立起来，用艺术形象来颠覆理论话语，主张感官和经验优于抽象物和概念，把诗歌、绘画等艺术看作是异质空间的同时展开。实际上，后现代主义、崇高都是利奥塔言说"图像"的一种方式，他对"图像"的论述、对"异质性"的坚持以及由此对艺术所做的分析，在理论上为后现代崇高美学奠定了基础。第二，借助弗洛伊德的精神分析学说，利奥塔着重考察了图像，把图像理解为无意识欲望的直接表达，并且区分了"图像—肖像""图像—形式"和"图像—母体"三种图像。他认为，是"图像—母体"把异质的不可共存之物汇聚起来，带领我们接近无意识的欲望。而艺术作品作为强度和结构的集合体，既揭示了结构的局限性又保持了结构变形的开放性，不是欲望的完成而是未完成。关于艺术作品开放性和未定性的思想在利奥塔崇高美学的艺术理论中得到进一步发展。

第三章在考察崇高这一重要美学范畴的历史发展脉络及其在当今社会的发展境遇后，集中论述了利奥塔崇高观念的理论源流，详细阐释了利奥塔关于崇高的基本认识和核心观念。指出利奥塔对崇高美学的理解，与他对哈贝马斯的"现代性规划"的批判和他提出的重写现代性有关。利奥塔认为哈贝马斯对秩序和稳定性的追求就是让艺术家回到公众的怀抱，停止艺术实验，这是一种重整现实主义美学的企图。他反对 20 世纪前期的庸俗现实主义和一切与资本主义消费价值观一致的后现代主义，指出后现代性对现代性的重写只能属于崇高的课题范围。除了在新的社会条件下思考"崇高"，利奥塔还借鉴了西方美学家对崇高的论述，他尤其看重伯克的紧张化观念和康德关于否定性呈现的观念。但与伯克和康德所不同的是，利奥塔以未定性把主体从理性的控制中释放出来，也由此把他的后现代崇高范畴与现代崇高范畴区别开来。利奥塔所理解的崇高，某种程度上已经转向了生命意义的存在论崇高，明显与海德格尔的存在论哲学联系在一起，是生命于当下瞬间对于原初本真状态的自我体认。利奥塔重新厘定了后现代崇高的核心要义，具体来说有三点：第一，崇高是一种"呈现不可呈现性"的情感，也就是把崇高作为未知的革新力量的确证。我们可以把要"呈现"的东西看作既无时间性，又不能被划归为总体性的特殊事件，把"不可呈现性"理解为不可做出符合人为逻辑规则的精确呈现。而对于崇高情感中表现出的主客合一的感受性，即对统一性主体的打断，利奥塔实则意在用某种难以捕捉的发生把主体从康德式主体自我独断的意志中释放出来。第二，崇高发生在"现在"的状态下，它具有未完成的现时性品质，从而是无法绝对理解和准确把握的。崇高的本性也可以看作是利奥塔所说的"此时此地"发生的"事件"，意味着矛盾性、特殊性、未定性、偶然性，意味着断裂和突破规范的状态，需要新的体验模式和不同的判断形式。第三，崇高作为利奥塔所谓的"不可决定的"判断的范型，这种情感的中心正是歧论。歧论意味着两方或者多方间的争论由于缺乏一种可作用于双方或多方的共识判断规则而不能被公平解决。歧论在痛苦的沉默中被确证，同时又召唤新的判断规则的发明，其中伴随着一种快感——这正是崇高。由此，我们可以发现利奥塔对"崇高"的认识表现出一种强调作为感性经验的个体生存的价值取向。

　　第四章考察了由利奥塔后现代崇高美学的基本思想阐发出的艺术理论。利奥塔崇高理论的独特之处在于把崇高美学与先锋艺术相关联，提出以先锋艺术的"非人"性来对抗资本主义社会作用下的非人性和现代科技发展带来的非人化，这充分体现出利奥塔的崇高美学对人的心灵苦难和生存境遇的深刻关注。利奥塔区分了两种崇高：怀旧的崇高和革新的崇高。他认为怀旧的作品无法实现其崇高潜能，而革新的作品强调存在感的增加和创造艺术新规则的喜悦，通过呈现不可呈现性的实验把艺术的本质问题化。在对先锋派的社会历史背景，先锋艺术与现代性的关系，以及先锋艺术的精神内核进行考察的基础上，我们找到利奥塔倾心于先锋艺术的深刻原因。利奥塔认为后现代艺术家的作品应该具有事件的特性，呈现革新的崇高，在艺术创作中坚守一种绝对先锋的创新精神。实际上，不管是后现代主义还是崇高美学，抑或是先锋派艺术，在利奥塔看来都要摒除总体性和终极性结论，以无限感和碎片化的呈现表达未来先在的可能性，在拒绝旧有规则的同时不断探寻新规则。这也是他强调要重视先锋艺术的意义所在。围绕"崇高"这一中心，利奥塔提出"此时此地"的先锋艺术创作理念，极力强调瞬时性，认为先锋派的崇高就表现为"此时此地"的未实现状态。不仅如此，他还指出，形式已经不能承载对不可呈现之物的呈现，先锋艺术创作必须更加强调对非物质材料的运用。但是，先锋艺术对资本主义社会体制下"非人"的抵抗面临着被资本侵蚀、被媚俗同化的巨大风险。事实充分说明，资本主义的文化危机不能在资本主义社会体制内消除。真正的改变只能从经济结构入手，而不是从文化开始。

　　第五章论述了社会政治领域的崇高美学。利奥塔借助于崇高美学，试图在反思判断中发现政治判断的合理依据，并借助康德的批判哲学和列维纳斯的伦理学找寻后现代政治的出路。在他看来，先锋艺术为他的"歧论"政治学探索提供了一种范型。在任何时期，利奥塔始终没有放弃对平等、公正、自由的社会生活的理想追求。不过，理想的实现对他来说意味着保持历史异质性的本来面貌，绝非实现某种总体性的思路。他揭示了审美判断和政治判断之间的相关性和一致性。对前者来说，重要的是对不可呈现性的呈现；对后者来说，历史的"事件"特性则凸显出政治判断的特征。利奥塔认为，反思性判断力除了作用于审美对象和自然之外，还可以作用于社会政治领域，这也是经验的道德所应该遵循的判断。艺术、哲学、政治，都不属于特定的话语类型，也不能被归结到认知领域之中。反思性判断力在其中发挥作用，在没有标准的情况下进行判断，见证可能出现的歧论，呈现不可呈现性，这是利奥塔的崇高美学能够在社会政治领域有所作为的最根本基础。但是三者虽然可以类比，却无法同一，因为共同的先验规则并不存在。而对于不可呈现性之呈现的崇高情感，则在政治、历史事件中起到了记号的作用，它是一种感情的悖论，在经验内部构成了对社会理念和道德理念虚拟的呈现，既暗示了一种自由的因果关系，又证明了进步话语的作用。

最后，余论部分把利奥塔崇高美学放置在西方哲学、美学的学术发展视域下，宏观把握利奥塔崇高美学对西方美学传统的继承与突破，指出经由利奥塔，后现代美学实现了从单向度的空间静观的认识论美学到多向度的时空介入的存在论美学之转型。其后，一方面分析了利奥塔的崇高美学思想带给我们的有益启示，并认为利奥塔的重要意义和独特价值就在于他的时代性，在于他对时代危机的深度洞察，对人类命运的深刻忧虑和对个体生命的深切关爱；另一方面揭示了利奥塔崇高美学不可忽视的局限性，指出在当前中国语境下，我们对利奥塔崇高美学思想的评判和借鉴，必须以马克思主义的历史发展观和辩证唯物观的科学指导为前提。

与国内其他学人的利奥塔研究相比，本书的主要创新之处有四点。一是详细考察了利奥塔的欲望美学思想，阐明欲望美学和崇高美学之间的关系，指出欲望美学在三个层面上为崇高美学奠定了基础，即对总体性的怀疑、真理的事件特性、艺术对欲望不可呈现性的呈现。欲望美学是利奥塔早期的主要美学理论，他在其中强调欲望的基础性作用，区分了话语与图像，并以图像来颠覆理论。利奥塔认为，欲望通过图像来展示真理，真理不存在于概念、秩序、结构，而在于自由的艺术想象，真理是欲望的真理。实际上，后现代主义、崇高都可以被视为利奥塔言说图像性的一种方式。欲望美学为图像正名，力图表现差异性，使人的情感得以释放，可以看作是对"呈现不可呈现性"的崇高美学的最初表述。而"呈现不可呈现性"，就是欲望美学和崇高美学的交汇之处。在利奥塔的崇高美学中，欲望仍然操纵着语句之中的连接和综合，欲望美学所表述的与欲望相连的图像，与"歧论"语句的发生，与作为不可阐释语句之影响的无意识相关联。二是把利奥塔崇高美学置于当代西方哲学、美学发展的大背景下展开研究，发掘其隶属于后期现代哲学范畴的现象学存在主义传统和隶属于后现代哲学范畴的结构—后结构主义传统的精神特质，在阐明利奥塔与胡塞尔、弗洛伊德、康德、海德格尔、维特根斯坦、列维纳斯等人学术继承关系的基础上，深入论证了利奥塔崇高理论的新发展和新突破，指出后现代美学经由利奥塔实现了从单向度的空间静观认识论美学到多向度的时空介入存在论美学之转型。具体来说，利奥塔对崇高的理解有三点。第一，崇高是一种"呈现不可呈现性"的情感，它是打破历史的混沌和提醒或仅仅是唤起任何有的意义产生之前的"有"的那个瞬间，这种情感打破了整体、统一的主体性，以未来先在的姿态开辟了通向未来之不确定的可能性。在崇高的瞬间际遇中，无论是意义、总体性还是人这个主体都未被涉及，或者说，还未来得及被涉及。它只是呈现本身，在其退隐中保持其作为"他者"的身份。第二，崇高的发生是在"现在"的状态下，它具有未完成的现时性品质，从而无法被绝对理解和把握。要体验"现在"，就需要中断线性时间，解构意识。这两点明显与海德格尔的存在论哲学联系在一起。第三，崇高作为"不可决定的"判断的范型，是一种让人们感受到"歧论"的情感。或者说，崇高就是对歧论的情感体验，崇高感的中心正是"歧论"，意味着两种绝对不可调和之物的碰撞。三是指出利奥塔崇高美学的最为独特之处在于其与先锋艺术的紧密联系，他的先锋艺术理论作为其崇高美学思想的重要组成部分，旨在以先锋艺术的"非人"性来对抗西方社会文化和现实生活的非人化。利奥塔之所以选择先锋艺术来发展后现代崇高的美学诉求，是由先锋艺术彻底批判传统、拒绝任何既定价值和理论框架的束缚、挑战既定艺术风格的精神内核决定的。如果先锋艺术要保持"先锋"的特色，与其看重它的现实性，不如关注它的可能性，也就是利奥塔强调的"绝对先锋"的艺术精神。四是通过对利奥塔崇高美学在社会政治、文化领域的延伸，发掘其所具有的强烈的文化政治学意味和鲜明的现实意义。崇高美学在社会政治领域的运用是利奥塔崇高美学的最终落脚点，也是我们理解其后现代哲学、美学思想的关键所在。经由康德的批判哲学和列维纳斯的伦理学，利奥塔试图在反思判断中发现政治判断的合理依据，并借助列维纳斯跳出自律的主体，把后者伦理学中绝对超验的他者置换为当下发生的语用事件。利奥塔认为，道德律的义务品格来源是永远不可证明的，个体面对道德律时油然而生的敬畏情感就是义务，但敬畏情感本身并不需要被权威化。利奥塔的"歧论"政治学可谓一种后马克思主义的艺术和文化的政治哲学，它是一种不同于现实政治的具有诗性气质的话语政治。

第一章

利奥塔的哲学之路

利奥塔一生的哲学探索，按照时间顺序可以大致分为三个阶段。第一阶段是 20 世纪五六十年代，在这一时期，利奥塔同当时其他的青年法国学者一样，深受现象学和马克思主义的影响。秉承法国知识分子的左派传统，利奥塔在学术生涯的初期即显示出强烈的社会责任感，热心于马克思主义无产阶级革命理论的革命实践。第二阶段是 20 世纪 60 年代至 70 年代，这一时期的利奥塔已经在多元化和充满矛盾的社会现实中渐渐丧失了对马克思主义的信仰，革命热情逐步退却。他试图寻求新的哲学观念，处于思想的"漂流"状态。在以尼采的思想来改造弗洛伊德和马克思的理论并发展了一种"欲望哲学"之后，利奥塔很快放弃了这一过于肯定欲望能量的立场并提出异教主义的理论视点。实际上，他在这一时期的哲学观念已经显示出其后期的后现代主义理论的端倪。第三阶段是 20 世纪八九十年代，利奥塔在这一时期最终确立了后现代主义的哲学立场，并在此基础上颂扬崇高美学，推崇先锋艺术，探索社会正义。一直到生命的终点，利奥塔都在不遗余力地发展并扩散自己的后现代主义。其实，利奥塔对社会的美学问题和艺术作品的研究和探讨，始终伴随于他的哲学研究。而他的后现代美学思想，也从 20 世纪 70 年代以后有了明确的发展脉络。

利奥塔如同他所钟爱的先锋艺术家，一生都在哲学的道路上跋涉，挑战现存的理论和政治体制，甚至有时自己的理论也在被挑战的对象之列。对他来说，为了寻找某种让世界变得更加美好的可能性，摆脱强制意义的桎梏，思想和行动必须根据时时出新的"事件"不断自我更新，他总是提醒我们保持怀疑和批判的精神。所以，没有固定的"利奥塔体系"，只有不断创新、保持开放性的利奥塔思想。尽管表面看来，利奥塔在思想发展的不同时期跳跃性很大，但我们仍可以从中探得一定的连续性，比如他对差异性的维护，对事件性的敏感，对社会公正的追求，对艺术实践的关注，等等。按照时间顺序对利奥塔哲学思想的发展历程进行系统性的总结和梳理，也许不会得到反感体系化和线性时间思维、坚守后现代立场的利奥塔本人的赞同，但系统性的分析和整合通常是人类不可避免的认知步骤，是我们对问题特有的回应方式。以这样的方式进入利奥塔的世界，才能有效探察出他在 20 世纪七八十年代以后义无反顾坚持后现代立场的背景和缘由。利奥塔向后现代主义的转变，直接缘起于他早年的政治经历。正是在对资本主义社会政治、经济和文化现实的高度关注中，在对现象学、马克思主义、精神分析学说、语言哲学、康德哲学和列维纳斯伦理学等诸种学说、理论的借鉴和反思中，利奥塔形成了自己独特的后现代主义哲学、美学思想。

第一节　早期利奥塔

1924 年 8 月 10 日，利奥塔出生在法国的凡尔赛，他的父亲让－皮埃尔·利奥塔是一个小商人。利奥塔少年时曾在布丰中学和大路易中学这两所巴黎很优秀的中学里读书，他那时对自己的人生规划是成为一个天主教多明我会的修道士、一个画家或历史学家。其后，他还一度尝试创作诗歌、散文、小说，希望成为一个小说家。但是，因为"修道士受制于律令，画家受制于形式和色彩，历史学家又受制于事件"[①]，再加上认为自己缺少创作的天分，于是利奥塔最终决定投身哲学。在经历过两次巴黎高等师范学院入学考试的失败之后，利奥塔进入了同样声名显赫的索邦大学，攻读哲学和文学。在那里，他结识了后来同样成为后现代主义哲学家的吉尔·德勒兹（Gilles Deleuze）、弗朗索瓦·夏特莱（François Châtelet）和其后的 20 世纪新小说派作家米歇尔·布托（Michel Butor），并与他们成为朋友。那时的利奥塔对"冷漠"哲学（philosophy of indifference）深感兴趣，并以《作为伦理学概念的"冷漠"》为题的学位论文获得了硕士学位。根据利奥塔晚年的回忆，他在第二次世界大战爆发以前一直处于一种诗意的、内省的和孤僻的思考与生活方式之中，钻研的也是

[①] Jean - François Lyotard, *Peregrinations*: *Law*, *Form*, *Event*, New York: Columbia University Press, 1988, p. 4.

古希腊哲学家伊壁鸠鲁的快乐主义、斯多葛派顺从生命的"无所谓"（adiaphora）和道教的清静无为。然而，第二次世界大战的爆发使青年利奥塔的生活和思想都发生了重大转变。他有感于动荡不安的社会现实，彻底放弃了隐于书斋、不问世事的"冷漠"，在 20 世纪 40 年代走上巴黎街头，积极投身于争取民族独立的反法西斯斗争之中，还曾做过急救志愿者。

1948 年，利奥塔发表了他最早的两篇论文，分别是刊登于《新时代》（*L'Age Nouveau*）第 28 卷的《德国的罪恶》和《现代》（*Les Temps Moderns*）5 月号的《生于 1925 年》，主要讨论当时的政治问题。也是在那一年，利奥塔开始了他的第一段婚姻。他与安德瑞·玫结婚，随后有了两个女儿，克瑞娜和劳伦斯。迫于家庭生计，在通过法国教师资格考试之后，1950 年，利奥塔前往当时的法属殖民地阿尔及利亚，在东部城市康斯坦丁的一所中学担任哲学教师。两年后他回到法国，进入拉弗莱什（La Flèche）的一所陆军子弟学校教书，直到 1959 年。其间，在 1954 年阿尔及利亚爆发全民武装起义之际，利奥塔参加了当地的工会。同当时许多法国青年思想家一样，利奥塔也深受 20 世纪三四十年代以来就占据法国知识界主导地位的胡赛尔现象学的影响，现象学成为他踏入哲学之门的一把钥匙。从现象学那里，利奥塔学到了锐利的方法论武器，开始对传统思想进行批判和分析。返回巴黎以后，斗争的热情还持续影响着利奥塔，20 世纪 70 年代以前，在马克思主义社会革命理论的鼓舞和指导下，利奥塔也曾一度加入社会主义团体，积极投身于工人和学生运动，政治上十分活跃。

一　从现象学出发

（一）利奥塔对胡塞尔现象学的考察

1954 年，利奥塔出版了他的第一部重要著作《现象学》。在这本书中，利奥塔对胡塞尔的现象学作了较为清晰、客观的介绍。他在对现象学做出赞同性评价的同时，也站在唯物主义立场上对其进行了批判。整本书分为两部分，第一部分主要集中于胡塞尔的《逻辑研究》《笛卡尔沉思》和后期的《欧洲科学的危机与先验现象学》三本著作，以本质、先验、生活世界三个角度考察了胡塞尔的现象学思想；第二部分具体探讨了现象学的理论和方法在心理学、社会学和历史学等人文学科领域中的运用和影响。在第一、第二部分之间，利奥塔还对胡塞尔与黑格尔展开了一番比较。他指出，尽管胡塞尔是从黑格尔那里继承了现象学一词，但是胡塞尔已经改变了它的含义和用法。黑格尔认为，现象学是意识的科学，而意识是对于客体的知识。他强调意识在其自我发展或提高的过程中，在趋向于存在或逻各斯的过程中，使其自身的现象和它的本质相同一，存在就是概念意义本身。也就是说，黑格尔仍然以现象去寻求本质，寻求最后的绝对理念。而胡塞尔则赋予"现象"以特殊含义，认为现象是指意识界种种经验类的先验"本质"，这种本质现象是前逻辑的和前因果性的，它是现象学还原法的结果。相比之下，传统的本质只是虚设或伪设。与黑格尔体系化的哲学理论相比，现象学也不是一套内容固定的学说，而是一种通过直接认识描述现象的研究方法。我们只能在当下的感性印象里，抛开形而上的理性，成就一个理想的人。因此胡塞尔提出，要回到"现象"，回到事情本身。

19 世纪末 20 世纪初，胡塞尔在避免经验主义、科学主义和唯心主义，避免本质的实在论和主体的理念论，为科学寻找合法性基础的思路下重新提出了现象学和认知主体的问题。实际上，胡塞尔的"回到事情本身"就意味着对形而上学的拒绝。在胡塞尔之前，西方哲学家们大都对现象和本质持二元对立的观点，传统的西方思想往往都是用二元对立来解释的。经验主义的思考方式是自下而上，而理性主义恰恰相反，是自上而下。形而上学认为事情本身就是本体，认识论认为事情本身就是理性。胡塞尔则推翻了传统的认识论。在他看来，以前所有的哲学都不是自身规范性的学问，却总是含有某种外在的前提。他要追求原初的关系，把现象和本质结合起来，回到本质与现象的不可分离中，人与世界不分主客的局面中。胡塞尔认为，前认识的世界在认识发生之前，世界是不分主客的，真正的意识与对象之间存在着一种先天关系，一切意识都先天地指向对象，一切对象都是意识相关对象。因此也可以认为，在胡塞尔那里，现象不再是一个名词，而是一个动词，是通过本质直观"现出象来"。为了彻底地实现排除既定，在本质还原之后，胡塞尔又进行了一种更为基本的还原——现象学的先验还原。正是这种还原方法的运用，使得现象学从早期的本质现象学阶段过渡到了先验现象学阶段。通过把存在的事实置入括号之中的"悬置"（epoché），现象学把各种联系进行区分，把对存在的判断加以限制，括号外只剩下给予意识的东西。在此，普遍有效性的获得不在于命题与某种客体的对应关系，而是主体对自身意向性结构中的理性基础的先验揭示。经过悬置，现象学还原排除了自然和先验存在，排除了一切文化和历史，把所有东西都还原为它们的现象，还原为那些为意识而存在的东西。

胡塞尔由于对当时的历史现实下哲学状况的不满，踏上了现象学的还原之路。所以，对利奥塔来说，要认识胡塞尔现象学，还是应该把它放置到社会历史中去考察。利奥塔说，现象学的意识不同于以往消化、吸收了外部世界的传统意识，而是一种外爆的意识，与世界紧密相连。现象学是本质科学，它不是要取消或代替事实科学，而是要直面其问题并指导事实科学的研究。现象学也因此呈现出两面性，一方面试图确立科学的合法性，避免未来的危机；另一方面为了达成这个目标，又必须把科学置于脑后，悬置一切而进入物质的本原呈现中。也就是说，现象学并没有像笛卡尔式的怀疑那样最终取消了世界的存在，只是转变了看待世界的思维方式。在现象学中，世界成为意识的世界，没有主体意识就没有世界。同样，没有具体存在，也不可能有人的意识。意识离不开具体存在，又超越于具体存在。意识只是世界的本质存在，不是现象的集合，而是整体。实在内容因人而异，带有主观因素；而意向内容则具有一般共性，是意识直接切中的"直观"的对象。利奥塔认为，胡塞尔正是通过意向性把先验植入主体内在，才能表明意识不是真正外在于客体的。现象学就是要还原实在内容到意向内容，达到对本质的认识，实现认识的科学目标。通过现象学还原来摒弃主体和客体都已经异化于其中的自然世界，让世界复归到初生状态。还原的结果表明：只存在一个世界，即实践活动的生活世界，也就是作为生活经验和理论认识的基础的世界。在此，利奥塔指出，如果与生活经验相分离，真理就不能被定义为真理。自我才是给予意义的真正主体。由此，科学之根既非来自于上帝，也非来自于康德所谓的先天必然性，而是来自于自我在生活世界中的即刻体验。在这种即刻体验中，个体和世界从最初即和谐相处。这样看来，所谓的绝对真理或先验真理并不存在，也无须存在。在此，从胡塞尔的现象学出发，利奥塔踏上了对真理的批判之途。

（二）现象学与人文科学的关系

通过前文可知，利奥塔为我们描述了胡塞尔如何在实证主义和形而上学之间，在心理主义和实体论之间探索"第三条道路"，把主体性改造成主体间性。从中不难看出，利奥塔对现象学把科学归于日常经验的生活世界所表现出的赞赏之意。他认为这使得胡塞尔避免了先验哲学无法与文化社会学相连接的失败。接下来，在《现象学》的第二部分"现象学和人文科学"中，他分别考察了现象学和心理学、社会学、历史学的关系，也更多地涉及梅洛－庞蒂的现象学思想。

在现象学与人文学科的关系问题上，利奥塔认为，某种意义上胡塞尔现象学把人文科学的问题置于思考的中心。胡塞尔的初衷是清除主体认识中心论的、社会的、历史的偶然性和相对性因素，也就是清除一切非理性因素，恢复科学的严肃性，重建科学的合法性，同时避免客观化倾向的科学主义。关于现象学和心理学的关系，利奥塔指出，现象学中，同具体存在紧密相关的认识与心理学自我观察的内省相反。现象学把无意识解释成另一种形式的意识，对"思"（noesis）与"所思"（noema）的综合也就意味着对心理学无意识理论的拒绝。但即便如此，现象学仍然不可避免地把心理学列入自己的方案之中，不仅因为现象学必然要提出方法论问题，而且因为现象学还是一种"我思"（cogito）的哲学。关于现象学和社会学的关系，利奥塔尤其批评了涂尔干社会学理论完全把社会现实客体化的做法。他认为现象学的方法十分有助于社会学的研究，可以帮助社会学家避免过度的主观主义或客观主义，更好地筛选、收集并分析社会学的资料和数据。毕竟，正如梅洛－庞蒂提出的，社会并非作为第三个人的客体存在。作为所有社会学知识的"最初的社会性"来自于具体的人、人与人之间的交互理解力。不过，那种现象学的社会学并不存在。对现象学家来说，他们还原掉了历史性，社会并非客体，而是生活经验。对社会学家来说，他们的研究只能在承认自身和研究对象的历史性的基础上开展，必须源自对于客体化的社会的观察。关于现象学和历史学的关系，利奥塔指出，胡塞尔在反对历史主义教条的同时，也不能确认外在于历史的真相。他注意到，胡塞尔在其思想发展的晚期出现了一种向时间性的先验自我的发展转移的倾向。但是，联想到胡塞尔把现象学的对象设定为在纯粹内在的直观中被把握的意向性，是非时间性的、绝对空间化的存在，也就是所谓绝对的内在之物，现象学在历史性这里似乎遇到了困境。于是，利奥塔把现象学称作黑格尔的主观唯心主义和马克思的辩证唯物主义之间的模棱两可的哲学。不过，他认为现象学仍旧可以给予历史研究以方法论意义上的指导，即通过对于具体的生活世界的重建，对于文化和特定历史时期的意向性分析，来揭示其意义。

（三）现象学的启示

鉴于现象学运动的进行时态，利奥塔认为尚不能对之做出某种定论性的评价。现象学只是欧洲思想进程中的一步，从胡塞尔开始，到海德格尔、梅洛－庞蒂、列维纳斯，同属现象学的哲学家们都坚守着与自己相去甚远的理论观点。然而，正如利奥塔对现象学冠以"模棱两可"之名，他本人对现象学也显示出一种矛盾的情感。在《现象学》最后的部分，利奥塔一改此前的肯定性基调，从马克思辩证唯物主义的角度出发转向了对现象学的严厉批评。尽管利奥塔在当时坚持了一种开放性的马克思主义，认为历史是开放的，充满着偶然性，不能被简化到决定论的原则中；尽管他在讨论唐迪克·陶和梅洛－庞蒂的观点时，认同现象学可以引导我们重新思考经济基础和上层建筑的关系，使我们注意新的阶级上升所带来的新的生活经验可以作为马克思主义分析的参考，并有助于马克思主义克服自由和必然、偶然性和决定性、主体和客体之间的对立；但是他仍然认为，现象学由于自身的理论缺陷，无法解决由意识的意向性构成的意义世界和由客体化的人构成的客观世界之间的矛盾，也必然无法理解历史在根本上的客观物质性，这是现象学远远落后于马克思主义的地方。所以，现象学和马克思主义之间存在着不可逾越的鸿沟。面对梅洛－庞蒂对马克思主义无产阶级革命理论的驳斥，利奥塔认为，当像梅洛－庞蒂这样的现象学家拒绝承认物质生产和对生产关系调整的客观性时，实际上已经不自觉地把历史和阶级斗争看作对个体意识的发展和否定。

在《现象学》一书的结语中，利奥塔主要从三个方面质疑了现象学：第一，胡塞尔试图找到一个无可怀疑、无所预设的绝对确定性，并且在此确定性中发现可以构成客观性的机制。但是以"我思"的生命作为意义的基础，势必无法脱离重新落入主观主义的危险。要避免这一点，只能从辩证唯物主义对物质的确认中寻找答案。因此，现象学无视无产阶级革命、无视辩证唯物主义而继续资产阶级游戏的"第三条道路"只能是幻想，是不可能完全实现的。第二，相对于马克思的辩证唯物主义，现象学可以说是一种倒退。现象学不承认物质现实的基础，却把意义的来源放置于主客观的裂缝之间。但是，现象学家们并没有意识到，在辩证唯物主义那里，客体作为对主体的否定性的发展和克服，它本身就是有意义的。第三，现象学努力打破自然主义和实用论，恢复被压制在客观化的社会科学下的人之本性，积极寻求人文学科的合法性和严肃性，这是它的目标和积极意义所在。我们开展任何与现象学的对话，都需要在这一基础上展开。就这一点来说，现象学既不是蒙昧主义，也不是折中主义。然而，如果现象学家们接受马克思关于不认识哲学，就无法颠覆哲学的著名论断，现象学的这一目标恐怕只有到了无阶级的社会才能实现。简而言之，利奥塔更多地站在唯物主义的立场上批判现象学，认为现象学因为否认了物质第一性，而只能变成空中楼阁。

在为《现象学》英译本写作的前言中，盖尔·奥莱斯顿指出，利奥塔的这本书是关于"现象学的现象学"。他的意思就是，利奥塔并没有为读者臆断任何关于现象学的真理或者知识的判断，也没有尝试消除现象学的"模棱两可"，而是"悬置"了这一切，只为我们呈现出现象学运动的不同片断，所以《现象学》是一种以叙述哲学的口吻写就的书，而不是标榜某种哲学理论的专著。这很符合利奥塔一贯的理论风格，不管是1979 年的《后现代状况》、1983 年的《歧论》还是1988 年的《旅行》等著作，皆是如此。不过，虽然利奥塔已经在《现象学》中表示，不能对正在进行中的现象学运动妄加评论，但实际上他并没有做到这一点。在肯定了胡塞尔现象学的积极意义后，利奥塔最终站在了马克思主义唯物辩证法的一边来对之进行批判，并没有体现出绝对价值中立的立场。不仅如此，利奥塔还在书中对黑格尔和萨特做出了评判。他批判了黑格尔的主观唯心主义，因为黑格尔致力于把所有现实包纳进其思辨的概念体系；同时批判了萨特的存在主义，因为萨特强调自我对于物质的独立性。可见，完全中立的"悬置"判断是不可能实现的。实际上，利奥塔对现象学充满矛盾的认识和感情反映出他当时的思想状况。他试图把现象学的方法拿来为马克思主义所用，乃是出于一种政治上的责任感和对社会正义的追求。那时的利奥塔尚可以说是一个辩证唯物主义者，这与他后来对马克思主义的彻底"反叛"和"变节"形成了鲜明对比。20 世纪 70 年代以后，利奥塔把马克思主义当作宏大叙事的典型来批判，他实际上已经抛弃了自己最初坚持的开放性的马克思主义，而是轻率地把马克思主义简单化、教条化了。不过，我们仍旧可以在《现象学》这本利奥塔的第一部重要著作里，找到一些他后来一直坚持的重要理论观点和学术思路。

第一，现象学不宣布任何真理，它只是发现真理的方法。真理是活的，是动态的。人是自由的，在世界中没有任何权威可以依靠，必须靠自我发现真理，实现人生价值。现象学还原要求终止一切判断，不需要一切超越的被给予性，利奥塔十分赞同这一点，同时他还在《现象学》里明确表示，不同现象学家的相去甚远的观点构成了现象学的不同声部，而这些正在发生作用的声音让我们不能把现象学简单地固定化，或者去试图给予不同现象学家某种"共同密码"，而是要认识到现象学的具体性和历史性。也许我们可以认为，此时利奥塔的这一观念与他当时的唯物主义信念密不可分，但同样在这里，我们也隐约看到了利奥塔在《后现代状况》中挑战真理权威，"向总体性开战"的影子。

第二，利奥塔对现象学涉及的时间问题特别进行了一番考察。胡塞尔把时间区分为客观时间和内在时间，认为时间总是处于流动的过程中，相应地，我们的意识也处于延续、演替、变动之中。原初印象、持留记忆和连带展望是对运动的内在时间意识的三个环节。由原初印象、持留记忆和连带展望构成的一个完整的感知时间场是直观可感的，具有自身被给予性的自明性，在对每个瞬间的当下体验中既持有过去，同时握有对未来视域的预期。梅洛-庞蒂则认为时间既不在客观事物之中，也不在人的意识之中，而是存在于人和事物的关系之中。时间不是像河流一样从过去向着现在和未来不停流逝，而是一个意向相互重叠的网络，过去、现在、未来三者交织在一起，这一网络的中心则是身体—主体，也就是把时间意向化看作对此刻当下呈现的体验的模式。这些观点，在利奥塔的后现代时间观，以及"崇高美学"中所强调的对崇高此刻当下的体验中明显地复现出来。

第三，胡塞尔思想中关于"生活世界"的观点引起了利奥塔的思考。胡塞尔所说的生活世界有两种含义：作为经验实在的客观生活世界和作为纯粹先验现象的主观生活世界。生活世界不是一个本体论概念，而是一个主体性的认识论概念，世界本身不是作为一个对象而被感知，它是作为被感知对象的无限延伸的背景视域呈现在我们的意识中。生活世界是个体性的生活主体从其个性化角度感知、体验到的世界，也是个体性的生存主体以其本真的生活方式居存于其中的生存世界。不同意义上的生活世界与科学及人的生存的关系也不同：在胡塞尔看来，前者是近代科学产生的基础，也是造成科学"危机"与人的"危机"的根源；后者则有可能为我们提供一条克服危机的途径。简而言之，生活世界指向一个先验可能性的原初经验描述问题。在利奥塔的后现代主义思想中，尽管他反感认识论的独断，不认同先验可能性，但他重视个体的原初经验，激烈反对凌驾于感性认知和具体生活经验之上的抽象概念和总体性。即使存在所谓的真理，它也永远不能脱离差异化的个体体验。

从以上三种角度看，早年的现象学背景对利奥塔后来的思想发展所起到的作用是不可忽视的。

二　左翼知识分子利奥塔

（一）阿尔及利亚的记忆

在 1948 年发表的《生于 1925 年》一文中，24 岁的利奥塔指出，从第二次世界大战时算起，整个欧洲在战争恐怖面前停止了对自己的认识，不知道该如何作为。战后的欧洲更是被一种本身固有的虚无主义所笼罩，人本主义传统也因为对经济的过于重视而丧失。官僚主义和经济压迫遍布欧洲，甚至共产主义作为最终的伟大政治目标，也在逐渐脱离实际、无视差异的无产阶级组织那里，变成一种"正统"的理论教条。[①] 从这篇文章可以看出，利奥塔在他理论生涯的初期即显示出对政治的高度敏感性和悟性。他在此后的学术探索中，从未停止与他提到的欧洲文化的虚无主义搏斗，不仅如此，利奥塔在当时马克思主义还占据着欧洲知识分子话语的绝对主导地位时，即做出对共产主义的如此论断，这已经让我们看出他日后提出异教主义，高度重视差异性的端倪。

1950 年，利奥塔离开法国，去阿尔及利亚东部重镇康斯坦丁教书。身处阿尔及利亚激荡的政治环境，他的政治热情愈加高涨。在一次会议上，利奥塔与皮埃尔·苏伊里结识，他们一见如故，并保持了长时间的亲密友谊。尽管两人后来因为对政治和理论的不同理解而分道扬镳，但是苏伊里当时作为马克思主义阵营的左翼知识分子，对利奥塔早年的思想成长影响巨大。正是通过苏伊里，利奥塔又恢复了对马克思主义的信心，认识到历史的和唯物的辩证法不仅仅意味着大学的一个教席或政治局的某种职责，更是解决实际问题的一种有效形式。在苏伊里的支持下，利奥塔在政治上进步很快，他阅读了大量马克思的著作，并十分关注阿尔及利亚的政治局势。1954 年，利奥塔加入了主要由法国左翼知识分子组成的社会主义革命团体——"社会主义或野蛮"，并成为该组织阿尔及利亚分支的领

---

① 参见 Lyotard, Jean‐François, "Nés en 1925", in *Temps Modernes*, May（32），1948, p. 184。

导成员。该组织的其他重要成员包括法国左翼思想界的著名人物内利乌斯·卡斯托里亚迪斯、克劳特·洛夫特和皮埃尔·苏伊里。这个组织的目标就是通过批判现存的阶级斗争形式，为社会主义革命提供理论资源，同时强调建立工人阶级的主体性和创造性，认为这样才能真正实践马克思主义。因此，该组织对当时形形色色的社会主义，如无政府主义、托洛茨基主义和斯大林主义等提出批评，认为这些所谓"主义"往往只是把工人看成被动的因素，是被领导的对象。利奥塔加入之后，参与创立和编辑了《社会主义或野蛮》杂志，这本杂志着眼于及时、准确地反映工人阶级自身状况，并针对斯大林主义、苏联的社会主义体制和法国的官僚政治提出尖锐的批评。利奥塔也曾撰文批评法国共产党严重脱离现实的教条主义，甚至认为他们的行动已经不能称为政治了。实际上，从福特制到泰勒主义，资本主义已经变换出了不同的形式，以持续不断地把工人们纳入到自己的永无休止的资本积累、再生产和消费中去，从而形成了惊人的异化。利奥塔提出革命该如何进行下去的疑问，大声呼吁"睁开我们的眼睛，去察看工人阶级日常生活的巨大变化"。①

　　阿尔及利亚民族独立战争爆发后，利奥塔以饱满的革命热情创作了许多关于阿尔及利亚民族独立战争的政论文章，同时还把他就时局热点和政治议题所写的短文制作成油印材料在工人中散发。1964 年，"社会主义或野蛮"内部因为卡斯托里亚迪斯对团体的新的理论方向产生分歧而分裂。其后，利奥塔参加了致力于建立工人阶级组织的更为激进的工人团体"工人权力"，直至两年后他由于根本的思想分歧决定"全身而退"。对利奥塔而言，这标志了一个时代的结束。在整个过程中，他体验到思想的矛盾、信仰的破灭和革命友情的淡逝，亲历了 20 世纪六七十年代法国思想界的潮起潮落，目睹了结构主义的式微和解构哲学的兴起。根据利奥塔后来的回忆，从 1950 年到 1966 年的前后 15 年时间里，他心无旁骛，把全部的时间和精力都投入到对无产阶级和社会主义革命的研究和实践中，"忠实于反剥削、反异化的事业……对所有与此事业不直接相关的活动和

---

① Jean‐Francois Lyotard, *Political Writings*, trans. and eds. Bill Readings and Kevin Paul Geiman, London: UCL Press, 1993, p. 268.

情感都置若罔闻""写作只是为共同的斗争而作"。① 的确，从 1954 年
《现象学》出版直到 1971 年他的博士论文《话语，图像》出版，整整 16
年的时间里利奥塔没有任何新的哲学著作问世。尽管如此，从利奥塔这一
时期的文章中，我们却发现，他从来就没有"规规矩矩"奉行某种主义
或者理念，包括马克思主义。正如利奥塔认为"回到事情本身"的现象
学立场有助于马克思主义认识不断变化的社会现实，他从一开始就着眼于
具体的社会问题，所投身的革命事业也并非要树立某种真理，而是要通过
对复杂的社会现实的认识和分析来激发革命的能量，寻找消除剥削、异化
和非正义的对策。

在阿尔及利亚的问题上，利奥塔坚信辩证唯物主义在理论和实践中的
力量，认为社会主义革命的时机已经成熟，依靠辩证唯物主义的原则，所
有的社会矛盾都能在革命运动中得到解决。他坚定不移地认为阿尔及利亚
已经具备了社会主义革命的成熟条件，而单纯的民族独立战争还是会造就
新的统治阶级，因此有必要进行社会主义革命，同时又不能简单套用现成
的社会主义模式。然而，经过对阿尔及利亚不同社会阶层和政治团体的考
察，他发现，鉴于阿尔及利亚工业和经济的相对落后，实际上并没有形成
一个"靠得住"的无产阶级阶层。阿尔及利亚国内的主要矛盾是穆斯林
社区民众和法国统治者之间的矛盾，阶级矛盾还是次要的，所以，进行社
会主义革命似乎并不现实。利奥塔遗憾地看到："社会主义或野蛮"所支
持的阿尔及利亚的民族独立战争并不是朝着建立工人民主的方向进行的，
它造就了一个新的受到军事官僚控制的剥削政权，独立战争也不可能解决
社会的现实矛盾，只是将社会矛盾不断后延并且转换为其他形式。阿尔及
利亚独立之后，利奥塔在 1963 年又写了《撤退后的阿尔及利亚》一文。
他再次发问，为什么社会主义革命没能在阿尔及利亚发生。在最后的结论
中，他认为是阿尔及利亚社会和政治的畸形发展导致了不同政治团体对于
权力的机会主义式的争夺，以先进阶级力量为基础的革命行动并未成行。
由此，利奥塔感慨，在复杂的社会现实面前，没有一种理论可以占据主导
地位，能够得出对社会现实清晰、全面的认识。

---

① Jean – François Lyotard, *Peregrinations*: *Law*, *Form*, *Event*, New York: Columbia University Press, 1988, p. 17.

（二）"五月风暴"和革命激情的回落

阿尔及利亚的状况促使利奥塔开始反思法国的社会现实，以及社会主义革命在法国的出路。他在分析阿尔及利亚问题时注意到，正是法国资本主义为了保证自己的经济利益才造成了阿尔及利亚的贫穷和落后。他还特别提出了法国文化对北非当地文化的压制并称之为"恐怖"，这一术语在他的后期著作中一再出现。另外，利奥塔也严厉批评了法国工人阶级对阿尔及利亚民族解放斗争的冷漠，对反对帝国主义的伟大事业的无动于衷。来自法国无产阶级政党和团体的帮助或流于形式主义，或摆出家长式作风，甚至试图对殖民地进行同化式的控制，根本起不到真正的指导意义。就法国的国内状况来看，20世纪50年代中后期，无产阶级在法兰西第四共和国陷入危机时，没有抓住革命的契机。在戴高乐成功上台后，又找不到一条合适的道路来回应现实和继续革命，既不能支持也不能反对戴高乐主义，抗议也成为被合并到现行秩序中的制度化的抗议。与此同时，科技的进步、消费社会的形成和大众文化的兴起也让工人阶级的日常生活发生了重大变化。多样化的文化商品和审美时尚，不断增多的闲暇时间使得他们的革命斗志被逐渐瓦解，最后只能被资产阶级所同化。利奥塔指出，就当时法国工人阶级的态度来看，席卷全球的社会变革的革命浪潮和集体行动将只能在法国缺席。而此间西方社会的一系列变化——斯大林的独裁统治，苏联对匈牙利的入侵，资本主义经济高速增长与马克思主义关于剥削和剩余价值学说之间的差距，工人阶级中领导者的官僚化等，都动摇了利奥塔对马克思主义的坚定信仰，使他对社会主义革命的出路感到悲观，对马克思主义理论的有效性产生了怀疑。马克思主义的唯物辩证法力图在发展和变化中化解实际矛盾，但利奥塔却认为，现实中的矛盾是不可调和的，马克思主义已经无法解释变化了的社会现实，革命也并非意味着踏上某条确定结果的出路。不过，对彼时的利奥塔来说，放弃马克思主义立场，放弃传统的革命理论与方式，并不意味着放弃对资本主义的批判，他在这一点上保留了马克思主义的文化因子，坚持对社会现实问题的批判性眼光，希望打破传统，寻找一种更为有效的资本主义批判方式。但利奥塔所做的不只是在社会性层面上寻求分析人类经验的基本方法；他更注重从理论和实践的关系出发寻找新的问题处理方式，以此来摆脱异化和物化。

如果说阿尔及利亚的民族独立战争让利奥塔开始反思社会主义革

命，那么 1968 年法国的"五月风暴"，则促成了利奥塔与马克思主义
的彻底"决裂"。1968 年，时任总统戴高乐的一系列内政外交政策虽然
使法国经济获得发展，国际地位不断提高，但总统的独断专行也引起了
人们的不满，各种社会矛盾日益尖锐：法国独立发展核力量因耗资巨大
而遭到左翼和右翼势力的共同反对，政府反对罢工的立法导致工人的反
抗，削减小农户的政策也激起农民的抗争，失业人数由于经济情况不好
而激增，青年学生面临着毕业即失业的威胁……3 月 22 日，巴黎南特
大学出现了学生运动，学生们在领袖柯恩－本迪特的带领下占领了学
校，要求改革学校的教育制度，骚动很快波及开来。5 月 3 日，为抗议
大学当局开除学生运动领导人，巴黎大学学生罢课并占领了大学校舍。
警察封闭了学校，驱散了群众集会。为抗议警察暴行，全国各地学生纷
纷罢课游行。在巴黎，学生甚至筑起街垒同警察对峙。5 月中旬斗争进
入高潮。5 月 12 日，工人举行罢工，声援学生的斗争，要求减少工作
时间，保证最低薪酬。5 月 13 日，工人、学生联合举行总罢工、总罢
课，巴黎 20 多万人涌上街头，高呼反政府的口号，进行大规模的示威
游行，整个法国陷入瘫痪。当时，利奥塔在南特大学担任教师，他不仅
参加了学生运动，组织了针对 3 月 22 日事件的游行，还在南特签署了
反权威教育体制的宣言，号召师生重新组织教学，瓦解现存制度，不但
用身体抵抗，也要用文字抵抗。利奥塔盛赞"五月风暴"体现出来的
革命精神，认为已经被他宣告了政治死亡的法国现在又重新点燃了革命
激情，这样的激情足以"撼动全国"。虽然面对"五月风暴"，利奥塔
仍旧热情满怀，积极地鼓动和参与学生运动，但他早已不再是此前那个
拥护马克思主义无产阶级革命理念的行动主义者。他说："（1968 年的
事件）不是对于政治更新的欲望，而是想树立某种不同的东西，不同的
社会，人与人之间不同关系的欲望。"① 欲望，尤其是个人和小团体的
欲望，作为解构的能量，作为同传统政治形式决裂的革命目标被激发出
来。革命行动就是要反对现存的和早就规划好的政治观念，不是要抓住
权力，而是要瓦解权力。他一度把工人阶级和学生的联合看作是在阿尔
及利亚未能实现的理论和实践的有效结合，是消灭精英主义和官僚主义

---

① Jean－François Lyotard, *Political Writings*, trans. and ed. Bill Readings and Kevin Paul Gei-
man, London: UCL Press, 1993, p. 41.

的真正希望所在。

此外，利奥塔还提倡"此时此地"的革新，认为只有被那些制造革新的人所控制和实施的行动而不是某种抽象的革命纲领才能形成对体制的有力批判，过于组织化的斗争实际上是苏联十月革命的缩影，而真正的革命是不可能被提前勾画和预演的，斗争如果被政治团体所利用和收编，就会迅速失去革命的纯粹性。他认为1968年3月22日的运动就属于这种革新。不仅如此，利奥塔认为解构是唯一有效的政治行动的方式，他开始注意到"事件"（event），也就是强调此时此地偶然性事件的直接发生，这种发生超过了我们的预计和描述能力，如果可以完全理解和预言事件的发生的话，对利奥塔而言，它们就再也不是事件了。"事件"这一术语在利奥塔后来的理论中的重要性不断增加，以至成为他的标志性术语。他曾经说，事件"不是某个事情，但至少是时空的一个停顿"。① 也就是说，事件造成已经存在的体系的中断，是有什么发生的事实，具有不可重复性。利奥塔的研究者比尔·雷丁斯曾经这样总结利奥塔意义上的"事件"："事件是一次际遇……是有什么发生了，这之后再也不会有同样的事情发生。事件打断了试图表现或理解它的任何先在的参照体系。事件的事件性是发生的彻底唯一性，'它发生了'与'究竟是什么发生了'意义截然不同。"② 强调事件的唯一性不无道理，但是利奥塔却轻率地抛弃了马克思主义的历史辩证法，错误地认为马克思主义的历史辩证法所规定的某种原因必然会引发某种后果，某种历史结局必然可以追溯到某种历史根源的因果性无法有效说明现实问题，马克思主义也因此显得有些"陈旧"，不再是人们看清资本主义压迫和剥削的一面镜子。实际上，当时利奥塔对"五月风暴"的革命精神和马克思主义的理解走向了极端化，明显带有冒险主义和境遇主义的色彩。

然而，"五月风暴"最终无疾而终，戴高乐总统重新控制了局势，政府和资本家许诺给工人提高薪酬，国民议会也于10月10日通过了建立大学自治和安排大学生参与高等教学方面的法律，局面逐渐恢复正

---

① Jean – François Lyotard, *Que Peindre? Adami Arakawa Buren* (2 vols), Paris: Éditions de la Différence, 1987, p. 11.

② Bill Readings, *Introducing Lyotard: Art and Politics*, London & New York: Routledge, 1991, p. xxxi.

常。利奥塔对工人阶级领导人和学生领袖的"去政治化"的态度和对革命的懈怠姿态感到失望万分。工人阶级失去革命热情,消费文化却不断升温,资本主义社会鼎盛期的种种表征让利奥塔感到马克思关于资本主义社会必然为社会主义社会所取代的分析似乎已经失去价值。其实,不只是利奥塔,与他同时代的法国知识分子,包括加塔利、德勒兹、福柯等都从对现实的失望,以及对诸种社会理想的不信任中投身后结构主义阵营。可以说,1968 年这场"反叛"运动的偃旗息鼓直接导致了反总体性哲学在法国进入高潮。利奥塔已经从对马克思主义的怀疑开始,进而怀疑理性话语本身,甚至又以一种狂热的反理论倾向把批判矛头指向了批判事业。如此,我们不难理解,20 世纪 70 年代的利奥塔会到弗洛伊德的无意识理论和尼采的非理性哲学那里寻求共鸣,在尚未受制于理性的无意识中寻找突破传统理论话语的出路,并提出一种颂扬流动、强度和欲望能量释放的欲望哲学。

总之,通过对胡塞尔现象学的研究和 20 世纪五六十年代的革命实践,利奥塔在自己的哲学中确立了日常生活体验的基础性地位,多样态的日常生活体验成为他思考真理和追求正义的出发点。他不但注意到资本主义社会的经济和政治压迫,也注意到资本逻辑在文化、艺术领域的扩张与渗透,看到了资本主义新的文化压迫和同化的不同形式。他开始关注事件的偶发性,怀疑宏大叙事和马克思主义,放弃以彻底革命推翻现行社会制度的道路,这都为他日后形成鲜明的后现代主义理论,借艺术和美学之名改造哲学、反作用于社会埋下了伏笔。1989 年,利奥塔在回忆文章《阿尔及利亚之名》中指出:当时的殖民者法国和殖民地阿尔及利亚之间就是一种"歧论"(différend)式的矛盾,证明试图构筑现实的宏大叙事在现实中是行不通的。更进一步,他在谈及 20 世纪五六十年代法兰西第四、第五共和国交替的社会现实时说:"对另一条伟大的社会道路和伟大合法性失败的宣告,或多或少就是我后来通过后现代主义之名所表达的。"①

---

① Jean – François Lyotard, *Political Writings*, trans. and ed. Bill Readings and Kevin Paul Geiman, London: UCL Press, 1993, p. 169.

第二节　漂流：从欲望哲学到异教主义

20 世纪 70 年代的利奥塔，革命热情在社会现实面前逐渐退却。经历了阿尔及利亚独立战争和 1968 年法国的学生运动风潮之后，利奥塔在现实的矛盾中抛弃了自己最初从事的社会主义革命事业。这一时期的利奥塔，用他自己的比喻来说，处在思想"漂流"之中，不断尝试新的理论可能性。他不但与传统理论相决裂，甚至试图去确证根本不存在任何固定的理论和政治立场。在把重心转向学术研究之后，利奥塔开始尝试以尼采的思想来改造弗洛伊德和马克思的理论，发展一种"欲望哲学"，希望提高被哲学长期忽视的人类身体的地位，借用力比多能量来描绘当时的社会变革，从文化方面深入分析和批判当代资本主义社会，企图"代替并超越"马克思对资本主义社会经济和社会状况的分析。不过，利奥塔后来承认，关于"欲望哲学"的尝试以失败而告终，对欲望的过分渲染和对正义、道德伦理的忽略使得仍旧属于一元论哲学范畴的欲望哲学很容易导向弱肉强食的丛林法则。20 世纪 70 年代中期以后，利奥塔又提出异教主义，这实际上成为他在 70 年代末正式转向后现代主义的前奏。从异教主义的探寻开始，利奥塔摒弃"欲望"，借由语言学理论来重新审视理性主体，消解主体形而上学。

一　另类的力比多经济学

（一）作为力比多系统的社会

20 世纪 60 年代中期，利奥塔参加了拉康一系列关于精神分析的讲座。他对拉康的理论，尤其是拉康学说中包含全部语言和知识领域的"符号界"概念十分抵触，却从讲座中吸取了弗洛伊德的精神分析理论，特别是弗洛伊德对性和"无意识"的分析，并将之运用到自己的学术思考中，在此基础上写作了《话语，图像：一篇美学论文》，以之获得博士学位。随后，在 1973 年的《从马克思和弗洛伊德开始漂流》和 1974 年的《力比多经济学》两部著作中，利奥塔对弗洛伊德又有了新的认识，他认为弗洛伊德的精神分析理论仍然拘泥于理性主义，而他恰恰要走向相反的道路。借用尼采式的非理性哲学，利奥塔发展出一种力比多式的欲望哲学，正式踏上了对马克思主义的"反叛"之路。

　　利奥塔关于欲望哲学的理论观点主要体现在《力比多经济学》中。当时的他声称自己是"反"理论的，在书中明确拒绝传统的哲学论证形式和写作风格，特别反对把理论当作固定不变、超然公正的话语，赞成一种颠覆性的挑衅战略，对欲望投注了满腔热情。这本书不仅在内容上，而且在形式上开始具有了后现代色彩。利奥塔对身体的论证不是为了在理论层次上再现身体，而是为了激活欲望，让人们感受身体。《力比多经济学》从对人体解剖的论述开始，在把人类身体伸展为"延绵不尽的多变皮"的细节描述中展开，进而分析了力比多欲望，从身体真相出发对语言和有关的人为建构进行批判，并将之运用到对资本主义和马克思主义的认识之中，这也就是利奥塔所说的力比多经济学。《力比多经济学》似乎是利奥塔在"五月风暴"中残存激情的宣泄，正如他赞赏"五月风暴"中所释放出来的解构的、狂热的革命能量，认为这是青年一代身上情感强度的体现，是力比多能量的释放；在这本被他自己定义为"邪恶"的书中，利奥塔以一种激进的能量释放式的风格做出了"反叛"马克思主义、开辟新的理论空间的极端尝试。可以说，强调欲望自然主义、排斥理性秩序的《力比多经济学》是利奥塔走向后马克思主义立场的一个印记。同时，在对欲望哲学的思考中，利奥塔已经明确提出了后来他走上后现代主义道路所坚持的基本指导思想，即对确立现代社会合法性的宏大叙事——诸如"科学知识的大叙事""思辨理性的大叙事"和"人性解放的大叙事"——的批判。这样，力比多经济学实际成为利奥塔在摒弃宏大叙事、寻找思维突破口的道路上导演的一幕略显天真、不甚成熟的理论预演。评论家西姆曾指出，这本书是与后现代主义有关的最值得注意的文献之一。①

　　"力比多"（libido）这个术语首先由弗洛伊德提出。弗洛伊德认为，人的行为受无意识支配，而无意识的主要内容就是力比多。"力比多"泛指一切身体器官的快感。它是一种力量、本能，有时表现为性本能，有时则表现为营养本能（饥饿时）。治疗精神病的谈话疗法就在于解放被压抑的欲望，也就是"力比多"，使其摆脱对先前的迷恋，以自我为中心，从而消除不良症状。在《力比多经济学》中，利奥塔将社会看成是由欲望

---

　　① Stuart Sim, *Jean - François Lyotard*, Hertfordshire: Prentice Hall/ Harvester Wheatsheaf, 1996, p. 16.

的能量所驱动的力比多系统，这个系统涉及了大小不一的所有种类系统的构造，大到某个国家的经济体制，小到某个社区的治安环境。借用弗洛伊德的力比多理论，利奥塔认为，社会系统中充斥着力比多的情感和欲望。它们采取能量的形式流动并相互作用。能量在社会流通中转化为各种信息和信息系统。人类社会的平衡或稳定，主要取决于整个社会中能量交换流通的过程及结果。而这种由能量驱动的系统"不能被囚禁于名称之下"，①远远超出单个词语所涵盖的意义，是无法得到充分理解和控制的。之所以如此，是因为力比多能量的发生和流动产生出一个空间，也就是利奥塔命名的"力比多带"。力比多带没有反面和终点，变动不居却又浑然一体，是作为各种力比多能量和欲望以不可预料的方式首先出现、汇聚的空间，也就是利奥塔意义上的事件发生的空间，必然没有固定的边界和能够得以辨识的、稳定的特征。力比多带犹如人的身体，但又不像身体那样具有整套的有机组成和明确界限。力比多带作为事件发生的空间和后果，对事件的发生不强加任何限制，但是它却容许利奥塔维持严格的力比多系统。一旦情感和欲望呈现在这种系统中，它们就有了能够辨识的形象和构造。

也就是说，在力比多系统中，由概念、理论等作为固定力比多流动和汇聚事件的手段，通过家庭、车间、经济体系和国家等把力比多的欲望束缚到一些压迫性的结构和形式里。在把欲望绑缚于极权性社会力量的过程中，由于随之而来的生命能量和活力的丧失，欲望的强度就遭到了削弱。而事实上，由力比多带构成的社会系统本身就不是一种秩序良好的系统，自然也无法被真正控制和固定。欲望既能为之所用，也可以将其摧毁。不仅新的能量不断出现，对体制构成挑战，而且原有的能量也会从内部攻击这种体制。其原因在于，虽然任何构造和机制都会发挥作用，但是它对所利用能量的理解和描述却是虚假的，力比多能量和欲望不可能被充分理解与描述，所谓对事件的理解与描述只能是临时的、不完整的，各种理解与描述也不能以事件为中介进行比较和衡量。尽管如此，却仍然有些构造和体制企图控制处于特定状态的能量，并自称了解所有构造利用一切情感的正确方式。在利奥塔眼中，宗教和社会的政治经济体制，资本主义或者马克思主义都属于这种类型。比如在中世

---

① Jean - François Lyotard, *Libidinal Economy*, trans. Iain Hamilton Grant, London: Athlone Press, 1993, p. 20.

纪，基督教通过家庭、国家、教会等多种制度及其规则对社会成员的欲望进行严格控制；到了资本主义社会，市场法则被用来控制和利用各种能量的流动。而利奥塔的力比多经济学要做的，就是要描述并解放力比多欲望流，释放其全部的多样性和强度，以反理论的姿态来解构这些传统的理论范式，拒斥一切现存的政治立场，展示寄存在理论话语中的紧张感以及其他在严肃话语中被压抑的情感，从而追求极端肯定躯体和欲望的政治，描述并解释其中能量的出现和被利用。可见，利奥塔对弗洛伊德精神分析学说的力比多概念进行了普遍化、极端化的理解，对他来说，任何忽略身体的力比多层面的政治或社会哲学，注定要在现实世界中遭受失败。

（二）马克思主义政治经济学的"力比多化"

利用力比多系统的分析，利奥塔对马克思主义的政治经济学进行了批判和解构。不过，他并非在力比多系统与马克思主义的政治经济学之间划出一条界限，而是试图从马克思主义内部来颠覆和利用马克思主义。所以，利奥塔采用的批判方式不是"改正马克思，重新阅读马克思或者像那些阿尔都塞结构主义者们理解资本那样去根据马克思的本意理解他……不是去创造一个关于马克思理论的理论"，而是通过在马克思主义的理论内部寻找紧张感，将马克思主义的政治经济学力比多化、欲望化——在某种意义上也是把以马克思主义为代表的现代启蒙哲学力比多化，"把萦绕着马克思的思想并一般地被掩饰在经济和政治话语的一本正经的严肃性中的紧张感重新改写成力比多话语"，或者说，用马克思的术语表明政治经济学就是力比多经济学。① 利奥塔试图将马克思主义力比多化，这不仅意味着要在马克思主义理论内部坚持欲望和肯定情感，还意味着这些欲望和情感将被证明是作为力比多系统的组成部分而存在。如同利奥塔把自己的文本视为力比多式的，他也把马克思主义和无产阶级的劳动都看作是无法控制的力比多能量的释放。

利奥塔认为，马克思集中批判了资本主义社会经济和政治的层面，却没有展开对文化层面的深入分析，忽略了人的内心情感的复杂性。在他看来，马克思本人正是在力比多情感和能量的驱动下作出对资本主义的分析

---

① Jean – François Lyotard, *Libidinal Economy*, trans. Iain Hamilton Grant, London: Athlone Press, 1993, p. 104.

和判断，马克思主义的批判话语其实也是一种欲望的表达。在利奥塔奇特的想象力中，马克思对资本主义的批判工作在两个不同的人物形象，即追求正义的小姑娘"马克思"和追求知识的公诉人"马克思"之间的张力和冲突中展开。小姑娘"马克思"在欲望的驱动下想寻找一位诚实纯洁的爱人，而爱人"资本主义"实际上却放荡而可怕。小姑娘对资本主义商品社会中资本的"滥用"感到恐惧，梦想那种人与物，人与人之间摆脱了异化，摆脱了统治与被统治关系的"社会主义婴儿"早日到来；与此同时，公诉人"马克思"对自己所谴责的资本主义感到愤慨，既想要解救小姑娘"马克思"，却又沉迷于对资本主义的无穷理论探索。所以，利奥塔得出结论，表面看来，马克思的理论具有完整性，但实际上这种完整性只能被永远推迟，马克思的理论研究永远也不可能终结。因为理论一方面要求整体化和统一性的理性活动，另一方面又在不断逃避整合，追求新的扩张和补充，这两方面在力比多能量的推动下纠结在一起。利奥塔极力培养欲望的张力，强调欲望的强度，不但没有把"马克思"推向战胜资本主义的正义革命，反而将马克思留在这个体系之内，把追求摆脱异化的社会欲望描述为一种无法实现的欲望，他也并不认为马克思的批判和理论建构可以建立起一个真正超越资本关系的人类世界。对利奥塔来说，唯一的现实是力比多化的、完整的有机体从来就不存在，社会主义的有机整体只是一个幻想。

　　就这一点来说，利奥塔不仅批判了马克思主义，同时也批判了那些在他看来尚未能与马克思主义立场完全决裂的同时代人，比如波德里亚。波德里亚也是法国后现代思想的代表人物之一，被奉为后现代世界的"守护神"。但在利奥塔眼中，波德里亚对现代性的批判并不彻底，他认定后者仍然背负着理论和批判的债务。利奥塔提出，波德里亚对马克思主义理论的拒斥，是因为他自认为存在另外一种"更好"的理论，仍然在憧憬一种摆脱异化的社会理想，一种与资本主义运作逻辑相对立的美好的符号交换。对利奥塔来说，波德里亚这一想法源于其思想中把古代社会理想化的怀旧情绪。这在力比多哲学家看来显然行不通，波德里亚对资本主义社会的批判依旧没有脱离传统批判理论的老路，犯了与马克思同样的"错误"——他们都幻想在某种颠覆性的社会力量作用下可以带来一个世外桃源般的"有机"社会。这种颠覆性的社会力量，在波德里亚笔下，是"高贵的野蛮人"；在马克思那里，则是工人阶级。由此我们发现，利奥塔早已抛弃了他曾经实践过的颠覆政治的革命立场，他的欲望哲学仅仅导向没有可居之地的绝望政治。对于利奥塔，任何系统都必然会掩饰能量，而能量则能够产生出任何欲望。他说："也许就政治而言，我们将总是不停地欲求，并将总是归于绝望。"① 以至于对于社会问题的调解，利奥塔最终落脚于由"崇高美学"延伸至政治领域的所谓政治的反思判断，以此否认社会矛盾最终解决的可能性，因为"歧论"永远存在。

利奥塔在分析批判马克思主义的政治经济学时，拒绝了任何独立于资本主义的体系，但是这并不意味着他对资本主义体系批判立场的改变。利奥塔认为，一切经济活动，都是相互交流的力比多能量的表现。资本主义社会的整个资本循环只是紧张化的力比多情感和能量的不间断运行，商品的交换也就是力比多能量的交换。资本把个人的欲望和情感带入资本主义体系，将每一种情感和欲望的能量都看作可以被利用的东西。所以资本具有死亡本能，要求所有事情都服从共同的利益最大化尺度；同时拥有生存本能，依靠这种本能移向新的地带，发现新的机会。利奥塔指出，马克思只看到了资本主义制度下工人的劳动被剥削、被异化的一面，其实工人的劳动还有另外一面："如果他们成为机器的奴隶……那是因为他们受到压迫，迫于生计吗？死亡并非另一种选择，而是其中的一部分，是为了证明在其中（指资本主义的统治和剥削中）存在一种欢愉。那些没有工作的英国人并不是为了生存才成为工人的，他们……享受着矿山，铸造车间，工厂，地狱里歇斯底里、受虐狂式的筋疲力尽，享受加之于他们身上的有机体的疯狂毁灭。"② 工人的躯体和欲望包含了变革的可能性，但同样是他们的欲望和身体里"非人"的狂欢欲望，让他们在工厂和煤矿生存下来。乍看利奥塔对劳动的解读令人匪夷所思，其实他还是在企图解构马克思主义的异化理论，解构马克思主义所提出的为了消除异化和剥削而进行无产阶级革命，最终建成共产主义社会的革命理想，也就是解构马克思所描述的克服矛盾并最终实现统一的辩证法逻辑。在利奥塔看来，摆脱异化要求以完整的人格为前提，而完整的有机体或完整的人格

① Jean – François Lyotard, *Libidinal Economy*, trans. Iain Hamilton Grant, London: Athlone Press, 1993, p. 133.

② Ibid., p. 111.

原本就不存在。破除异化，消灭剥削的思考仅仅对应于对一种有机整体的幻想而产生。"对利奥塔来说，力比多能量是一种摧毁马克思主义总体性控制的剩余，因而使马克思主义的世界观——阶级意识之类的观念——变得支离破碎。"① 所以，尽管力比多经济学也试图将欲望和强度从客体世界中解放出来，正像工人阶级试图克服劳动异化一样，或者我们也可以认为利奥塔在摆脱异化这一点上与马克思所持的无产阶级革命的观点保持了某种一致性，但是与马克思截然不同的是，利奥塔宣称："重新启动革命并不意味着再次开始革命，而是不再把世界看成是异化的世界，不再把人们看成是需要被拯救的、被帮助的，甚至需要得到满足的，而是避免男权主义的视角，去倾听女性主义，倾听愚蠢和疯狂，不再把他们视为邪恶。"②

但是，我们发现，利奥塔一方面宣称力比多欲望不能被充分认识或者被统一进某种体系，另一方面他自己又对力比多欲望进行着绝对化的研究和诉说——这看起来自相矛盾。为了避免这一理论困境，利奥塔把涉及表达与处境的对立或"二元性"改造成力比多系统在结构或构造内部掩盖能量的双重性。他指出，思想本身就是力比多式的，人们倾向于把思考的全部内容归因于某种理论整体（不管是在语义上还是在形式上），而同时又发现理论整体与实际内容之间的不完全协调，因而感到失望。在力比多系统中，两个关键的术语发展了双重性观念：张量（tensor）和掩饰（dissimulation）。张量的观念能够使利奥塔把实践翻译为符号，从而能够使事件进入形象和构造的领域。掩饰的观念则解释了这种翻译是如何进行的，并能使利奥塔按照张量来解释构造。双重性涉及不同情感、欲望的能量汇集，由于能量属于独特性的事件，哪里存在着能量的汇集，哪里就存在着事件。这种汇集对应于不可共存的形象和构造的汇集。每种能量都包含一种输送和整理它的形象和构造。形象之所以不可共存，是因为能量使力比多带上构造和形象之间的尖锐矛盾显现出来，以至于它们无法同时并存，而强烈的情感是这种不可共存性的

---

① ［英］斯图亚特·西姆：《后马克思主义思想史》，吕增奎、陈红译，江苏人民出版社2011年版，第170页。

② Jean - François Lyotard, *Libidinal Economy*, trans. Iain Hamilton Grant, London：Athlone Press，1993，p. 121.

标记。同时，没有什么方法能够消除这种不可共存性，也没有两个形象能够共同参照的尺度。用利奥塔的话说，没有什么"伟大的零点"，这个零点如果存在，只能存在于能量之后，而并非存在于所有事物之前。它不能为连接构造提供一个终极原则，因为它本身仅仅是它们之中的一个因素。思想可以尝试来协调这种冲突，试图获得关于它们的一种共同理解，但这种理解永远都不会是完善的。由此，利奥塔试图说明能量超越理性本身。这样，在能量中对立的情感或欲望的汇集意味着不可共存的形象和构造的汇集。在这种关联中，事件与能量的汇集同时发生。因此，事件现在能够被定义为一种张量或能量，标志着在某一既定时刻，或对立，或差异的各种不同能量间的潜在混合。这使利奥塔有机会在形象或构造的背景中来界说事件，而形象或构造又同实际的或潜在的欲望连在一起，它使利奥塔能够通过能量继续坚持事件的不可理解性和不可描述性。能量则是这些情感或欲望所捕捉到的，"（名称）使众多涉及到同一主题但不可共存的命题成为相容的"①。

在《力比多经济学》的文本空间里，文本本身的效果比其意义得到更多的颂扬。因为按照力比多经济学的观点，任何批评都不可能保持中立，揭示能量运作的行为本身也是一种掩饰，故而利奥塔尽量在写作中不借助任何中介，把能量、欲望直接嵌入文本。在此，我们发现，利奥塔身上那种曾经用理论改造社会的积极批判性已荡然无存。他以一种反理论批判的姿态批判了从黑格尔、马克思直至符号学的现代理论，并声称，传统的理论观总是意味着某种霸权话语，理论只不过是在总体性的妄想之下对特定公理的模仿，是封闭在同一性中的同语反复，我们不能从任何概念或理论中找到革命的依据。力比多的这种"无意识"作为理论的"他者"②而出现，我们绝不可能完整、准确地认识它。利奥塔在现实矛盾面前看不到总体性理论思维的出路，试图寻找一个突破口。但是，此时的他显然已

---

① Jean - Francois Lyotard, *Libidinal Economy*, trans. Iain Hamilton Grant, London: Athlone Press, 1993, p. 55.

② 利奥塔意义上的"他者"，趋同于列维纳斯对"他者"的认识，是对列维纳斯"他者"观念的改写。他者，是不同于主体自身的独立存在，始终保持着他性、差异性和超验性，而不会被包纳在主体自身之内。但是，与列维纳斯对"他者"绝对无法表现或还原的观点相异，在利奥塔的哲学里，"他者"基本同义于"歧论"，虽然不可能被主体完全、准确地理解或把握，却是可以通过某种变形的方式否定性呈现或间接表现的。

经陷入了非理性的泥潭，正如他把对马克思主义的理解片面化和绝对化，利奥塔无节制地强化了"身体"，也把对力比多欲望的理解推向绝对化。利奥塔的欲望哲学肯定了一切的欲望表达，不分善恶，实际上取消了任何批判性立场，甚至有学者认为，"这使得他不可能在法西斯式的欲望与革命的欲望，或者反动的欲望与解放性的欲望之间做出区分"①。不仅如此，就利奥塔想通过《力比多经济学》的写作来对抗理论话语的意图而言，这个计划本身就很成问题，人们根本不可能借助他所标榜的身体欲望来完全摆脱理论和理性，更无法凭借欲望在理论和实践相联系的层面上产生实际意义。

随着思想的日臻成熟，利奥塔也意识到力比多经济学的荒谬之处，在 1979 年出版的《公正游戏》中，他承认《力比多经济学》的文本主要是修辞性的，更加属于语言艺术，在很大程度上是在信仰的层次上展开的，仅仅是一次关于发展欲望哲学或者力量哲学的失败尝试。可以想见，过于推崇力比多能量难免会有意无意地回避掉对社会正义和责任的追寻。但是，力比多哲学却开启了利奥塔对非理性因素的重视，先是看重"身体"和"欲望"，而后强调"图像"，最终在他的后现代主义美学中提出以"非人"对抗"非人"。因为对理性、资本逻辑和权力压制的深恶痛绝而选择把非理性的"欲望"作为对抗资本主义的武器，这一看起来具有浪漫主义色彩的自然选择并不是利奥塔的专属，也代表着当时法国思想界的学术旨趣和理论风格。例如，同属后马克思主义阵营的法国哲学家德勒兹同样看重"欲望"。德勒兹思想的主要特色就是欲望研究。德勒兹认为，欲望不论在微观领域还是宏观领域都被国家政治和社会及其编码辖域化了。为了拯救欲望，他提出了解辖域化欲望的政治策略，主张颠覆自柏拉图以来的形而上哲学话语，彻底摧毁同一性和本质主义的根基，破除现代性理性哲学的枷锁，瓦解本质世界和现象世界，解放人本性的欲望之流。不管是利奥塔还是德勒兹，他们高扬欲望的极端化思路也反映出后马克思主义思想家解构现代性的理论追求。

---

① ［美］道格拉斯·凯尔纳、斯蒂文·贝斯特：《后现代理论——批判性的质疑》，张志斌译，中央编译出版社 1999 年版，第 206 页。

二　异教主义

（一）异教主义的评判

实际上，几乎在《力比多经济学》刚刚出版之后，利奥塔就找到了新的理论重心——异教主义，从而远离了《力比多经济学》中那种激进、挑衅的非理性立场。1977 年，利奥塔出版了《异教徒的指示》和《异教主义入门》，其中《异教主义入门》是他在 1974 年到 1976 年间单独发表的一些文章的合集。在《异教徒的指示》中，利奥塔表示之所以提出异教主义，是为了寻求社会公正。1979 年，收录利奥塔与法国文学季刊《精神》（L'esprit）的编辑让－卢·泰博从 1977 年 11 月到 1978 年 6 月间七组对话的《公正游戏》出版，利奥塔在其中明确指出，力比多情感和欲望的哲学不能实现他曾经希求的欲望化政治，人们也不可能践行一种美学政治。寻找激情、强度或诸如此类的东西，以其作为政治基础是行不通的，因为存在着不公正的问题。比如一旦人们废除了理性在认知活动上的优越地位，就只剩下美学判断去区分公正和不公正了。可是美学判断只能区分使人愉悦或不愉悦的东西。对于公正问题，必须有别的规则来制约。为此，利奥塔引入维特根斯坦的语言游戏的概念，从另一角度来研究哲学、伦理学的问题，试图通过异教主义的"语言游戏"来寻求社会公正。

把社会的政治经济发展完全归于力比多欲望之流显然很难成立，但是正像利奥塔在《力比多经济学》中看到的那样，以力比多对意识形态和政治进行批判，同时也关涉宗教。在西方历史上，政治和宗教本来就是复杂纠缠在一起的。他进而提出，超越宗教领域的不是科学，而是异教主义。不过，利奥塔所谓的异教主义不是无神论，也不仅仅属于宗教的范畴，还包含着美学和伦理学的范畴。异教主义也并不是一个概念或存在方式，而表明一种名称或状态，它指的是人们在对待有关美或审美效果的问题，对待政治和伦理意义上的公正问题并做出判断时，已不存在普遍适用的绝对化标准，而要根据具体的情形逐项判断。作为一种思考问题的方式，异教主义就是要为种种不可公度的差异性和个体性寻求社会公正。不过，异教徒并不会像一个专业的理论家那样去讲述世界历史，找寻某种失落的意义来拯救世界。对异教徒来说，没有全知全能、无所不在的上帝，人的出生、某个行动决定、丑闻，甚至是如厕，都分属不同的"神"来制约。也就是说，利奥塔的异教主义代表一种反对元叙事的同一性、支持多元化的立场。这种观念仍然来源于他对"事件"的思考。如果现实由迥然不同的、独立发生的事件组成，那么就不可能存在一种单一的、能够包揽所有特殊事件的法则作为普遍公正的判断标准。差异是不可能被减少或规约的，我们必须从事件本身出发去思考它们，而不是把它们归纳到同一种规律之下。为了维护公正和差异，异教主义的建议是，有必要借助当下可以采用的一切手段，去破坏元叙事的统一标准。在利奥塔看来，现代性就是异教主义的，时代并不重要，凡是缺乏标准的时候，不管身处何地何时，都处在现代性之中。显然，这种异教主义的、实验的现代性，体现为话语的多样性和不可通约性，不断打破单一性和陈规的现代性，也就是利奥塔后来所提出的后现代性。

逐例判断代表了一种向古希腊智者派感性传统的回归和实践哲学的倾向，虽然利奥塔提出的异教主义否定价值领域里的统一标准或规范，但据此认定他是相对主义者却有待商榷。异教主义的判断不是没有标准，而是没有统一的标准。异教主义的标准或规范只是具体的，不能被"普适化"。所以公正只是意味着："每次都必须逐例地作出决断，承担起判断的义务，然后沉思是否这就是公正。这意味着这个社会从未来的角度来考虑指令的问题。"① 同样，异教主义也不是虚无主义，异教主义的"神圣性"来自对事件独立性的确认，而不是对它的否定。以力比多经济学的目光来打量，可以将事件看作一种拒绝被统一到整体效用中的能量强度，如果事件被恢复到整体中，也就意味着它要在其中行使某种对整个系统有用的功能，本身却消失在其整体性功能中而丧失独立性，所以纳入整体效用就包含着对事件的否定。但事件是肯定的、唯一的且不能被转化。能量强度也是不可预料的，它的不稳定就决定了它不能被安放到某个系统中。不过，同写作《力比多经济学》的时期相比，利奥塔不再把力比多欲望和能量看作理解"事件"的首要因素，他的思想已经"漂流"到了语言哲学那里，从维特根斯坦的"语言游戏说"中得到启示，赋予话语言辞本身以"事件"的含义。异教徒们并不关心他们的言辞能否获得普遍的赞同，是否揭示真理，而是关心他们言辞的破坏性效果以及对于未来的变革性潜力。

---

① ［法］让－弗朗索瓦·利奥塔：《后现代性与公正游戏》，谈瀛洲译，上海人民出版社1997年版，第42页。

（二）异教徒的语言游戏

利奥塔认为，是维特根斯坦帮他肃清了主体的形而上学，而首先承认主体是在阅读中建构起来，不存在先在于语言的、统一的自我。具体来看，维特根斯坦后期的"语言游戏说"对利奥塔有两点启示：第一，语言游戏对本质主义的拒斥。维特根斯坦在他理论发展的后期抛弃了体系，在他看来，任何定义都是对被定义者的普遍性和本质性的概括，而对语言游戏来说，并不存在这样的本质。所以，维特根斯坦并没有对语言游戏做出传统意义上的阐释和定义，而是通过具体实例来展示语言游戏。他提出"家族相似"，强调不要勉为其难地从对象中找出共同、普遍的东西，它们仅存在相似性而非统一性。由于语言没有本质，决定了维特根斯坦只能用描述而不是定义来解释哲学命题。第二，语言游戏和生活形式的不可分离性。在维特根斯坦后期哲学中，"语言游戏"与"生活形式"这两个概念紧密相关。他提出语言游戏的概念，完全不是把语言看作一种静态固定的东西而与"游戏"简单相加，这与将语言视为孤立静止符号的传统观点格格不入。语言游戏着眼于人们使用语言的动态活动，强调在实际使用过程中考察语言的意义，其"用意在于突出下列事实，即语言的述说乃是一种活动，或是一种生活形式的一个部分"①。为此，必须关注"语言游戏"存在于其中的"生活形式"。不过，正像我们无法在维特根斯坦的著作中找到语言游戏的明确定义，我们也无法从中觅得维特根斯坦对于生活形式的明晰界定。维特根斯坦意在强调，语言使用作为人类活动的重要方面，必然与人们的生活形式密切相关。关于生活形式的东西是在人们的日常生活中通过语言游戏显现出来而不需证明的。语词的意义只有在实际使用中才能体现出来，一种表述也只有在生活之流中才有意义。语言游戏和生活形式都是多样化的，人们应该对各种游戏都保持一种相对宽容的态度，不要以自己所持的某种世界图式武断地评判和干涉他人的生活。联系到利奥塔一贯反对总体性和元叙事的哲学立场，我们不难理解他为什么会在维特根斯坦的语言游戏说里找到共鸣。游戏的说法当然是一种比喻，每种游戏里都包含着规则，游戏实际上是由规则来左右的。而游戏规则的越界使用或不合理使用必然导致某种形式的"恐怖主义"，因为它抹杀不同

---

① ［英］路德维希·维特根斯坦：《哲学研究》，李步楼译，商务印书馆1996年版，第17页。

话语的异质性和差别性，却强制它们遵循同一种逻辑。利奥塔认为，世界的差异通过语言的差异表现出来，分歧是这种差异的象征，由于不存在普遍的话语陈述规则，所以不同陈述构成的话语之间具有不可通约性。因此，存在着各种不同规则的语言游戏，如描述游戏、指令游戏、叙事游戏，等等。

利奥塔强调语言游戏的多样性和差异性。语言游戏中，具体的说话者处于不同的关系和活动之中，这些活动不仅仅是知识或理论，而且是构成生活的形式。没有所谓的语言的统一体和本质，语言对利奥塔来说是竞争性的，是一个不可能被稳定下来的"空间"。尽管不同语言之间可以翻译，但不同的语言游戏之间则是不可翻译的，因为要把一种语言游戏翻译成另外一种就必然要改变其规则，但规则一经改变就不再是原来的那种游戏了。异教主义"处于社会躯体的表面向着想象和所谓无规则、无用、危险和独立构造的渗透之中"，① 正是对各种语言游戏的独立性的尊重，不让任何一种语言游戏占有特权地位。利奥塔宣称所有的话语都是叙事，理论、政治、法律……仅仅是不同叙事故事的集合。哲学也不例外，从柏拉图开始，哲学家们只是高明的故事叙述者。真理就是用哲学家的叙事建构出来的一套话语体系，并非事物本来面目的显现，因此没有永恒不变的真理。在异教徒的行动中，一系列的小叙事在发挥作用，并不存在某种压倒性的思辨行为的策略，他们不听信于任何标准和理论权威。脱离元叙事的语言游戏不排斥创造性的发挥，对语言游戏独立性的尊重也不代表参与游戏的被动性。

对利奥塔来说，异教主义还意味着在参与语言游戏的过程中要发挥创造性，也就是重视想象力的作用。在按规则参与一种语言游戏时发明新的招法去改变游戏规则，也就意味着改变了游戏；或者发明新的游戏规则，也就意味着发明了新的游戏。在这一点上，利奥塔明确表示支持康德，但"仅仅是写作第三判断的康德，不是那个有关概念和道德律令的康德，而是有关想象力的康德"。由此，利奥塔转向"艺术和自然的异教主义"。②

---

① Jean – François Lyotard, *Toward the Postmodern*, ed. Robert Harvey and Mark S. Roberts, New Jersey: Humanities Press, 1993, p. 99.

② 参见 Jean – François Lyotard, *The Lyotard Reader*, ed. Andrew Benjamin, Oxford: Blackwell, 1989, p. 133。

他认为康德在尝试发展一种判断力，不必通过概念体系作为实践标准，"康德说过，存在着快感和痛苦，弗洛伊德也说过这一点。这是驱使我们作出判断的东西"①。在《实践理性批判》中，康德在讲到道德法律时谈到意志，说它是一个不可测知的原则。真理不能完全认识它，但是如果没有它，就不会有义务的体验，也不会有公正的问题。如此，判断力并不依赖于对真理标准的遵守。这种判断和创造新标准的能力是神秘的，在《判断力批判》中，它采取的是想象力的形式。利奥塔甚至认为理论本身也是艺术的作品，是想象力的意志的产品。不过，如同所有的理论都是元叙事，但并非所有的元叙事都属于理论范畴那样，对一种理论的虔诚恪守会产生不公正，但反过来并非所有的不虔诚都是公正。公正游戏是没有作者的游戏，人们在这种语言游戏中只是就他们所听到的东西做出判断，针对每个要求做出判断的新事件，去创造出专门针对这一事件的新标准。异教主义拒绝标准的单一化，其特点之一是让指令悬置。也就是说，它们不是从某种本体论推断出来的，这也是利奥塔赋予异教主义最为重要的一点。而黑格尔哲学、马克思主义在利奥塔看来都是控制哲学和社会发展的本体论话语的例子，它们都违反了"事件"的独特性，无法适应于现实问题的解决，只有异教主义才是我们追求公正时应该参考的最合适的话语。

　　利奥塔强调对公正的追求，但拒绝给予公正以明确的定义和具体的说明。原因在于，公正并没有绝对标准，一旦给予公正以经验内容之后，这些内容就有可能成为特权，并且压制和排斥具有其他经验内容的指令。尽管他拒绝指出绝对化的"公正"，但是他却告诉我们什么是不公正。在利奥塔看来，不公正是由于对某种理论的虔诚信仰才产生的。不公正不是公正的反面，而是禁止有关公正、不公正的问题存在或被提出，也就是被阻止自由进行语言游戏。在这个意义上，所有恐怖、灭绝、屠杀或者类似的威胁都是不公正的。因为被灭绝的种族或屠杀的人们已经没有机会参加公正或者不公正的游戏了。简言之，只有公正的行动，却没有绝对的公正标准。

　　然而，异教主义不是人类的本质或者必经的历史发展阶段，利奥塔也

---

　　① ［法］让－弗朗索瓦·利奥塔：《后现代性与公正游戏》，谈瀛洲译，上海人民出版社1997年版，第36页。

无意清算现行社会体制，去建立那种异教主义的，甚至是无政府主义的社会，把社会带入一片虚无和无序。他认为，历史不是朝向某种理论所清晰定义的目标的进步过程，而是无序、混乱的，甚至是力比多式的，是无数转折点和瞬间小叙事的结合，远非某种历史观点可以囊括。无数的小叙事有时汇集在一起变成一个较大叙事，有时则四处扩散，人类在其中并非作为先验主体而存在，相反，是不同的叙事建构起了主体对世界的认知。由此，我们认为，尽管利奥塔一直在质疑和批判当代西方资本主义社会的种种弊端，但是这并非建立在推翻资本主义的意图之上。谈到资本主义社会，利奥塔认为，可以说资本主义也是异教——因为资本主义不关心任何叙事的内容，只是对叙事的流通感兴趣。在市场逻辑下，一种叙事就意味着一个赚取利润的机会，这并不取决于叙事的内容或者某种语言游戏的具体规则，而是取决于这种叙事与社会流通中的其他叙事相异的程度。就利润最大化的原则来看，资本主义却又不是利奥塔所说的异教，资本主义唯一的神是金钱，利益原则就是一种元叙事，统摄了其余所有的叙事。就算是那些曾经远离市场的学院和研究所的"语言游戏"，也早就被商业权力体制所侵入。我们可以参与任何叙事，但是同时也要收获这些叙事产生的利润。当然，利奥塔并不认为电视传媒就一定好于专业期刊，学术讲座就一定好于书店举办的读者沙龙。因为如果"花15年的时间去写作、编辑、出版一本先锋杂志，却无人阅读，哪怕这本杂志讲的都正确，也不是什么荣耀的事情"。[①] 知识分子的作用不是宣告真理或拯救世界，而是以异教主义的立场去倾听、讲述或实施发挥不同想象力的意志，在其中追寻社会的公正。

事实上，利奥塔提出了公正的问题却没有解决这个问题。他的立场似乎有些无奈，所谓的多样化的公正正是被所谓的异教主义同一性的价值观所支配——个性化的语言游戏必须得到认可，它们不能被归纳到一种单一的判断标准里面。利奥塔已经对这一点有所察觉，多样性的公正本身就是成问题的，它其实并不能保证不公正现象的消失。我们可以把利奥塔的"异教主义"看作是他在思想的"漂流"中对后现代主义思想的一种初步尝试，更是其后现代主义哲学、"崇高美学"中的核心范畴"歧论"的理

---

① Jean-François Lyotard, *The Lyotard Reader*, ed., Andrew Benjamin, Oxford：Blackwell, 1989, p. 124.

论雏形。在 1983 年出版的《歧论》中，异教主义这个术语彻底被歧论所代替，因为利奥塔认为异教主义的政治判断还是过于理想化，他担心异教主义的立场会演变成另外一种理论上的宗教信仰。

第三节　后现代转折

从早期的现象学开始，到欲望哲学，再到异教主义的思想探索，利奥塔不断思考现实和理性思辨之间的不协调。在《现象学》里，他强调了要从现实经验和事物本身出发进行思考，反对不经分析就把复杂多样的具体事物归结到普遍的理论框架中；《力比多经济学》则反对以往的政治经济学对社会和经济发展的机械性认识，高扬个体欲望；到了《异教徒的指示》中，利奥塔直接用颠覆性的异教主义作为强调独特性的策略，来对立于柏拉图式的对绝对真理的追寻。尽管利奥塔的批判哲学在风格和强度上面有所变化，但不变的是他对共识和宏大叙事的批判。所谓"宏大叙事"，以其宏大建制表现宏大的历史、现实内容，由此给定历史与现实存在的形式和意义，是一种追求完整性和目的性的现代性叙事方式，主要指启蒙运动以来西方知识思想界所构建的一种关于世界和人类社会发展的理性主义神话，如总体性、同一性、共识、普遍性等一切被反复言说而却不对其自身合法性加以论证的叙事。在利奥塔的观念中，出于自由或者解放的考量而以不同形态表现出的诸如通过爱得以救赎原罪的基督教叙事，以知识把人类从物质和奴役中解脱出来的启蒙叙事，通过辩证法来实现普遍理念的思辨叙事，经由劳动社会化摆脱剥削和异化的马克思主义解放叙事，通过技术工业发展摆脱贫困的资本化叙事等，无一例外都属于把纷争和差异统一于同一化历史进程的宏大叙事阵营。或许是对纳粹的暴行，尤其是奥斯维辛的记忆足够刻骨铭心，利奥塔反对一切形式的共识和宏大叙事，哪怕是同属后现代主义阵营的罗蒂试图建立的实用主义的共识。为了让每个人在技术理性一统天下的时代可以返回微不足道的自我，挽救历经重重宏大叙事已然伤痕累累的思想尊严，经过多年的思想"漂流"，不断更换新的研究思路、言说方式乃至哲学术语，利奥塔终于找到了"后现代主义"这个立足点，并在此基础上发展出后现代主义的崇高美学，对现代性的政治、经济、文化艺术等展开批判，坚决反对宏大叙事，维护差异和不可通约性。

一　现代性批判

（一）两种现代性

1979 年出版的《后现代状况：关于知识的报告》，是利奥塔正式以后现代理论家面孔出现的一部宣言，也是他最具影响力的一本著作。这本著作是利奥塔应邀为加拿大魁北克省当局提交的关于后现代知识状况的报告。不过，他偏离了当初设定的写作本意，即回应关于魁北克大学教育改革的种种问题，而把报告聚焦于知识在后现代语境下的命运。这让魁北克省当局很失望，却成就了利奥塔的后现代哲学。在这本书中，利奥塔对西方发达资本主义社会的知识、文化状况做出了精辟而深刻的描述，提出了自己的后现代理论，毅然与现代性的理论和方法决裂，并在其后 20 年的理论生涯中，于政治、伦理、美学等诸领域坚定地拥护、推广和传播他的后现代方案。

一般来说，所谓"现代性"，是指启蒙运动以来，资本主义的历史时代所建构的各种社会文化制度及其基本精神。它实际上包括资本主义社会形成和建立以来所建构、传播、维护和进行正当化，并贯彻实行的一系列思想、理论、知识、技术、社会制度、文化、生活方式及精神状态等。按照利奥塔的理解，有两种现代性：一种是他所坚决反对的以总体性理念为核心，追求诸如"启蒙""解放"等种种宏大叙事，以某种确定的原则许诺给人类一个美好前景的现代性。启蒙运动以来的不同的思想体系为社会的现实问题的解决提出了不同解答，这成为某种普遍性的政治制度、经济体系乃至文化生活方式建立的基础。利奥塔对这种现代性的摧毁和摒弃，也就是对一般意义上的世界—历史叙述模式的摧毁和摒弃。另一种则是他不遗余力提倡的，体现为话语的多样性和不可通约性，不断打破单一性和陈规旧习的现代性，其基本特点是它的不合时宜性。但"不合时宜性并非我们所说的意义上的现代性的标志，它可能是浪漫主义的标志，但浪漫主义不是现代的。在现代性里面没有怀旧"[①]。利奥塔认为，这种现代性自身就包含着自我超越，改变自己的冲动力。与之相反的是形而上学，努力想展示事物的本来面目，比如上帝、存在、真理，却忘了这些都"缺

①　[法] 让－弗朗索瓦·利奥塔：《后现代性与公正游戏》，谈瀛洲译，上海人民出版社1997 年版，第 23 页。

乏现实性"（lack of reality）。

我们知道，从笛卡尔到康德，近代以来的传统哲学家把作为理性主体的人看作建立规范的根据，主体自身就是对根据的说明，对一切话语具有决定权。但利奥塔认为，人并非作为先验主体而存在，主体的地位和意义是由无法自制的理性在特定文化建制中塑造出来的，故而并不能作为真理的绝对基础而发挥主导作用。因此，理性话语表述的真理是值得怀疑的，缺乏现实基础的。而利奥塔所肯定的现代性则站到了形而上学的反面，他指出这种现代性无论出现于任何历史时期，如果不伴随着信仰的破灭，不能发现"缺乏现实性"这一现实和其他现实的革新，就无法存在下去，没有任何现实性可言。而后现代，也并非一种运动或者一段历史时期，而是对这种现代性所要求的某些特点的重写，重写是这种现代性自身的要求，也是在现代性本身中进行的，它具有双重意义。第一，这种重写强调了后现代性的"现在"的当下性特征，因为利奥塔认为，人们必须通过现在，才有可能对后续的事物做出合法的前瞻和预判，即强调在当下时刻未来先在的可能性；第二，对现代性的重写不是回到开端，它要彻底摧毁旧的、力图基于事件和事件的意义来设想的未来，或者不仅被过去的先入之见，而且被诸如方案、计划、展望或者弗洛伊德关于精神分析的谈话疗法等具有未来维度的先入之见构成性地对人们隐瞒的东西，总之，这绝非重复现代性装置引起的伤害，或者要求最终完成神谕式的现代性在开始时就已经准备好的那种命运，而要从当下现时出发。重写并不意味着还原，而是突破规则，创造性"录入不可能画出的画中的元素"，① 表现不可表现性。

由此，我们可以看出，利奥塔意义上的后现代性就是现代性的自我逾越，是对于现存理念和秩序，形而上学"在场"的摧毁和超越，于此刻当下的现在去表现未定性，用不稳定的差异性打破求同的稳定模式，呈现不可呈现之物。利奥塔揭露理性的限度，挑战知识的合法性，发出后现代战争的呼吁："让我们向统一的整体开战，让我们成为不可言说之物的见证者，让我们不妥协地开发各种歧见差异，让我们为秉持不同之名的荣誉

---

① ［法］让－弗朗索瓦·利奥塔：《非人——时间漫谈》，罗国祥译，商务印书馆 2001 年版，第 33 页。

而努力。"① 这一"后现代"战争宣言的背后实际是对传统文化话语霸权的挑战，利奥塔希求把人们从宏大叙事的禁锢中解放出来，承认异教主义，承认不可解决、不可通约的"歧论"，并以之出发来处理和应对各种领域、事务中的差异。

（二）语言游戏和现代性批判

在《后现代状况》一书中，利奥塔依旧参考了维特根斯坦的语言哲学，凭借"语言游戏"来展示当代资本主义社会的科学知识的语用学状况，解构现代科学知识的合法性，批判追求宏大叙事的现代性。他认为，叙事是某个团体为其成员解释现状、历史和放眼未来的故事。虽然叙事这个词常常被看作文学术语，但实际上所有话语都会采用叙事作为表达观念的形式。就像历史学是建构关于过去的叙事，社会学是描绘不同的社会形势以及这种社会形势对个体影响的叙事，科学陈述则是通过不同叙事来描绘物质世界的叙事。为了揭示和证明科学家的发现，即便数学家也会把公式转换成叙事来表达。这样一来，叙事就处在人类体验和社会发展状态的基础性地位上，人类主体的先在地位被取消了。当然，不同话语中应用的不同类型的叙事，均要遵守不同的规则，也就产生了不同的语言游戏。具体来说，所有的语言游戏都遵从这三条基本规定：第一，语言游戏的规则本身并没有合法化，它仅是游戏参与者之间明确或不明确的"契约"；第二，没有规则就没有游戏，即便一条规则的微小变动也将带来游戏性质的改变；第三，语言中的任何表达或陈述都应当被看作是游戏使用的招法。这些规定进一步明确了语言游戏的差异性、多样性。而社会也是由不同规范构成的，这些规范决定了哪一步运动是合法的，哪一步是不合法的。因为规则的不同，社会上的知识也就有了不同类别：物理、化学、文学、法律，甚至是流言飞语。

由此，通过语用学的分析，利奥塔指出，首先，科学的知识是一种"论述"，甚至可以确切地说，过去几十年里的各种尖端科技都和语言有关：语音学、语言学理论，传播学和控制论（神经机械学）的问题，代数与信息论（电子信息学）的各种理论，电脑及其程序语言、翻译问题，还有诸多电脑语言之间交叉问题的探讨，资料储存和流通的问题、电传

① ［法］让－弗朗索瓦·利奥塔：《后现代状况》，岛子译，湖南美术出版社1996年版，第211页。

学、智能终端机的改进，悖论学（模糊学），等等。科学知识与其他知识形式相比毫无优越性，不能代表知识的全部，不能判断真实与正义，也不能被作为所有其他知识形式建构的基础。不同知识形式都是相并存、相竞争的语言游戏。于是，现代性中一直被视作占据统治地位的"大叙事"的科学知识，在利奥塔那里变得与其他知识没什么两样。其次，科学知识作为一种语言游戏是保留了定义指称性，而将其他语言游戏排斥在外。一种科学话语的真实价值是决定它能否被他人接受的核心标准，科学知识只有以某些论点和证据被证明为真理才能被承认。用实验来演示某种理论为真理，才能使公众接受。在定义指称性的真实价值论证中，其他如疑问句式、预设规范式等标准只是作为转折或过渡。如此，只要能够针对某个指称提出一种确实的看法或某种证明，就可以称为科学家了。同时，随着科学的专业化和各种科学制度体系的建立，科学知识成了社会规范的间接组成元素。社会中的聆听者不需要任何特别的能力，只要通过聪慧地"聆听"就可以习得科学知识。再次，每一种语言游戏都有自己独特的规则，科学知识也不例外。但是，科学知识的游戏规则决不能成为评判其他知识形式成立与否及其效能的标准。因为科学的游戏规则与其他知识的语言游戏是根本不同的两套规则。其他非科学的知识形式由成见、习俗、权威、伦理、传奇、神话、寓言等组成，它在实用交流中往往并不以论证和证据作为主要手段，所以它在无法理解科学话语时便采取相当宽容的态度。但反之，科学家对非科学知识的正确性提出质疑时，便会做出永远无法以证据来说明的结论，简单将之斥为原始、落后和异化。现代社会也往往用科学知识的游戏规则来评判全部知识，结果导致人们只能为后现代条件下所谓意义的丧失、价值的缺席而哀悼。这样，利奥塔通过对现代科学主体价值评判的"话语性"本质的分析对现代性进行批判，揭示了知识的合法化危机，否定了科学霸权。

除了对科学霸权的否定，利奥塔的语用学分析还有更深层的意义，那就是通过语言游戏所确立的差异表明，不同知识形式或类型遵循不同的语言游戏规则，说话可以看作游戏意义上的斗争，语言行为属于普遍意义上的斗争竞技，可观察到的社会关系就是由语言的不同招法构成的，这是后现代社会的真实状况。因而社会不同领域的合法性内在于各自相异的规则之中。利奥塔用极度扩张的语言，确立了语言的物质性力量，以此为各种知识领域单独立法，消除人们对知识总体性和社会元叙事的幻想。现代性总是试图为所有可能的知识提供基础，用某种形而上学的构架来组织和揭示所有的知识陈述，这实际上还是现代科学中发展起来的实证和理性方法。但利奥塔的"后现代"正是对伴随现代科学发展而产生的元叙事体系的质疑，他认为现实原本就是复杂多样的，难以应对更难以统一，元叙事所提供的未来图景在现实问题面前举步维艰，很难实现。对于后现代科学知识，利奥塔的论证是：知识通过一些规则获得有效性，而后现代科学知识的显著特点是关于这些规则的话语具有明确的自我内在性。也就是说，后现代科学的合法性已经内在地包含于话语之中了，这是它与现代科学合法性路径的迥异之处。所以，后现代知识并非为权威者所役使的工具；它能够使我们对诸种事物差异获得感知能力，使我们获得宽容不可通约性的能力。后现代知识的原则不是专家式的同质性，而是发明者的悖谬推理。[1] 后现代性传递给我们的，也就是利奥塔所要做的，是强调语言的世界是充满争端的关系，没有可以预先得知或提前决定的因素，个体一直处于各种差异化的"斗争"之中。

既然知识的合法性是成问题的，现代资本主义社会体制下的知识就更成问题了。利奥塔在《后现代状况》里谈到，现代资本主义社会的知识已经变成以高度技术化的效率为准的知识。知识的真理、正义和道德问题都被压缩为效率、市场和利益问题。他认识到，知识以信息的商品形态出现，成为权力不可或缺的要素，在世界范围的权力竞争中，知识已经变成最重要的筹码。培养知识分子的大学早已远离了洪堡在 1810 年创办第一所现代化大学，也就是柏林洪堡大学时所要求的大学精神，大学不再是维护思想自由、滋养独立精神的远离尘世的象牙塔，却变成向社会系统提供能够在体制所需的语用学岗位上担任角色的游戏者，也就是"技术知识分子"的子系统。在利奥塔看来，权力不仅是掌握知识的结果，也是科学知识是否有效的仲裁者。他指出，权力不仅能够以科学和法律的效率为依据来将科学和法律合法化，也可以此二者自身为依据将其效率合法化。权力是自我合法化的、一个为发挥权力运行最大化而组织起来的制度或体制，也可以轻易完成类似的合法化。如此一来，科学知识的生产、分配和消费都成为自我合法化的过程，在这个过程中科学知识赋予自身以权力。

①　参见［法］让－弗朗索瓦·利奥塔：《后现代状况》，岛子译，湖南美术出版社 1996 年版，第30—31 页。

现代科学和现代性中心地位的确立正是将政治、军事、资本等权力作为原动力来追求其合法化的产物。而一系列科学的危机，比如实验科学的终结、生态环境的恶化和人文学科的萎缩等也是从这里开始的。科学知识的危机既是伴随科学合法化的发展过程而产生的必然现象，也是资本主义权力膨胀的结果。哲学在这个过程中推波助澜，加剧了当今知识的贫困这一问题。哲学总是认为科学才是发现真理的唯一途径。哲学本身，主要作为认识论而存在，已经变成一种普遍的宏大叙事，变成一种自称讲述真理、揭示意义的叙事话语。语言在西方的人类中心主义面前沦为没有发出者和接受者的知识工具。有感于此，利奥塔极大地提高语言的地位，挑战现代性之下科学知识的自我合法化，改变这种局面，为各种社会问题的解决寻找新出路。而他提出的后现代的知识合法化机制，则是通过提出证据，也就是寻找并"发明"反例，即对难以理解的事物进行论证，寻找"悖论"并通过推理游戏的新规则使其合法化。这就是利奥塔宣称的"悖谬逻辑"——承认语言游戏的异态性，肯定语言游戏的规则是局部的、短时的，而且是一种临时契约而非永久有效的制度。

（三）从语言游戏到"语句"的语言哲学

不可否认，利奥塔用充满争端的语言关系来看待所有问题，的确有陷入相对主义和虚无主义泥潭的危险。相对主义被视为现代性的消极方面，认为知识是完全的主观叙述，任何标榜客观性的叙述只是一种看待事情的方式。而相对主义为了避免别人把他们的观点也仅仅当作一种看待事情的方式，就必须为自己立法，也就是确立自己的超验主体，把自己的主体意识看作元叙事，当成描述事情的所有方式。因此，相对主义并没有和元语言划清界限，而是一种关于元语言的观点。利奥塔自己也意识到了这个危险，在他后来的理论发展中，特别在《歧论》一书中，利奥塔抛弃了《后现代状况》中的语言游戏方法和叙事分析方法，转向了一种"语句"（phrase）的语言哲学。利奥塔认识到，首先语言游戏的说法本身具有含混性，它既可以指不同类型的语句言说方式，比如描述性的语句、规定性的语句，也可以指不同语句连接起来组成的不同话语类型，比如科学、政治。还有更重要的一点是，语言游戏总是离不开游戏者，也就是主体，因此"语言游戏"这一术语总是暗含着作为游戏者的人或主体的存在，包含着"未经批判的主体形而上学"的成分，在与其著作的英文译者乔治·阿比尔在1984年的一次谈话中，利奥塔明确指出了这一点："对维特根斯坦《哲学研究》一书的研究，帮助我‘肃清了主体形而上学’”，“从那以后，我意识到‘语言游戏’概念中暗含着一个把语言当作工具箱的游戏者，因此重蹈了西方人类中心主义常有的傲慢自大的覆辙。相反，‘语句’这个概念则意味着，所谓的游戏者是由语句来设定其具体位置的，这些语句的呈现要先于‘任何意向’，意向本身就是一种话语，加倍（强调）了话语自身的存在，也加倍（强调）了话语的发出者。”① 因此，如果说语言游戏总是预先设定了游戏者即主体的在场的话，那么在利奥塔看来，人最终消失在语句与语句的连接关系之中。并且，利奥塔还意识到，尽管在《后现代状况》中，他取消了元叙事的霸权，同时却无形中赋予了“叙事”相对于其他话语形式的霸权地位。虽然小叙事因宏大叙事的合法性丧失而取得了合法的生存空间，但是小叙事自身的合法性却没有被质疑，相反，它从中获得了一种至高无上的权威，使其能够逃脱合法性丧失的危机，这对不同话语的多样性和公正问题构成了一个新的威胁。因此，利奥塔认为自己过分夸大了叙事的重要性，必须区分不同的语句类型和话语样式。在这里，利奥塔通过对自我理论缺陷的反思，从语言游戏的语用学走向了对语句的语言哲学的研究，这也是《歧论》一书的主要内容。

除《后现代状况》之外，《歧论》是利奥塔关于后现代主义理论的最重要的著作，也是他认为自己最具哲学性的一部著作。尽管这本书出版于1983年，但是利奥塔从70年代中期就已经开始着手，花了整整9年时间来写作这本书。在书中，他声称自己的目的是否定那种几个世纪以来已经根深蒂固的“人文主义”偏见，即有了人才有了语言。人总是利用语言来实现自己的意图，对语言实行全面的控制，如果没能在某种语言（形式）里实现意图，就去寻找一种更好的语言来代替。这里，他所说的人文主义其实是指启蒙运动以来的崇尚理性、高扬人类主体性的人文主义传统。而他所说的语言，已经不仅仅局限于语言本身，实际上意味着启蒙运动以来对真理和知识的寻找——所谓的宏大叙事。然而，人们往往忽视了关于知识的理论只有在语言表述中才是可能的。这样看来，语言不是由人所创造的，相反，人是由主体间性的语言世界所创造的。利奥塔后现代主

---

① Jean – François Lyotard, with Georges Van Den Abbeele, *Interview: Jean – François Lyotard*, Diacritics, 14：3（1984：Fall），p. 17.

义的视域打开了对存在于人的个体性之内的"他者"的重新认识之门，对于主体间性的承认应该让我们意识到人类所未知的东西是完全不同于已知事物的，从而保持对未定性和歧论的尊重。在利奥塔的哲学中，"歧论"（différend）是双方或者多方的争论由于缺乏一种可作用于双方或多方的共识判断规则而不能被公平解决的差异性。藐视或者忽视歧论都有可能导致不公正现象的出现。不过，并非所有的歧论都会引起压迫，正如并非所有的压迫都是歧论。利奥塔想强调的是，歧论既不能避免，也不可调和。任何统一多样性的尝试势必会压制和取消那种无法在固定化的语言中表达出来的东西。对于宏大叙事那样的没有斗争和差异的元语言式的构想，对他来说就是对于歧论的暴力镇压，是非正义的。他希望避免理论化的哲学论述的写作方式，通过表达争端形成语言的多样性，见证歧论的存在。尽管这样的主张仍有可能把自己置于普遍的理论化主张的立场上，与他的初衷自相矛盾，但是利奥塔并不害怕这种矛盾。因为他恰恰要证明，理论或者说在逻辑和认知层面的理性，在某些情况下无法发挥作用，是没有意义的。

二　后现代主义的忠实守望者

（一）利奥塔"实验"的哲学之路

1979 年《后现代状况》的出版使利奥塔声名四起，成为后现代理论话语最主要的引领者。他在 1983 年参与创建巴黎国际哲学研究院，更在 1984 年至 1986 年被法国政府任命为该研究院的主席。1985 年巴黎蓬皮杜文化中心举办有关后现代文化的展览会时，也特意邀请利奥塔担任总设计师和总负责人。20 世纪八九十年代，利奥塔遍访欧美各国宣传自己的后现代理论，还担任了美国、加拿大、丹麦、巴西等国多所著名大学的讲座教授，美国加州大学授予他荣誉博士的学位。1998 年 4 月 20 日，在准备一次关于后现代主义和传媒理论的会议时，利奥塔因为癌症病情迅速恶化而突然去世，葬于巴黎著名的拉雪兹神父公墓。

在 20 世纪八九十年代，直至逝世之前，利奥塔一直致力于发展并扩散他的后现代理论，成为后现代主义的忠实守望者。他出版了一系列重要著作，除了 1983 年的《歧论》之外，还包括 1980 年的《绘画的部分》，1984 年的《知识分子的坟墓及其他论文》，1986 年的《向儿童们解释后现代》和《热情：对于历史的康德主义的批判》，1988 年的《海德格尔

与"犹太人"》和《非人：时间漫谈》，1990年的《旅行》，1991年的
《关于崇高的分析讲演录》和《关于童年的讲演集》，1996年的《马尔罗
的签名》，1998年的《隔音的房间：马尔罗的反美学》和《奥古斯丁的
忏悔》以及2000年的《哲学的贫困》等。其中，《奥古斯丁的忏悔》在
他去世时尚未完成全书写作。

　　在1994年的一次访谈中，利奥塔在谈到将来的打算时，说自己未来
的任务是写作一本《歧论（二）》，准备对"歧论"进行进一步的阐释，
着重体现于1983年出版的《歧论》之中较少涉及的一些领域，比如身
体、性别、空间、时间美学，等等。① 虽然利奥塔后来并没有写出一本所
谓的《歧论（二）》，但是在20世纪90年代之前，《歧论》之后出版的著
作里，我们已经可以看出他在这方面所作的努力了。利奥塔不但在20世
纪80年代就开始发展一种后现代崇高美学，在生命的最后几年里，他又
更多地把对后现代主义的思考与美学和艺术实践联系起来，进而与整个社
会的文化、政治状况联系起来。初看上去，利奥塔著作的主题和重心更迭
频繁，但一直贯穿其中的却是他对不可决定性的追求和对不可呈现性的见
证。他认为，美学中的情意感知也就是歧论所要求的情意感知。这就需要
一种心灵层面的匮乏，也就意味着取消理性理解力在认知中的主宰地位，
凭借美学鉴赏力来感知那些无法直接呈现自身或者在既定条件下被重重掩
盖的歧论，以艺术的眼光见证歧论。利奥塔希望他关于文学、绘画、犹太
主义的论著能够引起人们对这种美学感知力的关注，以此帮助人们突破理
性框架的束缚。的确，在利奥塔许多关于艺术的论述中，他经常暗示，绘
画，尤其是现代绘画的关键不是所见之物和现实世界之间的对等关系，而
是对所见之物和可见之物的难解之谜应该保有的忠诚和尊重。画家需要通
过似乎充满矛盾的描绘，证明那引起可见之物的东西，也就是要通过可见
之物引起他所说的逃脱了理论决定性的不可呈现性。绘画"传递了听闻
不到的刺耳之声"②，艺术作品就应该具备为某种不可呈现之物做证的能
力。其实，利奥塔自己的著作正是如此，他在不同时期的理论著作从来不

---

　　① Jean – François Lyotard, *The Lyotard Reader & Guide*, ed. Keith Crome and James Williams, Edinburgh：Edinburgh University Press, 2006, p. 92.

　　② Jean – François Lyotard, *Soundproof Room：Malraux's Anti – aesthetics*, trans. Robert Harvey,
Stanford：Stanford University Press, 2001, p. 102.

是要去构建或讲述某种体系，而是一贯保持了一种对事件的开放性，通过不断更新的尝试来寻找抵抗同一性现实的路径，告诉世人没有一种摆在面前的明确出路，只有通过持续的创新去发现新的路径的可能性。利奥塔的哲学之路就是一条实验之路，不管是把力比多经济学称为"邪恶"而转向异教主义，还是认为异教主义过于依赖叙事而进入到《歧论》的语句分析，他不断进行着自我批判和更新。在这个意义上，可以说利奥塔从来没有写出一部他坚决捍卫并层层深入的哲学，也不信奉任何哲学方法论或者某种特定的政治信条。他的思想没有固定的前行轨道，却一直坚持为"不可呈现之物"担当证人。"不可呈现之物"，意味着不能被遗忘的沉默。当然，"沉默"在利奥塔不同时期的不同著作中还有许多名称——强度、图像、歧论、他者、事件或崇高。不同的命名只是一种选择，利奥塔的根本目的是通过对系统化的、试图提供普遍性解释的元理论的颠覆，为世界上多样化的思想、写作和行动方式的自由开展扫清道路。为了捍卫不同声音的差异性，甚至让沉默这种特殊的声音都能够拥有自由呼喊和表达的权利，他坚决同一切系统化的理论划清界限，不管这理论是艺术理论、文学理论还是政治理论、历史理论或者哲学理论。不管我们对利奥塔的哲学思想如何解读和定义，利奥塔体系并不存在。一旦形成体系，就意味着对歧论或崇高之视角的背叛，意味着把歧论或崇高硬塞进尝试做出某种预见和解释的体系之中，否认它们本身所具有的突如其来的、无法复制的"事件"性质，违背了利奥塔的本意。

（二）解读马尔罗

见证了"不可呈现之物"到来的瞬间，那么接下来我们该做什么？现代性究竟该如何重写？可想而知，拒绝体系和元理论的利奥塔自然不会对这样的问题做出明确答复。利奥塔所研究的主题十分庞杂，但庞杂的主题却是其反对元叙事的思想主线在众多领域的变体和深化，因此，我们可以继续通过利奥塔的文本找寻线索，将利奥塔晚年在《马尔罗的签名》和《隔音的房间：马尔罗的反美学》两部著作中对安德烈·马尔罗的解读看作一个他通过对文学和艺术的阐释，把抽象的哲学思想实践到具体的语境中重写现代性的例子。

安德烈·马尔罗（André Malraux, 1901—1976）是法国当代著名小说家、艺术批评家和社会活动家。在戴高乐主政时期，马尔罗曾出任法国政府的新闻部长、国务部长，还兼任过文化部长。在动荡而曲折的一生中，马尔罗把自己的毕生精力都投入到对人类、艺术的变形、思想的演变、新的崇高形式、人类生活与已经没落的文明之间永恒关系的思考中。他的小说具有很强的时代感和政治性，其小说创作不仅提供给读者一个用语言描绘的富有传奇色彩的艺术世界，更展示出一个以忧郁的目光注视人类境遇的人道主义世界，代表作有《纸月亮》《西方的诱惑》《人类的命运》《希望》《反回忆录》等。在西方人心目中，马尔罗是中国革命的参与者。他曾在 1965 年作为戴高乐总统的特使出访北京，受到毛泽东的会见。他的早期作品《胜利者》曾获法国联合文学奖，描写了 1925 年在中国爆发的省港大罢工，塑造了一名非凡的革命者加林的形象。获得龚古尔文学奖并被列入"20 世纪的经典著作"的《人类的命运》，也是以中国为创作背景，书中描写中国共产党人不惜牺牲生命、前仆后继与蒋介石集团进行了殊死的搏斗，展现出东方民族面对痛苦和死亡时所显示出的以革命求尊严的强烈愿望以及对自由和友谊的热切追求。① 20 世纪 50 年代，马尔罗潜心于艺术史的研究，认为艺术使人类不朽，各种形式的艺术创造能够战胜死亡并嬗变成永恒，人只有通过艺术创造才能接受和超越自己的境况，战胜命运并改造世界。而既然艺术是对命运的一种反抗，整个艺术史也应当被看作一部人类的自我拯救史。无论在马尔罗的小说还是艺术评论中，我们都能够看到文学和艺术的主题并不局限于个体背景，而是扩大到对整个人类命运的思考。他向人类的命运发问，对以人类存在为基础的思维模式质疑。在此，我们发现利奥塔对马尔罗的兴趣可以通过他们身上的两个共同点来解释：第一，他们身上都不缺乏对于政治的热情，并且都尝试通过艺术来解决政治问题。这让利奥塔在马尔罗那里找到共鸣，他曾说，马尔罗的著作"奉献给了可见之光由之产生的黑夜"。② 第二，在肯定人类创造性的同时，他们都对人类思维的局限做出了深刻思考。利奥塔认为，人类只是宇宙中的一个偶然事件，是太阳系的产物。如果太阳陨灭，人类的一切问题也就消失了。因此，人类的思想并不是一种永恒性、

---

　　① 关于马尔罗对中国革命的描写，法国评论界曾就其真实性提出过怀疑。马尔罗仅有 3 次到访中国的经历，从其创作的主题和内容来看，马尔罗的小说中很多内容都与中国革命的现实不符。有些对亚洲和中国素有研究的法国学者认为，为了吸引世界的注意力，马尔罗把印度支那的故事移到了宜于波澜壮阔演出的中国舞台。关于这一点，本书不再多做探讨。

　　② Jean – François Lyotard, *Signed Malraux*, trans. Robert Harvey, Minneapolis: University of Minnesota Press, 1999, p. 294.

普遍性的东西，只是一种特殊性的东西。

《马尔罗的签名》是一本关于马尔罗的传记。在书中，利奥塔从马尔罗的作品出发讨论了 20 世纪法国政治文化的方方面面，挑战了关于身份、性别、美学等主题的理论建构方式。虽然利奥塔从马尔罗的童年写起，以马尔罗思想成熟期的著作结束，但这本书不能被看作由接续发生的事件所组成的历史过程来产生意义，其时间性是共时性和历时性的混合物。利奥塔采用了《歧论》中的时间观来写作，"现在"被过去和未来所展开，或者已经逝去，或者尚未到来，我们根本无法真正把握"现在"。也就是说，现在的共时性逃脱不了历时性的制约。在马尔罗的生命里，某件事的发生从来不存在于它本身所处的那个时间上。"现在"没有一个清晰的边缘，而是一种流动的存在。过去和未来渗透于每个"现在"的时刻。每个"现在"的时刻又伸展于其他事件之上、铺开在过去和未来之中。在这层意义上，与其说利奥塔在回忆和展示马尔罗的生命历程，不如说他给我们提供了一幅马尔罗的生命在现实中自我虚构的画卷。换个说法，利奥塔在写作一个自我写作的生命。对他来说，不存在一个作为马尔罗的客体对象，也没有那些作为马尔罗的作品的客体对象，这两者相互纠缠，在利奥塔对独立的事件与这些事件的对应物的设置中被确证。利奥塔在书的开始就宣称，他对马尔罗的解读像小说似的建构出一种推断出来的生活，其可信性并非来源于第三方的证词，而是由这种"生活"自己签署的。就此看来，与其说《马尔罗的签名》是一本马尔罗的传记，不如说这是马尔罗的签名，是从马尔罗的生命里提取的精华。利奥塔在书中采用了蒙太奇的手法，他把马尔罗当作文本的、政治行动的、个人关系的等不同元素的混杂组合，抽取了马尔罗日常生活和工作中的场景，这些由作为日常生活材料的语句所构成的场景从其日常遮蔽物和生活中已规划好的格局里逃逸出来，就具有了利奥塔所说的"事件"的意义，马尔罗的形象就从这一个个场景或事件中逐渐丰满起来。从马尔罗恐惧于虚无、始终逃避的童年，到一个冒险的走私者，试图盗取高棉艺术品的盗窃犯，到西班牙独立战争的空军指挥官，再到反法西斯的战士，法国政府的议员……我们看到了一个多面的马尔罗，他是作家、思想家、批评家、旅行家、罪犯、战士、政治家，也是艺术上的理想主义者。在利奥塔的笔下，这些复杂面不仅仅是对一个具体生命的注释，也不仅仅是为了塑造了一个多样化的"马尔罗"，而是指向一个与现代性交织在一起的"马尔罗"，他身上发生的种种事件正是现代性的表征和符号，也是切入法国社会，切入现代性所面临的许多复杂的，诸如哲学、文化和政治问题的入口。

马尔罗对虚无的恐惧源自于他对家庭的印象，4 岁时父亲离家出走，和母亲跟外祖母、姨妈住在一家杂货店里。并不愉快的童年为马尔罗自己所憎恨，家庭的破碎让他体验到生命没有规则可言，只是由不同的事件编纂和签署而成。所谓签署，意味着对其参与存在和负担职责的承认。按照利奥塔的观点，马尔罗之所以走上反法西斯主义的道路，因为法西斯主义不仅是反人道的，同时也是对艺术创造力的抹杀。纳粹党是虚无主义的政党，他们仅仅把艺术当作宣传的工具，让艺术变得毫无价值可言。在纳粹那里，马尔罗听到了不曾离去的"死亡之声"。[①] 马尔罗为了保卫艺术的创造力作出抵制纳粹的签署，他同样在捍卫艺术尊严，抵制现实主义的签署中远离了斯大林主义。艺术因其无限创造力而具有不屈从于现实的、永存的革命性；但艺术的反抗却又不同于革命，因为不管何种形式的革命，总是企图设立与之所反对的权力相对立的新的仲裁者。只有在未完结的永恒可能性中，艺术方可结出硕果。马尔罗的签名也是保持着这种反抗姿态的签署，这是把一项行动转化为事件的时候所必需的姿态。人们或者可以在冷漠时间的流淌中埋葬生命；又可以选择于现实的表面撕开新的裂缝，寻找某种可能性。马尔罗选择签署了后者，也就代表选择了反抗。不仅如此，他还将这一反抗越过文学与艺术，伸展到政治和历史的领域中。利奥塔之所以赞赏这种风格，不是因为马尔罗克服了既定现实的阻挡，而是出于马尔罗为不能决定、不可呈现之物所驱动，不断向着崇高的幻影前行的姿态。

利奥塔在《隔音的房间：马尔罗的反美学》一书中，把马尔罗的作品与现代性宏大叙事的崩溃和对绝望的抵抗力量联系起来，集中探讨文学在重写现代性中的作用。在反抗现代性虚无主义的作家传统之中，除了马尔罗，利奥塔认为以反叛著称的乔治·巴塔耶（Georges Bataille）和存在主义文学大师阿尔贝托·加缪（Albert Camus）都隶属其中。他们的共同之处在于对客观价值信仰的消退，对陌生感的展现和对强加给人类的总体性的憎恨。所以，着迷于艺术作品"最初的权力"的马尔罗，在某种程

---

① Jean-François Lyotard, *Soundproof Room：Malraux's Anti-aesthetics*, trans. Robert Harvey, Stanford：Stanford University Press, 2001, p. 16.

度上也是一个边缘化的思想家。通过对马尔罗的小说，以及这些小说与20世纪人文思想关系的探讨，利奥塔重点揭示了文学对一系列现代性主题和基调的潜在影响，尤其对政治和哲学起到的潜在分裂和破坏作用。他在书中写道："艺术从不清晰显示任何东西，也不会超越其主题直接抵达世界。它是超越，是沙漠入口的开端：'出埃及'不能，也不可能实现。风格在无情地运作，取消并重塑它的物质，是为了从可以感觉到的东西那里攫取出这些物质，再推翻可以感觉到的东西，把它们提供给不能听到的呼唤。但是风格还坚定保持着声音、词汇、颜色等，因为它要用所有这些物质元素组成艺术品。它为这些元素创造的形式，也就是它加之于现实的东西，尽管承诺要逃脱，却不会从现实中解放。"① 这也许是利奥塔对文学和艺术的位置所提供的最准确的概括了。艺术作品是它们所产生的世界的一部分，而不是从一个较高的领地中降临或者从天才那里凭空产生的。作为世界的一部分，艺术作品对于组成它的物质要素的重塑具有揭露世界的有限性的潜力，也计划或者"承诺"了向某个逃脱现状约束的世界逃逸的可能性，但是艺术作品却不可能真正实现从现存世界向着某种想象的或承诺的"世外桃源"的逃逸。这就使得艺术作品成为一个事件，形成批判的一个焦点。利奥塔的意图是抓住这个焦点所具有的潜力和能量来挑战文化、政治等话语类型强加于人的不合理方式。尽管艺术作品不会呈现一种真正的解决方式，但是现行的理性系统已经被它动摇了。艺术作品表明，在每种呈现中都有一种不可呈现性，与之相对应，批判的哲学家的任务就是回应那不可呈现性的暗示，通过不懈的努力来挑战那些阻塞不可呈现性的系统和结构，暴露出那些宏大叙事的缺陷和危机，预示改变的可能性。

以加缪的成名作《局外人》为例，我们可以对利奥塔关于艺术实践的这种期许加以阐发。出版于1942年的《局外人》堪称20世纪西方文坛最具划时代意义的著名小说之一，从这部小说开始，"局外人"也成为整个西方文学乃至哲学中最经典的人物形象和关键词之一。加缪在写作这部小说时，采用第一人称叙述，但他从不介入小说，从不干预主人公的命运，从不分析主人公内心的思想感情，从不发表自己的议论，以颠覆传统

---

① Jean – François Lyotard, *Soundproof Room*：*Malraux's Anti – aesthetics*, trans. Robert Harvey, Stanford：Stanford University Press, 2001, pp. 98 – 100.

认识的象征性意象，陌生化的表现手法和荒诞性的情节表述带给读者有距离感的阅读体验。小说的主人公莫索尔从参加母亲的葬礼到偶然成了杀人犯，再到被判处死刑，似乎对一切都无动于衷。莫索尔生性缄默，他的行为看起来荒谬不经，不近人情，有意无意跳出现实世界的既定模式，完全遵照内心本性，做一个我行我素的局外人。对于现世，莫索尔是局外人；对于彼岸，他依旧冷眼旁观。莫尔索彻底否定了天堂的绮丽幻想，并没有被看似无路可走的现实引入"永享安乐"的基督教天国。他不崇拜任何精神偶像，坚信自己对自己所有的一切都有把握。加缪写作这部小说的时代背景是第二次世界大战，面对战争的残酷，人性的泯灭，加缪选择"荒诞"，以一种客观记录式的"零度风格"，表现出对人的自由和本真的尊重和依赖，深刻揭示出人在既定世界中不可避免的孤独、异化，要么被裹挟要么被抛弃的无奈境遇，以及罪恶和死亡的不可避免，表现出一种深沉的人道主义关怀。加缪不仅描写荒诞，更显示出直面惨淡人生的勇气。"局外人"在绝望中坚守自己，知其不可而为之，这样的精神契合了利奥塔"呈现不可呈现性"的艺术追求，实践了他赋予艺术作品对抗理性系统的殷切期许。

总之，利奥塔在关于马尔罗的两部著作里，尝试通过艺术实践为反思的个体寻找一个能够在现实条件下保持行动和希望的立足之处，引导我们思考应该怎样带着歧论生存于世。在马尔罗的生命和作品中，利奥塔发现了永远处于此时此地的那个声音，并引领世界去关注、探寻那些被压抑到沉默的"声音"。利奥塔一反西方思想传统中寻找本质和根基的思维方式，把目光集中于艺术和美学之上，不断捕捉可以确信却不可表现的艺术幻影，以崇高的未定性捍卫未来之名。在面对虚无主义的诘问时，利奥塔认为，宏大叙事的现代性不断提出新的政治体系和解决问题的整套方案，以统一性的姿态和要求破坏了个体生命的强度和创造性，自身却不断遭受失败，这才是一种虚无主义。在19世纪和20世纪，包括两次世界大战在内的太多惨痛回忆不断提醒人们，人类已经为追求整体和唯一、追求概念和感性的调和付出了高昂的代价。在这种情形下，利奥塔的选择既非绝望也非希望，但至少可以提供一个躲避更可怕的现代性虚无主义的避难所。

第二章

崇高美学的最初表述——欲望美学

　　如果按照利奥塔所反对的线性时间观来考虑，利奥塔的欲望美学思想的发生期实际上处于 20 世纪 70 年代的前半期，主要体现在 1971 年的《话语，图像》、1973 年的《从马克思和弗洛伊德开始漂流》和《冲动的装置》等著作之中。我们之所以把欲望美学部分放到崇高美学的框架之下来考察，是因为利奥塔的欲望美学思想，实际上已经为他后来的崇高美学思想的发展准备了思路。尤其是他对"图像"的论述、对异质性（heterogeneity）的坚守以及由此对艺术所作的分析，对他的崇高美学思想更具有基础性的意义。

　　对利奥塔欲望美学的认识，直接关系到对他的后现代崇高美学思想的认识和理解。实际上，后现代主义、崇高都是利奥塔言说"图像"的一种方式，但不是通过形象而主要通过对时间、事件的关注。有学者认为，话语和图像之间的区分本身为后现代美学"指意的图像体制"（figural regime of signification）提供了概念基础。现代的感受性主要是推论性的，言词优于意象，意识优于非意识；而后现代的感受性则是图像性的，视觉感受性优于刻板的词语感受性，图像优于概念，感觉优于意义。利奥塔采用后现代主义作为介绍图像性的一种方式，力图表现差异性，使人的情感得以释放，可以看作是对"呈现不可呈现性"的崇高美学的最初表述。而"呈现不可呈现性"，就是欲望美学和崇高美学的交会之处。在利奥塔的崇高美学中，欲望仍然操纵着语句之中的连接和综合，欲望美学所表述的与欲望相连的图像，与"歧论"语句的发生，与作为不可阐释语句之影响的无意识相关联。确切地说，在利奥塔关于崇高的著作中，我们不再关心意义和指称，而是关心情感和可感事物，这仍然属于《话语，图像》和《力比多经济学》中提出的论题。

　　《话语，图像》是利奥塔有关欲望美学的最主要的著作，其中的一个本质因素是超越表达能力的性质。他把自己的这本书形容为"对眼睛的辩护"①。前文已经提到，利奥塔对拉康的理论感到不满，认为如果根据拉康"符号界"的概念配置，认知活动作为能指之间的对立结构只是呈现为理论的表现形式，而所有其他形态的表达方式却都被置于"想象界"。利奥塔担心，这样会造成所有的表达形式，不管是声音的节奏、音色的统一、色彩的韵律及其启发价值，还是线、面、体的组合以及文艺写作，都只能被视为满足心理需求和欲望的无意识的结果。当人们用愉悦或痛苦的感情体验这些形式时，所能提供的仅仅是一种无意识的期望。利奥塔认为，这样的认识迫切需要改变，他感觉到"必须做点什么以为美和情感保住一片天地"，这也成为他在《话语，图像》中研究形式问题的主要动机。② 在此，我们不难发现，利奥塔彼时研究的出发点与他日后论述后现代知识状况时所持观点的一致，即反对理论对所有知识的整合化倾向，充分尊重各个知识领域的独立性。更重要的是，由此处开始，身体主体已经取代了意识主体或者说理性主体，成为利奥塔看待世界的基点所在。

　　《话语，图像》中，利奥塔把美学与理论对立起来，用图像、形式和艺术形象来颠覆理论，主张感官和经验优于抽象物和概念。利奥塔认为，自柏拉图以来，西方哲学总是被形而上学的、抽象的概念思想所主宰，围绕着话语与图像、推论与感觉、说与看、阅读与感知、普遍与特殊之间的二元对立组织起来。而在每一组对立中，前者总是被授予特权，后者却总是受到贬抑。尤其在索绪尔的语言学兴起之后，语言更加具有一种普遍化的倾向。利奥塔要做的，就是解构这种传统的二元对立，他赞成图像、形式，同时也是艺术和想象对理论的优先性，宣扬感官、躯体的强度和能量。不过，利奥塔的解构并不是简单地扬此抑彼，这样的批判仍旧跌落在传统思维的窠臼里。利奥塔转换了思路，他认为，话语和图像虽属异质，却又相互牵连。"欲望"在利奥塔的语境中并不仅仅具有躯体、感官属性

---

　　① Jean - François Lyotard, *Discours*, *Figure*: *Collection d'Esthétique*, Paris: Klincksieck, 1971, p. 11.

　　② 参见 Jean - François Lyotard, *Peregrinations*: *Law*, *Form*, *Event*, New York: Columbia University Press, 1988, p. 11。

的生理学、心理学意义，欲望通过图像的诉说来展示真理。真理不存在于概念、秩序、结构，而在于自由的艺术想象，真理是欲望的真理。可见，利奥塔对于话语的解构并非简单地站在非理性立场上以图像对抗、消解真理，而是恰恰站在图像的立场上表达真理。

《话语，图像》这本书可以分成两部分理解，第一部分主要用梅洛-庞蒂的知觉现象学破坏了在索绪尔的语言学基础上发展起来的结构主义，为西方哲学传统中一直受压抑的"看"和图像正名；第二部分主要分析了欲望的力量和欲望对于图像的母体意义。借用弗洛伊德的精神分析学说，利奥塔阐发了自己的欲望美学。这部分的阐释是他从现象学向精神分析学说的一个转移，同弗洛伊德提出的力比多能量相关，在一定意义上可以被视为《力比多经济学》的基础。

第一节　话语与图像

一　话语

话语，是经由理性规则或概念结构来表现意识的语言系统，在《话语，图像》中主要指理论文本。话语把认识对象组织成概念体系或网络，其中的概念、术语的意义获取，主要是通过其在体系或网络中的空间位置及其与体系中其他概念、术语的对立关系来确定。索绪尔认为，语言是一个表达观念的平面符号系统，由于符号单位的价值完全取决于它在整个结构中的地位和关系，所以能指和所指的联系是由系统制约的，词语从彼此的对立中获得意义，而不是通过系统之外的参照物。就像索绪尔自己指出的那样，"鱼"和"鱼群"之间的联系并不比"鱼"和"桌子"之间的关系紧密多少。因为每个词语的含义仅仅由它与语言中其他符号单位的对立来决定，也许它们的指称对象相互联系，但是每个词语的价值仅仅依赖于它自身与其他符号单位在同一个系统中的不同关系。我们对世界的理解也是面对一个给定系统的理解，能指和所指在其中共时性地发生作用。

在利奥塔看来，索绪尔的语言世界作为一个二维的平面文本的世界，也是一个纯粹对立的世界，他把所指的可见性简化为能指的表现性。在这种平面的空间安排中，索绪尔忽视了由语言指称带来的可见性的不同，仅仅通过"指意"（signification），也就是读或听的理性思辨来确定其中各个概念或术语的位置，而"指涉"（designation），即主要依靠眼睛的移动来视看的功能则被排除。利奥塔对索绪尔的批判集中于两点：首先，指称性对语言来说是必需的，但是不能被仅仅看作语言系统内部功能的作用。其次，利奥塔坚持现象学视觉在索绪尔语言结构的透明的文本空间内部的必要作用，也就是引入能指的不确定性和深度建构的功能。实际上，话语具有很大的局限性，没有一个理性的表现体系可以称得上完备，从而使自身完全避免对感觉、情感、图像的体验的敞开。结构主义却总是根据僵硬对立的结构来解释事物，忽视了结构内部或外部的形象化的因素。一方面，概念组成的思辨话语必然会错过认识对象的某些部分；另一方面，欲望、情感等非理性的力量也必然会超越理性的表现。如果按照理性话语的逻辑，思辨性话语和源自感官的情感体验是截然相反、针锋相对的，然而这两方面好比同一个空间的广度和深度，不能相互取代。语言符号是能指的藏匿和所指的揭示，是对客观对象的超验建构。但是，事实上客观对象的建构具有不同的维度，既有语言的平面性，又有感知的深度性，必须用感知的深度系统打破语言的平面系统。

二　图像

在《话语，图像》一书中，图像首先可以被看作可见的形象。利奥塔对于可见形象的说明，主要引用了梅洛－庞蒂的知觉现象学。在梅洛－庞蒂的知觉现象学中，视觉空间对立于文本空间，眼睛参与了主体所看到的可视世界。眼睛为了看而移动，这种物质性、移动性的加入就是梅洛－庞蒂所谓的主体和客体在感知中的交互作用。眼睛的有形物质性不是机械存在的，而是世界在视网膜上描绘自己的方式。"作为它的一部分，我的身体造成可视世界的不同；我可以通过视看的东西来驾驭它。……我们只看见我们盯着的东西。如果没有眼睛的运动，视力将是什么呢？"[1] 可见，梅洛－庞蒂认为，视觉不单是被动的客体和远观的主体之间的事情，而是主体和客体交会到一起的感知。而感知就是去体验世界上各种各样的事物，这种体验甚至包括对人本身的体验。人本身不仅仅是进行着知觉的主体，而且也是被知觉的主体。我们遇见的是一个尚未被建构的世界，如同一幅透视的画作那样呈现在我们面前。当然，这不是说要在一个模糊甚至

---

① Maurice Merleau-Ponty, *The Primacy of Perception*, ed. and trans. James M. Edie, Evanston: Northwestern University Press, 1964, p. 162.

混乱的前认知水平上体验世界，而是必须按照主体的认知综合，通过有意义的方式来建构世界。

按照梅洛－庞蒂的理解，深度是物体或者物体各部分相互包含的维度，而宽度和高度则是物体之间并列的维度。深度只存在于我，也就是观看者和视看物不可分离的交织之中。以此出发，利奥塔认为语言的系统是不稳固的，图像不是与语言相对立的构成，它或处于话语的中心，或位于话语的边缘，因此逃脱了理解力的掌控。图像以两种方式存在于文本性之中：一种是作为词语之间的连续性，一种是词语本身的模糊性和深度。利奥塔假定语言的平面系统被深度所打断，并以语言中直证（deictic）的词语（比如这里、现在、我、你等）为例来解释这种断裂。直证的词语不单纯像结构主义语言学家理解的那样，从其在语言系统中所处的位置来获得意义，而是在语言使用所处的特殊的时空世界里获得意义。比如，"这里"这个词意义的确定依赖于它与前、后、左、右等方位词的否定关系，这种否定性不是语言系统中词语之间的对立性，而是空间中的身体所处位置的否定性。要判断某个语境下"这里"的具体位置，必须参照有深度的空间中的身体，直证的词语就在把语言向身体经验的敞开中等待意义的实现。所以，直证的词语不能被简化为单纯的意义词语，其意义不能与他们的指涉对象相分离，除非在即刻的对话发生的时空当下。这类词语表现出一种伸展的姿态，已经远远超出了它们在话语中被赋予的意义，溢出了话语的边缘。直证的词语是图像化的，也显示出语言系统中所指和指涉对象的分裂，把语言系统的平面的对立性向着感觉领域的深度的否定性敞开。它们在语言的领域内创造了可视看的空间，这个空间是永恒的，不能被平面的单纯意义空间所取代。由此，话语如果想构建关于其对象的平面结构空间，实际上离不开深度空间的指涉或者指涉物。利奥塔认为，我们可以看见的世界主要是被感觉到的，其深度和厚度不是由理解力而是由感觉力来测知的，世界不是摊开在我们面前的一本书，"世界是有深度的……不是用来读的，而是用来看的"。① 可见世界把自身展现给在它之中的生命存在，对世界的认知和体验不能通过没有具体位置、脱离具体事物的理论去理解和把

---

① Jean－François Lyotard, *The Lyotard Reader & Guide*, ed. Keith Crome and James Williams, Edinburgh: Edinburgh University Press, 2006, p. 43.

握，而是要通过生发于身体体验的视觉来把握。

但是，主体的视觉有其具体位置，主体所看见的都是从特定的视角发出的，从而也是片面的、部分的，不可能拥有整体和自己本身，它可以反映一些东西，同样也会隐藏一些东西。所以，视觉就包含着不可消除的模糊性。这种模糊性可以说就是能指的不确定性，它是视觉本身的一部分，而不是等待理性理解力作出解释的所谓感觉的不确定性和分裂性。利奥塔认为，视觉作为图像作用于语言内部，它包含着自己的真理，对于模糊性的敞开是语言中不可或缺的部分。换句话说，如果没有抵抗概念性的东西，没有不能被简化为理念的东西，经验将会变得空洞而无意义。这样看来，语言的思辨结构需要一些感觉体验的参与，对结构主义的解构是必要的，也是绝对异质性的。

三 对话语与图像的对立关系的解构

话语和图像的区分也就是读（吸取知识）和看（欣赏作品）的体验的区分。读的过程中，能指的物质性瓦解在对于即刻的所指的兴趣中。把阅读对象当作教科书式的阅读，不会把文本作为审美对象，也不会注意文字符号的可塑性价值。超验性是这类阅读的最常见体验，语言符号根据水平连续性相连接，因而文本空间是平面的。而看世界的空间是复杂的、多向度的，同时加入了视觉发出者自身身体的空间性。通过梅洛－庞蒂的启发，利奥塔强调处于世界之内的身体的丰富和全面，对世界的可见性是因为观看者发出视觉的身体同时也是这个世界上可以看到的东西。这关乎主客关系——世界是如同身体一样的物质，身体也具有身体所见到的世界那样的客观性。身体和世界相互包容，这是通过"看"而不是"读"所带来的体验和感受。

在现象学对经验描述的基础上，利奥塔为我们展示了读和看的区分。《话语，图像》里所运用的关于读的术语包括平面、指意、对立性、系统、概念性、话语等；而看的阵营中则包括深度、差异、不稳定、身体、欲望、指涉和图像等。但是，利奥塔不是在现象学的视觉空间基础上简单攻击结构主义语言学的文本空间。他并没有仅仅停留在可见性优于可读性、三维的深度空间优于二维的文本空间的表达中。如果利奥塔止步在此，那么话语就会在语言系统的空间和主体的空间之间分裂开来。但"语言是有深度的。……虚构使得图像超出文本，完全存在于空隙的表演；图像是把不同形式加入语言单位的安排之上的变形。这种形式不能被简化到结构的限制中"①。话语和图像的对立在利奥塔对我们关于三维空间的体验中进一步被解构。这其中的关键转变就是把图像和话语的关系从对立到异质（差异）的转变。图像作为话语不可言说的他者，在话语内部同时起作用，从而扰乱了话语表现的作用。但它并不是与话语相对立的另一种空间，而是话语向一种激进的异质性或者独特性敞开的结点。异质性是非语言的，无法用语言做出完美表达。因此，思辨的理性体系无法应对这种异质性。换句话说，我们不能说出关于一个认识对象的全部，这个对象总是在某种意义上保留着对任何话语体系的异质性。如此，图像就是这个对象在时间性或空间性上的抵抗，这与通过理性思辨所获取的意义是不可通约的，却是共在的。在这里，我们发现，利奥塔对于"图像"的认识，早已突破了"可见的形象"。他说的图像不仅仅限制于绘画或者视觉艺术，同时也是语言内部的特殊功能，是思辨话语自身持有的异质性。现象学的看的领域不同于利奥塔所说的图像的领域。对利奥塔来说，图像的领域是一个运动的、逾越的、翻转的领域。这个领域之内，每一次图像的显现都是崭新的，不是对先前的重复，因而不可预见。所以，我们无法去制造或交流意义，只能感觉到强度。而他对结构主义的批评就在于结构主义以对立性关闭了异质性在话语中存在的可能性。利奥塔希望证明图像的批判力量不仅在话语外部，也在话语内部运作。他强调话语内部的图像运动，图像内蕴于话语本身，不能离开话语而单独运作。事实上，这一"图像"在利奥塔的著作中作为不同的术语不断被提及：事件、沉默、他者、崇高等。正如《话语，图像》中出现的标题"Fiscourse, Digure"，恰恰标志着利奥塔要解构对立，在图像中寻找话语——"Fiscourse"，在话语中寻找图像——"Digure"。

　　通过将非系统性的异质性组合进系统结构中，理论话语限制了异质性，成为图像和艺术的首要敌人。对此，利奥塔指出，批判哲学的任务是抛开理性话语的建构模式，发展能够保持话语对不确定的、复杂的感觉体验敞开的策略。但对图像的强调并不意味着批判的哲学家要像一个艺术家那样去创作，而是要通过某种方式指出话语自身携带的异质性。同时，

---

① Jean – François Lyotard, *Discours*, *Figure*：Collection d'Esthétique, Paris：Klincksieck, 1971, p. 61.

"某种方式"也不是寻找另外的意义表达方式，不是对语言难以形容的异质性的浪漫怀旧的追求，它其实更接近于利奥塔后来所说的歧论，呈现不可呈现性——说出不可能被完美表达的东西。这种不否定感觉、打破已经存在的意义体系的"说"不可能沿用原本的语言或哲学的话语规则表示出来，而是语言内部的颠覆，也就是用语言超越语言。如此，简洁、暗示、含混、不确定等类似图像的属性都是批判的话语所允许和要求的。然而，利奥塔对图像的这种理解也决定了我们不可能对他的语境下的图像做出百分之百切中的限定。因为图像本身抵抗并超越了语言的清晰意指，是对语言内部异质性的敞开。图像不允许自己被注视或思考，被当作独立于文本的另一种表现维度，而是异质性进入表现性的入口。它在话语的中心被扭曲，并被短暂地标示出来，就好像有什么打断了话语，具有事件的瞬时性。总之，利奥塔的解构脱离了提倡可见性、反对可读性的二元对立僵局，做出把异质引入同一的共在性尝试。图像作为话语自身的他者，让我们意识到，在话语中存在一些不能被表现又异于表现的东西，在不同话语的异质共在中显示出真理的"事件"特性。

　　　　　　　•

四　绘画与诗歌：异质空间的同时展开

　　把不能被准确把握的情感和欲望通过超越理性知识结构的方式表达出来，这样的愿望更加激发了利奥塔对美学和艺术的兴趣。利奥塔通过对"图像"的解读解构了话语和图像之间的对立，也解构了艺术中在场和不在场、现实和想象、修辞意义和字面含义之间的对立。他认为，艺术作品不是纯思辨的，也不是纯想象的；既是现实的，又是非现实的；可以作为认知表现的对象，也能作为欲望"遗失"的对象。在艺术实践中，一部作品的空间就是不可通约的异质空间的同时展开。对此，我们可以根据利奥塔对绘画、诗歌等具体艺术作品的分析来加以理解。

　　利奥塔在马萨乔、荷尔拜因、塞尚的作品和18世纪初威尼斯画派的作品中找到对他的艺术理论的满意诠释。他尤其推崇马萨乔为圣玛丽亚诺韦拉教堂所作的《三位一体》祭坛画和塞尚的《圣维克图瓦山》，虽然马萨乔是意大利文艺复兴绘画的奠基人，相隔几个世纪的塞尚是法国后期印象派的主将，两者的画风各有特色，但利奥塔却在《三位一体》和《圣维克图瓦山》中展示彻底异质的空间共在方面为两幅作品找到了共通之处。利奥塔认为，在这两幅作品中，代表文艺复兴时期绘画对视像的文本化构图或笛卡尔光学式的以单点固定的视角作画的原则被打破。我们在欣赏画作时，可以同时感受到对焦点中心和凹视圆周的视觉体验，对几何学的、笔直线条的视觉体验和短暂、发散、椭圆形边缘的视觉体验。需要注意的是，利奥塔关于"异质"空间的解构与绘画中的多重性是不一样的。以18世纪初意大利威尼斯画派的景观画为例，其中展现的城市风光其实是一种"失真的图像"（anamorphosis）。看到这样一幅作品，把目光聚焦于其中任意一点，就把其余所有景物移位到一个扩散的、有曲度的空间中。换言之，这个空间不是单向度展开的平面空间，而是有深度的"物质"空间。对利奥塔来说，我们对焦点的选择实际上造成了一种差异而不是对立，我们面对的是"失真的图像"，是连续不断的图像变形，而不是在理性的平面空间上对其他视角的排斥；但是对绘画的多重性空间表现来说，景观画中的城市给我们提供了多个焦点，对一个焦点的选择就意味着对其他焦点的舍弃，这是一种对立的关系。

由此，我们发现，利奥塔意义上的解构是对艺术的规则、结构在基础层面上的打破，而不仅仅是对被结构主义式分析所限定的、艺术品内部的风格改变。利奥塔一直保持着对艺术实践的浓厚兴趣，对各类艺术作品经常是信手拈来。在诗歌领域，利奥塔从法国象征主义诗人马拉美晚年的代表作《骰子一掷，不会改变偶然》中找到共鸣。或者说，他在这首诗作中找到了"失真的图像"。《骰子一掷，不会改变偶然》是马拉美最令人困惑的一首诗。这首诗的文字排列非常奇特，它有时呈楼梯式，有时一行只有一个字，有时一页只有一个字或几个字。这首诗无论在语言、形式，还是在韵律方面，都大大突破了诗歌创作的常规。马拉美的这首诗企图描画出思维同混乱的宇宙相接触的历程，这个历程也是诗人将诗句写到纸上、与寻求能够表现现实的语言相结合的过程。利奥塔认为，可以对这首诗的空间作如下理解：首先，这首诗提供了逻辑的空间，语言在这个空间中被写作和利用。同时，这首诗展现了感觉的空间，词语之间的间隔与词语本身一样重要。另外，这首诗还留给读者想象的空间，词语排列的图像根据语言本身具有的虚构含义被赋予某种意义。当语言"变成"对象，不是为了复制一个可见的对象，而是把可见的对象变成不可见的对象，所以它采取想象的形式讲述。这首诗的语言对象也包含着两个不同的层面：第一，由所指根据句法连接在一起的意指对象，这是一个"理想的"对象，所指并没有超出感觉世界之外，我们可以据此理解诗句。第二，意指过程的对象，由图像化的、生动的、可塑的能指组成，包括词语间隔、排列的变化、双页的使用、符号在表面上的打断，等等。实际上，这也是对诗歌创作情感的打断。意指对象允许意指过程的对象被理解，意指过程的对象则展示了意指对象，二者在诗句的"图像"中交织在一起，不仅依赖于通常意义上文本的可控空间，而且依赖于身体在空间中可见的、不同态势的体验。在此，诗歌的语言、深度与语言的他者交织在一起，不可分离。

第二节　图像作为欲望的表达

一　欲望

在利用知觉现象学批判结构主义的时候，利奥塔发现，知觉现象学对身体的描述太过结构化，却没有考虑到图像的分裂性力量。视觉空间只是按照可以辨认出的对象来组织，却取消了差异的可能性。梅洛－庞蒂在侧重反映知觉以及身体和世界的关系的同时，恰恰忽视了情感。利奥塔则试图寻找身体和世界间的情感性因素，认为这一因素既统一又破坏了身体和世界的连接，表现为身体具有的不确定性。况且人们并不总是投入到感知和意义的世界中，这种投入有时会被打断，比如在深度睡眠和狂喜中。因此，带着不满的眼光，利奥塔把批判的阵地从梅洛－庞蒂的知觉现象学转移到弗洛伊德的精神分析学说。

借用弗洛伊德关于无意识和梦的机制的研究，利奥塔对图像作了进一步阐释。他把图像看作欲望的产物，图像不仅仅是可见性对思辨话语的打破，而是对二者的共同打破。图像的空间才是与欲望相适宜的空间。批判哲学要把语言、哲学原本的话语方式变形和扭曲，也就是"完成弗洛伊德命名为梦的机制的一系列操作"，[①] 这影响到话语的规则和艺术的规则。诗歌和绘画都是欲望的间接反映，是图像超越话语的范型，但正如诗歌和绘画本身就是多样性、多表现形式的，这种超越的范型并没有固定的思路或方法。

对于欲望美学，真理意味着欲望的呈现。利奥塔所说的"欲望"，是

---

① Jean – François Lyotard, *Discours*, *Figure*：Collection *d'Esthétique*, Paris：Klincksieck, 1971, p. 55.

从弗洛伊德那里借用的。在弗洛伊德的理论中，欲望有两种，一种单纯指愿望的满足，另一种是爱欲和死欲并存的力比多式的欲望。利奥塔主要采用了第二种意义上的欲望，并赋予欲望以超越生理和心理属性的本体论意义，这是由主体和对象间的分裂所造成的。在欲望的支配下，话语性的主体活动和图像性的主体活动得以衍生出来。他认为弗洛伊德发现了欲望分裂性的离心力量，爱欲与死欲在欲望中相互联结、相互交织，人们无法判断欲望的毁灭性、破坏性倾向或整合性、统一性倾向。利奥塔进一步指出，欲望具有不能被满足的本性。"欲望的满足，也就是梦的主要功能，不在于（把欲望）满意地表现出来……而在于全部的想象活动本身。不是说梦的内容满足了欲望，而是做梦的行为，是幻想。因为幻想就是超越。"① 梦的机制因此同愿望满足的逻辑相分离，转变为对于梦的表现性的坚持。欲望不是语言，却能够打破语言的规则。换句话说，利奥塔意在指明，欲望并不言说自身，只是通过图像发生作用。在梦中，现实和想象在图像作为现实原则和快乐原则的不可通约性的异质空间里同时存在：欲望以变形的方式出现在现实的边缘，它却不为现实所删除，因为它已经变形，同原本的欲望有所区别；现实栖居于欲望的中心，作为图像而不被取消。因此，利奥塔颂扬一切形式的欲望，在他看来，欲望能够提供经验的强度，把人们从压抑中解放出来，带给人们创造力。不难理解，艺术由之成为欲望表达最重要的工具，对于艺术以修辞的形式表达出的生命能量而言，它们既可是分裂的、离心的，亦可是积极的、创造的。其中，分裂的欲望在艺术中最容易发现，因为它冲击现有的理性、秩序、规范的表征支配。艺术作品既肯定了以图像形式表现出来的生命能量，从而是肯定性的；又破坏和超越了理性的体制秩序，因而是否定性的。艺术表现实际上是无意识欲望的反映和隐喻，属于弗洛伊德所说的受快乐原则支配的、力比多的初级过程；而理论话语所遵循的是弗洛伊德描述的依据现实原则支配，按照自我的理性程序展开的次级过程，欲望在其中受到语言规则和思维构造的种种限制。所以，理论话语比图像要抽象，也更加墨守成规，同时却并不比图像、形象更加接近真理。因为真理决不会穿越指意的话语，它只是通过某种影响让其本身在话语的表面被感受到。艺术表现解构了理

---

① Jean‐François Lyotard, *Discours*, *Figure*：*Collection d'Esthétique*, Paris：Klincksieck, 1971, pp. 246－247.

论，在词语、线条、色彩的自由状态之中打开了无意识活动的空间，欲望和情感通过图像的移位、凝缩和变形被意识到。也就是说，通过陌生化甚至无形式的形象来反映欲望，艺术表现出对无限性和不可呈现性的追求，并以这种特殊的方式接近真理。

　　利奥塔强调，没有一种传统的美学能够考虑到欲望的力量和它对形式的破坏力。与传统美学对形式和对如何更加完善形式的关注相比，利奥塔的欲望美学更加集中地探讨艺术创作中语言的规则和形象的统一性如何被变形和误用，表现未定性的、无形式的形式如何被制造。通过对弗洛伊德的《梦的解析》中"梦的工作机制"部分的重新理解，也就是对梦的凝缩、移位、象征和次级修正四部分的细致研究，利奥塔得出结论：梦的工作不能以任何方式被思考、计算或判断，梦的无意识过程创造了破碎、变形、移位的图像而不是完备、合理、统一的形式。它赋予事物以新的形象，不仅破坏了意识的表现，同时破坏了由潜意识的修正为这些表现构建的空间。梦不是欲望的掩饰语言，它构成了视觉"在词语之中的避难所"，[1]不能为语言所完全表现。通过梦境的图像，欲望在其中得到了直接的表达。以梦的"凝缩"过程为例，弗洛伊德认为凝缩是显梦为了逃避意识对欲望的监督，对隐梦的内容所做的压缩和精简。利奥塔认为这类似于减少物体容量的物理压缩过程。因此，在梦境中图像也可以被折叠和挤压。但是不应该把这个变形过程当作欲望对自身的伪装，相反，在梦境中，欲望的所要表现的含义是无所遁藏的，只是以凝缩的力量被展示出来。欲望是成形（figuration）和变形（disfiguration）的活动，梦不是欲望的语言，而是欲望的行为。梦的图像不是传统意义的表象，它是欲望表现自己的行动。在梦中借由图像变形的方式把异质性聚积在一起，欲望得以超越可见性的现实。"梦和幻想都是可读、可看的混合体，梦不像语言那样发生作用，它以图像的力量发挥对于语言的影响。"[2]我们可以用画谜与梦的工作机制相类比。画谜以图画的形式出谜，文字变形为形象，形象内含着文字。与之类似，对待梦也可以采取两种完全不同的方式：可读的语言性行为和可看的视觉性行为。但与画谜不同的

---

① Jean‐François Lyotard, *Discours*, *Figure*：*Collection d'Esthétique*, Paris：Klincksieck, 1971, p. 239.

② Ibid. , p. 270.

是，我们可以猜出语言化表述的谜底，却不能用语言完美表现梦境。因为梦是对读和看两种操作行为的超越，在梦中，无意识构建了以图像超越话语规则的空间，欲望在其中作为可见的形象已经超越了语言文本可以表述的范围。

二　三种图像

为了进一步阐明图像对欲望"呈现不可呈现性"的表达，利奥塔区分了三种图像。第一种是"图像—肖像"（figure - image），图像—肖像仍然处在知觉现象学的可以视看的规则之下，它具有深度。但是这种图像通过允许不同的对象占据同一个空间，或者同一个对象同时占据不同的空间，打断了从遵守固定规则的视角出发对图像的辨认。第二种是"图像—形式"（figure - form），图像—形式不再处于场景中可见主体的水平上，而存在于看不到的图式中。这种形式的逾越是对常规所谓好的形式的打破，常规所谓好的形式在图像—肖像的水平上还是可以达到的，只是更难加以例证。利奥塔用 20 世纪美国抽象表现主义画家杰克森·波洛克（J. Jackson Pollock）的行动绘画说明了这一点。波洛克以在帆布上很随意地泼溅颜料、洒出流线的技艺而著称。波洛克绘画所创造的神奇效果几乎与他使用的笔和画布毫无关系。他的行动绘画已经完全替代了创作的本身，是一种近似表演艺术的创作形式。作画过程一般是：把画布钉在地板上，围着画布像踏着舞步似的走动，用棍棒蘸上油漆，任其在画布上滴洒。波洛克还摒弃了画家常用的工具，并且将沙、玻璃碎片或其他东西掺杂在颜料里面，使其成为稠厚的流体。他声称，自己预先并不知道画什么，而是经过行动的感知阶段之后，才看到了自己画了些什么。波洛克的行动绘画摆脱了手腕、手肘和肩膀的限制，更加便于画家表现无法自控的内在意识和行动。利奥塔认为，行动绘画表现的不是欲望的幻象，而是欲望的移动本身，欲望作为驱动力产生出不能被轻易辨认的想象。第三种是最神秘的"图像—母体"（figure - matrix），它是三种不同的图像模式中唯一看不见的，丝毫不能在话语、肖像和形式中表现出来，又同时存在于这三个空间之中的图像。图像—母体是原初的想象，代表着无意识的欲望，各种不同的图像作品都是这个母体的衍生物，但是没有一部作品能够将其完美展现出来，只是"也许能够在它们（指话语、肖像和形式）有深度的重叠之上微露踪迹，被匆匆一瞥"。① 这个所谓的图像—母体实际上是理性思辨和感性图像之间的张力，利奥塔把它理解为是非时间性的，同时也是非空间性的。图像—母体强调了可见性的异质性，它是各种形式的图像的起源，永远无法被任何话语或图像完全认识和掌握，因为任何话语或图像都无法回归到这种无法呈现的起源之中，它的出现也就意味着它的缺席。反之，如果母体允许自身被注视或者被理解，那么就会自然丧失它与无意识欲望的联系。图像—母体既内在于图像—肖像或图像—形式的各种图像展示之内，别无存在空间，又无法在肖像或形式的图像中被直接显现出来。换句话说，图像—母体把不可能共存之物汇聚到一起，它的这种张力带领我们接近无意识的欲望。弗洛伊德发现了梦的各种工作机制，包括移位、凝缩、象征、次级修正等。通过这些工作机制，梦以变形化的图像呈现出"不可呈现"的图像—母体本身。

三　否定与欲望

除了对梦的机制加以研究，利奥塔还集中研究了弗洛伊德关于否定的理论，对否定做出超越语法构成、逻辑构成和结构构成的说明。他的目的在于证明，话语的否定形式如何表现出欲望在话语中所发挥的重要作用，而这一作用在话语内部是无法被充分描述的，是欲望居于其中，对话语发挥作用。利奥塔这里所说的"否定"，不同于结构主义的"否定"。结构主义依赖于一种基本的否定逻辑，依赖于语言系统里词语之间的对立来看待否定。利奥塔认为，这种依赖必然掩盖了更深层的关系，而实际上这些更深层的关系必须按照欲望来加以思考。按照利奥塔的看法，话语之中的否定不能按照命题的逻辑否定来解释，因为被否认的东西也是肯定命题的对象。在一个系统内部，当一个词语同时表示一种区别的两个方面的时候，这种语言记号之间的结构性区别就被打破了。弗洛伊德提出了这种同时性的复杂性，利奥塔则根据不同层面对此做出说明，他认为这些不同层面由对语言指称对象的欲望所把持，也就是由渴望否定的破坏性本能在"重构"被否定的对象时产生影响，它也包含了话语中的知识性、客观性层面。比如一个精神病患者在否认曾经梦见母亲时，重复说"她不是我

---

① Jean – François Lyotard, *Discours*, *Figure*: Collection d'Esthétique, Paris: Klincksieck, 1971, pp. 278 – 279.

的母亲"。这实际上是把否认的对象，也就是"母亲"作为"失去的对象"不断加以重构。这个患者实际已经走出梦想的层面，进入到知识的层面。他通过被假设优先于所有谈话和客观性的超然性，与先前的自我认同相分裂，不断重构语言的秩序和秩序的客观性，也就是"母亲"。对正常人来说，同先前世界的分裂在欲望的不断作用下使话语的构造不再稳定。图像在其中作为这些效果的母体而起作用，被深置于人们的言语之中，通过作用于人们的言语来形成关于它的形式和想象。这样，欲望为人们的思想制造了一个产生并使其不断发展的温床。由此，利奥塔通过否定将肯定的欲望引入话语，在指称某个对象时，涉及肯定和否定同时存在的话语构造，也就超越了结构主义把否定理解为对立或者非连续性的逻辑否定。客观对象不可通约性地同时存在与缺席，是欲望打开了我们与客观对象思辨关系的不可通约性。更进一步，在弗洛伊德对原始的分裂的介绍中，利奥塔推论出话语所指称的东西与求知欲望之间的分裂。话语中的求知欲望总是"围绕它的对象打转，而对象在深深的空间中总是隐藏了某些方面……这种分裂在话语的边缘制造出不可跨越的鸿沟……当我们说话的时候，我们不是我们所谈论的东西，这也意味着，我们的言语期待它的所指，因为我们的言语就是我们的欲望"①。也就是说，任何求知欲望和知识都企图在能指和所指之间无法跨越的鸿沟上架设沟通的桥梁，但这是不可能实现的。

　　然而，利奥塔认为，精神分析学家谈话治疗（talking cure）的话语就是在试图架设修补这一原始分裂的桥梁，他们企图把欲望和力比多能量重新吸收到话语中。但这种企图是徒劳的，正如利奥塔在《力比多经济学》中阐明的，力比多能量无法预见也无法控制，它具备事件性的身份。精神分析的价值不应该在于架设一条沟通的桥梁，而在于其本身就是一种扭曲了叙述和话语的构造，在通过坚持表达的东西与这种东西如何被解释之间做出区分。在此，利奥塔表达了对于弗洛伊德精神分析学说谈话治疗的不满。对利奥塔来说，所有的精神分析，包括弗洛伊德本人对艺术的理解，都把艺术作品当作精神病的症状般来对待。弗洛伊德忘记了自己对于无意识的分析，总是尝试控制欲望的断裂，尝试调和自我和本我。所以，

---

　　① Jean - François Lyotard, *Discours*, *Figure*: *Collection d'Esthétique*, Paris: Klincksieck, 1971, pp. 128 - 129.

利奥塔认为，弗洛伊德对艺术最重要的贡献不在于他对具体艺术作品的理解，而在于他的基本理论证明艺术作品并不是欲望的最终完成而是未完成。未完成意味着话语和艺术都不是断裂和转变过程的终点。艺术没有最终结论，艺术中欲望的生产力和破坏力总是带来意外的效果。任何特定的艺术实践都以间接的方式证明艺术中的东西是超艺术的，把情感和欲望释放到需要它们却又对它们做出限制的系统中。所以艺术作品是强度和结构的集合体——把强度转化成结构，揭示结构的局限又保持结构变形的开放性，任何传统理论对于艺术的限制性分析都无法准确揭示艺术创作的情感欲望。因此，利奥塔的欲望美学忠实于欲望，拒绝接受任何传统理论对于艺术的限制性分析。但是，利奥塔也许没有看到，他本人的欲望美学也面临着两大缺陷：第一，他把无意识推到极致，强调回归无意识的欲望，这一目的本身就是一种强烈的意识限定；第二，他关于欲望的批判策略也许会在对话语和图像的批判中暗中削弱自己的力量，因为正如他所判定的，欲望是不能被准确理解和掌控的。尽管如此，欲望美学却至少在三个层面上为利奥塔日后的后现代崇高美学奠定了基础，即对总体性的怀疑、真理的事件特性、艺术对欲望不可呈现性的呈现。

第三章

后现代主义的美学——崇高美学

20 世纪下半叶，随着科技的日新月异和经济的迅速发展，现代西方社会进入了后工业阶段，西方文化也随之经历了一次次新的裂变和转型，后现代主义逐渐崭露头角并迅速崛起，形成一股强劲的文化思潮，福柯、德里达、鲍德里亚、德勒兹等，包括利奥塔在内，当代法国思想家在其中表现尤为活跃。虽然后现代主义思想家们的观点不尽相同甚至针锋相对，但他们却往往共同面临着肤浅、虚无主义、"意义的丧失""深度的缺席"等指责。在琳琅满目的后现代理论中，利奥塔却独辟蹊径，回到与当今时代精神不那么合拍的、关于"崇高"的美学理论视野中，尤其是回到康德这一现代性最重要的代表人物的崇高理论那里，为自己的后现代主义立证。此后，崇高问题一度又成为西方理论界关注的热点。

20 世纪六七十年代，出于对西方传统形而上学和结构主义理论范式的不满，利奥塔极力提高艺术与感性的地位，发展出以欲望作为基础的欲望美学。到 20 世纪 70 年代中期，他已经写了很多关于不同的美学家、艺术家，关于绘画、音乐、文学等艺术门类和具体艺术作品的美学论文，独特的理论和丰硕的成果让利奥塔成为法国美学界的重要人物之一。在利奥塔的后现代理论中，对美学与艺术的思考成为他"向总体性开战"的有力武器。利奥塔认为自己提出的关于现代性的"缺乏现实性"和自我逾越性都可以在"崇高的康德式主题"中得到最好的注解。他指出：如果没有康德的崇高美学所显示出的现实和概念之间的不可通约性，现代美学将是无法理解的。①

---

① 参见 Jean - François Lyotard, *The Postmodern Explained to Children*, London：Turnaround, 1992, pp. 19 - 21。

随着利奥塔后现代哲学思想的日趋成熟，他正式提出"崇高美学"的说法，并将"崇高"这一古老的美学范畴逐渐提升为他的后现代哲学的核心要素。崇高美学的提法最早应该出现于利奥塔在 1982 年 4 月发表于《评论》（Critique）上的《答问：什么是后现代主义》一文中。在文中，他写道："我尤其要指证，正是这种崇高的美学中，现代艺术（包括文学），才找到了原动力，而前卫派才为自己的逻辑找到了定理。"① 联系到利奥塔对于两种现代性的划分和对后现代处于现代之中的认识，我们可以理解，此处他所提及的现代艺术也就是后现代艺术。利奥塔的美学和艺术理论更加关心如何以"不可呈现性"的呈现超越和突破总体性，至于到底采用"现代"还是"后现代"的称谓，在他看来倒是无关大体的。其实，从前文的论述中可以发现，利奥塔走上崇高美学的理论道路并不难理解，不管是现象学的背景，异教主义的尝试还是欲望美学的表述，无一不为他的崇高美学思想准备了理论前提。可以说，崇高的魅影几乎贯穿利奥塔的思想发展历程，例如，他指出政治狂热是一种极端的崇高情感，发现崇高与弗洛伊德的怀恨和回忆症有关联，又认为从崇高情感中可以推论出语言游戏的不可公度性。② 利奥塔如此推崇"崇高"，以至于有些西方批评家一方面把利奥塔视为 20 世纪崇高理论发展的最重要的代表人物，称利奥塔是 20 世纪"崇高复兴之父"；另一方面把利奥塔看作"现代"的后现代理论家，把他的理论当作后现代主义之后的现代性的回归。③

第一节　崇高：历史与现实

一　崇高理论的历史演进

崇高是西方美学中最重要的范畴之一，西方学术界一般认为这一审

---

① ［法］让－弗朗索瓦·利奥塔：《后现代状况》，岛子译，湖南美术出版社 1996 年版，第203—204 页。

② 参见［英］詹姆斯·威廉姆斯《利奥塔》，姚大志、赵雄峰译，黑龙江人民出版社 2002年版，第 28、79、153 页。

③ 参见 Kenneth Holmqvist, Jaroslaw Pluciennik, "A Short Guide to the Theory of the Sublime", Style, Vol. 36, No. 4, Winter 2002; Andreas Huyssen, "Introduction: Modernism after Postmodernity", New German Critique 99, Vol. 33, No. 3, Fall 2006.

美范畴是以希伯来文化为源头一路发展而来的。在希伯来文学中，崇高被视为一种宗教感。在古希腊和古罗马的文艺发展历程中，经过不断的酝酿发展，到公元 1 世纪，讲授雄辩术的朗吉努斯首次把崇高作为一个美学范畴进行研究和系统分析，开创了西方美学研究崇高范畴的先河。现代美学中关于崇高的理论是以朗吉努斯的《论崇高》为起点逐步走向完善的。《论崇高》主要还是一部修辞学的著作，朗吉努斯在其中并没有给出一个关于崇高的清晰定义，它主要论述了如何运用语言修辞技巧以达到崇高的风格。在古希腊和古罗马时期，受当时的共和体制影响，修辞学是一门重要的学科。人们如果想要参政议政就需要训练雄辩的口才，因此语言风格成为修辞学的重要内容。朗吉努斯认为，崇高首先指向语言风格，适用于诗，同样也适用于散文和演讲辞。他对崇高展开了生动的描绘和论述，通过各种各样的方式引导人们到达一种崇高的境界。在他看来，崇高是一切伟大作品的共有风格，是文艺作品的最高价值，也作为衡量文艺作品的最高标准。崇高的文章风格具有强烈的感染力和征服力，总是不必诉诸读者的理智就会引起惊叹，但崇高不必表现为文章的总体，而是使整体熠熠生辉的画龙点睛之笔。真正的崇高不在于文辞的华美、雕琢和虚假、夸张的感情渲染，而在于思想感情的高超、强烈和庄严，它能升华人们的灵魂，产生一种慷慨激昂的喜悦。崇高风格有五个源泉，即庄严伟大的思想、强烈激动的感情、运用藻饰的技术、高雅的措辞和整个结构的堂皇卓越。前两种因素可以依靠自然或天赋，后三种因素却要依靠艺术和人力，而第五种因素又是前四种因素的综合。这五个因素中，最重要的就是庄严伟大的思想，这种思想是一种高尚的心性，是天才而非后天习得的能力，只属于崇高的心灵。只有思想庄严、心灵高尚的人，也就是朗吉努斯提出的具备优秀的德行，诚实、真挚、勇敢的"公众的人"（public man）① 才能创造出伟大的作品。在《论崇高》的最后，朗吉努斯还指出，出于人类追求财富和享乐的贪婪欲望所引发的无休止的战争破坏了伟大的心灵，而崇高作为高贵心灵的回响，却让人超越了对于财富和地位的关注。可见，朗吉努斯对崇高的论述实际上已经超出了语言风格的范围，他把崇高看作人超越自身的一

---

① Longinus, *"Longinus" on Sublimity*, ed. and trans. D. A. Russell, Oxford: Clarendon Press, 1965, p. xiv.

种境界，当作"伟大心灵的回声"，这让崇高在他的理论里有了明显的道德含义，真正的崇高站在了道德的一边。不仅如此，朗吉努斯还讲到了社会政治生活和自然界的崇高，他不否认自然界存在着崇高的东西，认为追求崇高是人类的天性，是崇高引导着我们朝向神性精神的伟大。总之，朗吉努斯关于崇高的各种观念，不论是崇高的修辞效果、崇高对人的主观心性的影响，还是崇高蕴含的道德意义，都对后世美学产生了深远的影响。

朗吉努斯之后，崇高鲜被提及。直到 17 世纪，崇高再次进入人们的视野。17 世纪末，托马斯·波奈特牧师在他的《地球圣论》中，将崇高放置在《圣经启示录》的文本语境之内，把上帝的庄严伟大、无所不能与罪孽深重的自然相对立，使崇高成为上帝之光的象征。正如人们无法参透全知全能、无所不在的上帝，对于上帝之光的崇高，人们自然也找不到它最完美的形式。崇高不依附于自然世界，它来自于上帝，是无法比较的。一般性的自然景观是建立在秩序、比例、限制的基础上的美的作品，而高耸入云的险峰和巨浪滔天的大洋则破坏了这种秩序和比例，传达了上帝的形象。崇高的观念是上帝超越一切的模式，在一般的秩序被粉碎的时候显露出来。在此，波奈特把秩序与混乱、规则与不规则、渺小与伟大、理性与想象对立起来。这种看法也影响了 18 世纪的崇高理论。在 18 世纪，崇高成为西方美学的一个重要主题。涌现出很多关于崇高的不同见解，这对崇高理论的进一步发展产生了巨大的推动力。

1712 年，英国文学家艾迪生在他主编的著名文学期刊《旁观者》上发表了一组论想象的快感的文章。他在文章中将崇高与想象的快感联系起来。一方面，他再次看到了修辞的重要性，认为对暴风雨、地震等自然灾害的描写可以引起读者自身的反思，让读者在阅读时产生崇高的感觉。当人类在面对恐怖的对象时，可以想象出它们的可怕，同时又意识到它们的遥远，所以景象越恐怖，人类来自安全感的快乐越多。艾迪生认识到，是语言让我们在事物之间做出比较，体验、感知到自然对象，在一个安全的距离上来看待威胁性的事物，因此，凭借语言的力量，自然崇高意味着理性优越于现实。另一方面，艾迪生将崇高由人工世界扩大到自然世界，这在有关崇高的美学研究中是一个重要进步。在他看来，崇高的事物尤其是大自然中的崇高事物，能够最大限度地激发我们的想象，让我们的想象自由驰骋，从而获得最大的快感。艾迪生认为，虽然获得崇高的基础性原因存在于自然界的宏大景象，但我们对崇高的认识乃是一种在自然对象激发下的感知，这其中的内在原动力仍然来自于上帝，来自于不受时间和空间限制的神性。① 虽然艾迪生关于崇高的论述包含了许多深刻的思想，但他在《旁观者》上发表的文章只是简短的随笔，很难说是关于崇高的系统研究。沿着艾迪生开辟的道路，真正从哲学上对崇高进行系统研究的是差不多半个世纪之后的英国政论家、美学家伯克。在18世纪的文学中，对崇高体验中快乐和痛苦的强调非常明显，这也要归功于伯克的研究。

伯克是英国经验主义美学的集大成者，他关于崇高的论述主要体现在一本名为《关于崇高与美的观念的根源的哲学探讨》的著作中，这本书初版于1754年。伯克在书中第一次阐述了崇高与美的区别，并从主体的生理、心理结构、对象的客观性质、表现形式等方面对崇高进行了系统研究，从而正式确立了崇高在美学中的地位。从心理角度来看，伯克认为崇高与美这两个观念的起源完全不同，它们分别起源于人类的两种基本情欲，即自我保全情欲和社会交往情欲。前者是崇高感的基础，因为自我保全主要是由痛苦和危险引起的。痛苦和危险使生命安全受到威胁，在情感上表现为最强烈的情欲，即痛感，使人产生恐惧和危机感，而这种感觉就是崇高感的主要心理内容。但是，并不是任何痛苦和危险都能够引起崇高感，只有那些事实上不会给人带来危害，带有一定距离感，张而未发的痛苦和危险才能引起崇高感。所以，崇高感是由痛感转化而来的消极的快感。而崇高感又是复杂的，具有丰富的心理内容，不单包含恐怖和惊惧，还包含着欣羡和崇敬。从客观性质来看，伯克认为崇高的客观性质是恐怖性。美是指物体中能够引发爱或类似感情的一种或几种品质，而崇高则是指物体中能够引发恐惧或类似感情的一种或几种品质。伯克指出，所有被视觉认为恐怖的东西都是崇高的，不管是电闪雷鸣的自然现象，还是残酷战争的社会现象，都能因为恐怖而成为崇高的对象。伯克特别强调崇高的力量感，认为没有一种崇高的事物不是某种力量的变形。从形式表现来看，伯克认为在呈现崇高方面，诗歌优于绘画，虽然诗歌所描绘的形象模糊、含混、不确定，但这比清晰、确定的形象更加吸引人，因为诗歌的强烈情感能产生更加强烈的效果和激动人心的力量。可见，虽然伯克主要把崇高看作感觉体验的效果，但是他也注意到了语言的作用。能够以不同形

---

① 参见 Philip Shaw, *The Sublime*, London & New York: Routledge, 2006, pp. 37 - 38。

式塑造在一起的词语具有提升崇高观念的力量，而崇高的对象和语言对它的描述之间的区分不再起作用，是语言的魔力让我们赞美天主教的神圣，惊叹大峡谷的高深。实际上，我们从伯克对于崇高的心理感觉的强调和把崇高性同语言能量相关联的认识中可以看出，在伯克的美学中，崇高理论的发展到达了一个阶段：人们不再简单沉迷于自然的崇高，崇高主要与人的主体感知有关。总之，经验主义重感觉、情感、想象，排斥理性和意志的特点在伯克对崇高从心理、生理经验事实的分析中得到了充分体现，这显然受到了当时培根和洛克等英国经验主义哲学家的影响，也使得伯克能够脱开理性体察崇高在感性经验中的深层表现，把崇高与人本真的生命存在和情感欲望联系起来。在这一点上，伯克的崇高理论给了利奥塔很大的启发。

伯克把美和崇高区分开来，这对康德的影响很深。迄今为止，从哲学美学上对崇高范畴做出最深刻分析的是康德。康德也像伯克那样，将崇高与美对照起来论述，使"崇高"代替"优美"成为了 18、19 世纪西方美学的主潮。康德对崇高和美的哲学论证，是在《判断力批判》中完成的。他没有在鲍姆加登的意义上将审美理解为一种感性认识，而是理解为一种判断力，即纯粹的趣味判断力。康德区分了两种判断力，即认知活动运用的决定性判断力（determinative judgment）和审美活动运用的反思性判断力（reflective judgment）。就反思判断力的运用来看，崇高与美作为审美范畴具有相似性，即它们都是以自身的原因而令人愉快，不涉及利害、目的和概念，同时要求我们的反思判断而不是感官判断或者逻辑决定判断，都具有主观合目的性、必然性和普遍有效性。不过，康德更看重的是美和崇高的差异：第一，就对象来说，美只涉及对象的形式，而崇高却涉及对象的无形式。第二，就主观心理反应来说，美感是单纯、积极的快感，是一种促进生命力的感觉，观赏者的心灵处在平静安息状态，崇高却是由痛感转化成的间接、消极的快感，先有生命力暂时受阻的感觉，继而才有生命力的洋溢迸发，崇高感由压抑转到振奋，所以观赏者的心灵处在动荡状态。第三，美和崇高最重要的内在区分是：美可以在对象中找到根据，而崇高的根据则完全是主观的。这与美和崇高的第一点差异紧密联系在一起，美在于形式的合目的性，而崇高则在于对象形式的无规律、无秩序、无限制。真正的崇高只涉及理性的观念，彰显着人的理性和道德精神力量的胜利。这是康德崇高论最根本的特征。康德还把崇高分为数学的崇高和力学的崇高，数学的崇高由体积巨大，超出感官把握尺度的对象引发，崇高感是通过理性功能弥补感性功能的胜利感。因此被称作崇高的并不是感官对象本身，而是欣赏者主观的精神力量。力学的崇高就是强壮有力，难以抵抗的强大。面对自然难以抵挡的巨大威力，人们心中反而能够激起一种足够抵抗力来胜过它，也就是独立于自然的、有理性的人在精神上显示出来的比自然威力更大的威力。可见，不管哪种崇高，在康德的意义上，崇高指向对人的主体性的确认，是在主体内部通过理性将崇高带进自然的表象之中。崇高只有坚持理性的立场才能达到对于瞬间的超越。而这种崇高本质上具有道德情操的象征性内涵。虽然崇高感并不是道德事件本身，但主体却是严肃、认真的。在此，康德意识到了知性的有限性和理性的自由无限性、自然和自由、认识和道德之间的严重对立，他试图通过理性的超越能力来把这种有限性和无限性归结到整体中来把握，把美向崇高的过渡作为由认识向道德过渡的体现，从而沟通自然和自由，认识和道德的领域。康德认为，只有具备道德观念的、有文化教养的人才能够体验到崇高；反之，对无教养的人来说，只能看到恐怖。

崇高的道德内涵在 18 世纪末的英国湖畔派诗人华兹华斯那里被再次确认，但华兹华斯的认识角度却不同于康德哲学超验意义上的道德伦理。华兹华斯认为，崇高包含主体对不可测知的想象力的觉醒，是一种对彻底的、创造性的自由的具体体验。但是，由于过剩的想象力暗含着自我在社会领域的错位，它有可能会切断自我和作为准则的社会道德关系之间的联系。

真正继承康德崇高思想的美学家是席勒。席勒在名为《论崇高》的两篇论文中，进一步阐发了康德的崇高思想。他有意识地将崇高与人的自由和超越联系在一起，强调人与自然的对立和崇高感所体现出来的对感性和理性、有限和无限的超越对人的特质的体现。康德的崇高理论认为，在由自然向人、从有限到无限的过渡中，崇高感和道德情操仅体现为一种象征关系；而席勒则直接看到了这种超越中人的道德尊严和人的自由实现。基于理性主义的立场，康德在论及崇高的超越中，更加强调理性的无限性和想象力面对理性时的一种退回，由此在瞬间产生超越；而席勒则直接把人的感性的存在作为崇高的基础，充分体现了席勒对人的心灵和意义世界的探索。这种在有限和无限的超越中的感悟，体现在艺术观上，正是对传统的、强调艺术和自然或理念之间契合的模仿论艺术观的否定。

利奥塔在建构自己的崇高理论时，对崇高范畴进行了一番历史考察，并主要借鉴了伯克和康德的崇高学说。关于这一点，下一节将做出具体的分析。

二　"崇高"在现代社会的境况

尽管在西方美学数个世纪的探索中，美学家们并没有最终形成一个关于崇高的公认、精准的定义，但是在宽泛的意义上，我们可以认为：当一个对象或事件的能量超出了语言的表达、无法进行比较时，我们在对这个对象或事件超出常规理解的震撼、惊诧的体验中获得崇高感。从崇高范畴发展的历史来看，无论是朗吉努斯作为"伟大心灵"回声的崇高，还是康德作为理性超越的崇高，都把崇高与形而上的彼岸世界的肯定相关联。崇高标志着一种超越理性界限和表达极限的感觉。但是，到了20世纪，随着经济的发展和社会的进步，人们对自然世界和人类社会的认识已经远远突破以往。尤其是20世纪中期以后信息和科学技术的膨胀泛滥，各种新兴的文化力量不断涌现，现代社会的学科理论和文艺实践也向着多元化的方向发展，启蒙理性再也无法一统天下。相应地，人们对于崇高的认识也大大异于从前，传统崇高理论中的审美理想和审美追求在慢慢褪色。在现代社会对传统崇高所负载的理性内涵的否定中，叔本华和尼采的非理性主义哲学起了关键性的决定作用。叔本华把康德的现象界和物自体改造成表象和意志。从现象界看，世界是我的表象；从本体看，世界是我的意志。他把意志当成一种盲目的生命冲动，并认为它是人的全部本质。由此，叔本华把古典的理性本体论改变为意志本体论，非理性、欲望成为哲学叙事的主题。① 尼采则超越了叔本华的悲观论调，以其强力意志本体论直接面对生命本身。他看到了生命与痛苦的对抗中体现出来的伟大和崇高，强调用一种昂扬的内在生命精神去体验生命存在的崇高。由此，崇高开始了它的当代转向。在利奥塔的崇高美学中，崇高的内涵得到了进一步

---

① 在论及西方美学的崇高理论时，叔本华的崇高论通常不被提及。叔本华可称是非理性哲学的鼻祖，以此为基础，他的崇高理论算得上一个异类。无论是感性情感还是道德情感，在叔本华的崇高理论中都几乎没有什么地位。虽然叔本华推崇感性认识，但推崇感性认识不等于推崇情感本能。他既不承认道德自省，又不强调主体能力，几乎把崇高从一种价值选择降低为一种美的自然状态。只有在论述悲剧崇高时，壮美才开始显示出其独特性，并承担了一些伦理的任务。也许这正是叔本华的崇高理论通常不被归入西方美学崇高理论主流的原因所在。

扩展。利奥塔将崇高从认识论中解脱出来，把歧论置于崇高感的中心，也使崇高更加贴近现实世界中有血有肉的人。

当今社会的崇高是多样化的，在高科技制作的好莱坞大片中，在匪夷所思的现代主义艺术中，在五花八门的电视广告里，在灯光炫目的超级秀场上，在无所不包的网络空间内……崇高的踪迹随处可见，但它变得更加难以捉摸。传统的人本主义或抽象的人性意义上的艺术追求已让位于对个体的生命体验、瞬间的生命感受和对一切价值的重估。我们很难将崇高固定在某种理论框架下去解释。1984 年，法国哲学家让－吕克·南希曾表示：崇高很时尚，虽然这种时尚很古老。① 而崇高范畴的时尚化和泛化，换一个角度看，也可以看作是崇高范畴的世俗化，崇高不再那么"高大上"，不再那么超凡脱俗，似乎已经脱离了几代哲学家、美学家赋予它的道德、伦理意义，也不再完全依附于人之主体。甚至在某些后现代艺术那里，崇高距离荒谬只有一步之遥。让我们来看两个案例，一个是生于德国，现居于英国的艺术家努德可（Mariele Neudecker）。她的作品继承了德国浪漫主义的艺术风格，作品多是海市蜃楼般的风景装置，在作品中，崇高被刻意"制造"的性质十分明显。2001 年的日本横滨三年展上，她创作的一幅名为《想不起来的现在》（*Unrecallable Now*）的风景装置是所有参展作品中最大的。这是一件散发魔幻般浪漫色彩的作品，在 10 米 × 20 米的水箱中，努德可细心安置了立体布景，如同连绵起伏的冰雪山脉一样的景象在水银灯的照射下格外壮观。整个地形景观让人有种似曾相识的错觉，同时又给人一种挥之不去又说不出来的诡异感和错位感。努德可玩弄的正是那条介于真实与再现、视觉与幻觉之间的界限。观者或许在反复推敲之后，才可能领悟到这似曾相识的熟悉感不可能来自一般人的亲身经历，因为从作品的规模和缩小比例看，这景观若存在，只能从高空的角度俯视而得。如此，心理层面的转变很快颠覆了先前的感动与震撼。再看美国波普艺术家安迪·沃霍尔（Andy Warhol）的丝网版画。他的绘画图式几乎千篇一律，将那些取自大众传媒的图像，如坎贝尔汤罐、可口可乐瓶子、美元钞票、蒙娜丽莎像以及玛丽莲·梦露的头像等，作为基本元素在画上重复排立。沃霍尔试图完全取消艺术创作中手工操作因素，他的所有作品都用丝网印刷技术制作，形象可以无数次地重复，给画面带来一种

① Paul Crowther, *The Kantian Sublime*: *from Morality to Art*, Oxford：Clarendon, 1989, p. 3.

特有的呆板效果。沃霍尔是仿象的后现代艺术的标本，他有意在画中消除个性与感情的色彩，不动声色地把再平凡不过的形象罗列出来。对他来说，没有"原作"可言，他的作品全是复制品，其目的就是要用无数的复制品来取代原作的地位。就艺术接受来看，沃霍尔的画也几乎不可解释，"因而它能引起无限的好奇心——是一种略微有点可怕的真空，需要用闲聊和空谈来填满它"[1]。他不仅终结了传统的造型艺术，而且也取消了艺术家的创造。实际上，沃霍尔画中特有的那种单调、无聊和重复，传达的是某种冷漠、空虚、疏离的感觉，表现了高度发达的西方资本主义社会中人们的内在情感指向，是"没有自我的崇高"[2]。

然而，脱离了一切价值取向，"没有自我的崇高"还是崇高吗？一些后现代主义批评家对这种崇高做出了说明。齐泽克指出，如果崇高的确是一个精神的时刻，这个时刻正是在我们感觉到、意识到、理解到的所有东西变得无用甚至荒谬的那个时刻。米尔班克认为，崇高体验不再指向一个超越理性和表达的客体，而是在表现内部超越了表现的可能性。[3] 而利奥塔则带着对社会文化现实的不满，对人和人的生存境遇的关切，回到现代性的康德那里寻找出路，强调对"不可呈现性"的此时此地的呈现，把道德伦理、社会公正等沉重的主题与"崇高"联系起来，发展出一种被认为十分"现代"的后现代崇高理论，以至于美国后现代理论家詹姆逊做出这样的评价："此理论与今天广为流行的各色各样的后现代主义关系不大，反倒更接近极端现代主义的传统意识形态。利奥塔的美学理论与极端现代主义中革新特质的观念居然非常接近，这倒是很有趣的矛盾现象，而这正是利奥塔的对手哈贝马斯忠实地从法兰克福学派那里继承过来的理论。"[4]

---

① ［美］罗伯特·休斯：《新艺术的震撼》，刘萍君等译，上海人民美术出版社1989年版，第307页。

② Philip Shaw, *The Sublime*, London & New York: Routledge, 2006, p.7.

③ 除了文中提到的齐泽克、米尔班克，另有一些当代哲学家如德曼、德里达、拉康等人，都在其著作中对崇高这一自古以来就充满魅力的美学主题做出过视点不一的论述，限于篇幅和能力，此处不再一一介绍。

④ ［美］弗雷德里克·詹姆逊：《后现代主义精神》，载王岳川等编《后现代主义文化与美学》，北京大学出版社1992年版，第100页。

三　崇高之于中国

鲍桑葵曾说，崇高是"美学研究的一个公认的分支"①。从前文的论述中，我们已经感受到崇高范畴在西方美学中的重要性，在西方哲学、美学思想自古希腊以来两千多年的发展历程中，崇高的内涵得到了极大丰富。事实正是如此，崇高这一范畴本身所包含的巨大思辨性和痛感、快感混合的矛盾体验为人们的无尽阐释提供了广阔空间，更为重要的是，作为对于具有较大价值的物象与精神实体的追求，崇高"用一种超常态的情感体验暗示了人和世界的某种本真状态"②，因此受到广泛关注，不断激发出人们的探索热情。

在中国，崇高又是怎样的呢？严格来说，中华民族的文化观念中没有西方意义上的"崇高"。当然，我们也不能简单地用西方美学关于崇高的观念来衡量中国古代的美学现象。但是，我们可以在中国传统文论中的某些概念，如"壮美""阳刚""雄浑"等概念的把握中实现中西美学的沟通。曹顺庆曾撰文对西方的崇高范畴和中国的雄浑范畴展开比较，主要以西方古典美学和现代美学中关于崇高的理论与中国传统文论中的阳刚、壮美、大美、雄浑进行对照研究。他指出，与西方相似，中国的先哲们早就意识到了柔美与刚美的差异，雄浑与冲淡的区别，《周易》的刚柔之分，即为其滥觞。这体现了人类社会文化发展的一致性，也反映出美学规律的客观性。但是，中西文化对崇高的认识却有截然不同的侧重点。西方偏于强调美与崇高的完全对立和不可调和，对于崇高给予了更高的地位；中国传统文化却看重刚柔相济、互为补充，赋予平和中正之柔美以更多赞美之意。③ 的确，构成我国传统文化主干的儒、释、道三家，对和谐理念都有深刻阐发，都将和谐视为一种重要价值取向和审美追求。而这种心性和谐、天人一体的审美追求就决定了传统文学艺术中从来不存在西方式的"崇高"。无论是入世儒家的温柔敦厚，还是出世道家的以无为本，对和谐共生的共同憧憬注定了占据审美主导地位的必须是平和中正、冲淡空灵的柔美。

---

① ［英］鲍桑葵：《美学史》，张今译，商务印书馆 1985 年版，第 10 页。

② Philip Shaw, *The Sublime*, London & New York: Routledge, 2006, p. 8.

③ 参见曹顺庆《西方崇高范畴与中国雄浑范畴的比较》，《文艺理论研究》1989 年第 4 期。

　　到了近代，从翻译西方美学作品开始，中国学人开始了对西方崇高的引入和研究。王国维在《叔本华之哲学及教育学说》一文中较早地论述了崇高。他说："而美之中，又有优美与壮美之别。今有一物，令人忘利害之关系，而玩之而不厌者，之曰优美之感情。若其物直接不利于吾人之意志。而意志为之破裂，唯由知识冥想其理念者，谓之曰壮美之感情。"① 在《红楼梦评论》中，王国维又基本上沿用叔本华关于悲剧与崇高的理论对《红楼梦》作了解读，参照叔本华的标准将《红楼梦》判定为彻头彻尾的悲剧。再往后，宗白华、朱光潜等美学前辈主要在康德学说的基础上对崇高进行了阐释。宗白华主要依据形式与内容的关系把崇高美分为无形式的壮美、严肃的壮美和自在的壮美，而朱光潜则把冲突性作为崇高的特性，用"移情"来解释崇高感。此外，也有不少当代学者都对崇高进行过论述，包括蒋孔阳、姚君喜、李泽厚等美学名家。20 世纪 90 年代，陈伟的《崇高论——对一种美学范畴和美学形态的历史考察》，讨论崇高与真、善、美、丑、喜剧、悲剧之间的关系，对崇高范畴在中西美学史上结合艺术类型做出历史性的总结。进入21 世纪，曹顺庆和王南合著的《雄浑与沉郁》对中国古代的崇高美学思想进行了较以前更为详尽的总结，并立足于中西合璧对中西崇高美学展开了深刻而广泛的对比研究。

　　把目光从美学研究转移到文艺创作，崇高在中国当代文艺创作中的境遇并不能说好。先有王蒙的"躲避崇高"，后有新生代创作的虚置历史，文艺创作中弥漫着消解崇高的情绪。以此观之于整个文化图景，消费主义、感官娱乐化的影视剧作和电视、互联网上铺天盖地的虚假广告早已指证了原有的审美理想和价值范式遭遇到的巨大挑战。随着市场经济对人的精神世界的大规模渗透和技术话语对人文价值领域的不断侵入，在部分人群信仰坍塌和价值观变化的过程中，世俗化的审美让崇高褪去了昔日的光环。有感于此，重寻基于普遍的人类自我关怀的人文精神，不断提高大众文化的人文意识和精神境界，正确处理好大众文化的价值引导性与娱乐消费性的关系，拯救市场逻辑泛化引发的信仰危机和价值观缺失，并以之为观照重新审视崇高就显得尤为必要。利奥塔的崇

---

　　① 王国维：《王国维文集》第三卷，姚淦铭、王燕编，中国文史出版社 1997 年版，第 321页。

高美学也因此可以作为我们理解当代中国景观并提升自身要义的借镜，为实现中西思想交汇，进而返回现代中国之核心问题，塑造现代中国之精神品格奠定坚实的基础。

第二节　利奥塔崇高理论的思想源流

一　理论缘起

利奥塔对"崇高"的理解以及他对先锋派艺术的推崇，与他对哈贝马斯的"现代性规划"的批判和他提出的后现代性对现代性的"重写"有关。尽管卡林内斯库基于后现代主义在对权威原则的反抗中表现出与现代性的惊人相似，把后现代主义称为现代性的一副面孔①；尽管利奥塔和哈贝马斯在对后现代性的认识上存在某些一致的方面：哈贝马斯把现代性称为一项未完成的事业，而利奥塔也把自己的后现代置于现代性之下，以其后现代状态下的努力来推进现代性，他们都看到了资本主义的资本运作和科技发展所带来的社会巨变，看到了各文化领域的自主导致的"专家文化"的形成并各自处于对社会异化的深深忧虑中，反对把知识简化为工具理性或者科学；但是哈贝马斯仍然把利奥塔代表的法国后结构主义定义为对现代性及其核心价值观念即理性与普遍性的摒弃，而利奥塔亦无法接受哈贝马斯的普世价值观和他提出的用以完成现代性规划的审美策略和交往理性，坚持艺术不能与认识论相统合。哈贝马斯认为，要改变文化割裂及文化与生活分裂的现状，只有从改善美感经验的地位入手，让美感经验和人类的生存之间发生联系。哈贝马斯试图用从艺术中汲取的经验去填平认知、道德和政治话语之间所存在的鸿沟和歧论，开辟一条统合之路。对此，利奥塔的看法是，在一个共识已然破裂、不确定性蔓延的时代，哈贝马斯通过审美策略追求所谓的统一和共识是非常危险的，体现了一种具有本质主义倾向的宏大叙事，这就为极权主义和恐怖主义行径提供了合法性的可能。因而他对后者的连接各个自主领域，通过主体间的对话构建主体、达成共识的交往理性等观念进行了猛烈攻击。在利奥塔看来，尽管哈贝马斯对于先锋艺术同样持有褒扬之意，但哈贝马斯那种追求秩序、追求

---

① 参见［美］马泰·卡林内斯库《现代性的五副面孔》，顾爱彬、李瑞华译，商务印书馆2002年版，第334页。

同一性、追求稳定性或者流行性的呼声也就是从众，让艺术家和作家回到公众的怀抱，停止艺术实验，这是对先锋派精神遗产的消解，是一种重整现实主义美学的企图，实际上是一种倒退。

利奥塔认为，始于文艺复兴的现实主义再现艺术所呈现的世界总是处于统一和谐的秩序之中，发挥着共同体的认同作用。现实主义的问题是，它以一元化图式压制差异，表现出无所不在的话语霸权和意识形态统治，实际在艺术实践上回避了有关现实的问题。更严重的是，这样的现实主义在20世纪的西方仍然在以不同的面目出现，其中包括20世纪前期的庸俗现实主义和后期的民粹主义倾向的后现代主义。利奥塔谈到，庸俗现实主义总是受政治的操控，把现存的"美"的概念强加给大众，以满足大众对"现实"的欲望，反动地压制先锋派实验艺术。对于这种现实主义把政治审美化的倾向，希特勒的纳粹主义就是最明显的例证。而所谓民粹主义倾向的后现代主义，主要指的是资本主义消费社会的文化和艺术，其理论和实践都与资本主义的消费价值观相一致，没有任何确定的审美标准。权力来自于资本，艺术品的价值由利润原则来决定。资本主义社会的现实主义艺术经历了一个蜕变过程："当中产阶级从历史上确立了自己的地位时，文艺沙龙和学院以现实主义（写实主义）的净化心灵之名义，鼓励优秀的造型艺术和文学活动。但是资本主义生来就有将普遍事物、社会角色、体制机构异化的本领。最后，所谓的写实模拟再现，除了怀旧和讥讽，再也没有任何真实了。"① 对这种文化艺术的现状，利奥塔以嘲讽的口吻写道："折中主义是当代通俗文化的零度：人们听西印度群岛的流行音乐，看西部影片，午餐吃麦当劳、晚餐吃当地菜肴，在东京洒巴黎香水，在香港穿'复古'（retro）服装；知识变成了一种电视竞赛游戏。要为折中主义式的作品找到观众太容易了。由于艺术变为庸俗时尚之物，于是开始迎合艺术赞助者的'品味'。艺术家、画廊主持人、批评家和普罗大众在'什么都行'式的浊流中飘荡沉浮。这是一个懈离而黯淡的时代。然而'什么都行'式的现实（写实）主义，实际上即拜金主义；在审美准则的匮乏下，人们会以作品所产生的利润来评价作品的价值。只要符合流行的口味和需要，具有市场销路，那种拜金现实（写实）主义，就能

---

① ［法］让－弗朗索瓦·利奥塔：《后现代状况》，岛子译，湖南美术出版社1996年版，第198页。

迎合满足所有的流行时尚。这就像资本主义能够迎合满足所有的需求一样。至于鉴赏趣味，当人们沉溺于自我迷醉或自我淫逸时，则压根儿不再挑剔是否高雅和精纯了。"① 利奥塔把这种民粹主义倾向的后现代主义看作一种由金钱控制的"现实主义"，其危险性在于它能消解所有的艺术潮流，就像资本主义可以包括一切人类的需求，工业化、市场化的现实主义和大众传媒把各种艺术都纳入市场的生产和流通轨道。他因此拒绝了一切与资本主义消费价值观一致的后现代主义，明确指出自己所提倡的"重写现代性"的后现代主义和"当代意识形态市场上叫作后现代性或后现代主义的东西"② 截然不同。在利奥塔眼中，现实的不可通约性是不可辩驳的事实，不同形式的现实主义却回避了艺术问题内部的不可通约的现实性，只能永远站在学院形式主义和庸俗艺术的中间地带。如果以康德的哲学理论作为出发点，20 世纪两种现实主义的美学判断中使用的分类与认知判断中使用的分类具有相同的本质，它们都属于决定性判断，而不是真正属于美学的反思性判断。所以，主张局部决定论和小叙事、坚持多元化、倡导差异和歧论的利奥塔，在美学上坚决拒斥现实主义及其再现原则，极力推崇崇高美学和先锋艺术。

利奥塔提出的后现代，不是一个新的时代，而是对现代性所要求的某些特点的重写，首先是对建立以科技解放全人类计划的企图的合法性的重写。因为当机械和工业生产入侵艺术家的领地时，这种权力带来的影响是无法抗衡的。像资本主义消费社会的艺术和文学一样，科学和工业生产也无法逃脱质疑，我们决不能不加分析地相信、依附于它们。当然，就像前文已经分析的那样，利奥塔的重写丝毫没有回到开端的意思，这种重写更多的是弗洛伊德的所谓"追忆"（durcharbeitung），而不是"回忆"（erin-nerung）。弗洛伊德语境里的追忆，是指事后通过某种联想的契机对无意识里的震惊体验或创伤记忆的分析、排解和自省。利奥塔还曾多次强调，后现代之"后"这个前缀词"post -"应该理解为"ana -"。"ana -"这个前缀来自古希腊文，既有"在后"的意思，又有"往回"的意思，

---

① ［法］让 - 弗朗索瓦·利奥塔：《后现代状况》，岛子译，湖南美术出版社 1996 年版，第 198—202 页。

② ［法］让 - 弗朗索瓦·利奥塔：《非人——时间漫谈》，罗国祥译，商务印书馆 2001 年版，第 36 页。

也就是处在时间上稍后的位置采取的一种回溯的姿态，如同在精神分析学说中"回想"（anamnesis）、"分析"（analysis）和"失真的图像"（anamorphosis）等词里的"ana－"之前缀的含义。从这个意义上说，利奥塔的"后现代"并不是仅仅包含着历时性，同时又具有某种共时性，它既处在现代"之后"，又位于现代"之中"，它对"现代"的解构并不是对后者的简单抛弃，某种程度上类似于德里达提出的，同时包含时间间隔和现象差异的"延异"（différance）①。利奥塔指出，后现代的"追忆"或者说"重写"所使用的唯一导线就在感觉之中，它不提供任何关于过去的知识，而总是被感觉到的新景象，就像康德在研究审美时言及的想象，是自由的、不确定性的，不涉及对已知条件的认识，却可以让事物以本来面目得以呈现的能力，是向着一个"未被囚禁的'真理'或一个'真实'的接近"。② 值得注意的是，这里只能是"接近"，因为正像弗洛伊德指出的，无意识情感是不可再现的，只能通过有意识场景中的一切无意识呈现来接近。利奥塔在谈到后现代文化同现代文化的相互关系时，曾经指出，后现代就是隐含在现代性的呈现本身中的那些不可呈现的部分，也是现代性中拒绝凝固成某种理想目标统摄下的美好形式，并同样拒绝成为符合某种口味的共识的那些成分。可见，"重写现代性"的后现代性就是现代性的自我逾越，是对于现存理念和秩序，形而上学"在场"的摧毁和超越，于此刻当下的现在去呈现未定性，表现那不可表达的东西，这构成了利奥塔对"崇高"的独特理解，他表示，后现代性对现代性的重写"属于崇高的课题范围"。③ 可见，崇高在利奥塔的后现代哲学中，远远突破了美学范畴，上升为基础性的核心术语，具有重要意义。

---

① 延异是德里达解构主义哲学的核心术语，即延缓的踪迹。延异在一个区分和延搁的替代之链中永不停息地自我位移，与代表稳定的语言—思想对应关系的逻各斯中心主义针锋相对，代表着意义的不断消解。按照德里达的观点，延异既非一个词也非一个概念，而是包含着差异和延宕双重含义的运动和游戏，即时间上的"延"和空间上的"异"交会在"差异"之上，表征出差异的本原，差异之间的差异。这种"非本原的本原"和"迂回的机制"，形象阐述了语言的模糊性、未定性，彻底瓦解了文本的明晰性，从根本上替代了"在场的形而上学"，从而达到了解构意识，解构历史，进而解构主体存在的效果，为德里达的解构主义哲学打下理论基础。

② ［法］让－弗朗索瓦·利奥塔：《非人——时间漫谈》，罗国祥译，商务印书馆 2001 年版，第 35 页。

③ 同上书，第 36 页。

二　利奥塔对崇高范畴的历史追溯

利奥塔在新的社会现实条件下思考崇高的同时，反思并借鉴了西方历史上的美学家们关于崇高的经典论述。首先从朗吉努斯开始，利奥塔并不十分关心朗吉努斯对于崇高的修辞风格的说明，他更注意的是，崇高已经超出单纯修辞技巧的范围，朗吉努斯开始认识到了崇高蕴含的无限性，以及语言形式在表达崇高时的局限性。在 17 世纪法国新古典主义的代表布瓦洛对朗吉努斯的《论崇高》所作的译文、序言和附录中，利奥塔还看到崇高是不可教授的，它不受诗学所确立的规则的制约，却要求艺术作品的接受者具有一定的知识背景、品位或者感受的能力。布瓦洛把崇高论述为一种与规则无关的诗学，可以领会、品味却难以形求，有一种隐匿的形而上的意味，与利奥塔赋予崇高的不可呈现性有着一定的相似之处。因此，利奥塔认为，布瓦洛适时完成了崇高与修辞技巧的古典体制的决裂。崇高所蕴含的无限性使得艺术家不能再依赖于某种既定的规则来创作和表达，古典主义美学传统中强调的技巧和规则不再占据艺术创作的主要位置，艺术家和公众也从既定审美趣味中解放出来。由此，我们发现，利奥塔正在一步步走近不可呈现性，把崇高观念的形成看作是古典主义终结并向现代性转换的一个重要契机。

不过，利奥塔的崇高理论更多的则是对伯克和康德的崇高理论的继承、发展。利奥塔注意到，在伯克那里，美引出实证的愉悦，而崇高是另一种愉悦。它是感到痛苦和死亡的临近而来的一种情感，可以称之为恐惧。所有的恐惧都与某物的丧失有关：光的丧失——对黑暗的恐惧；他人的丧失——对孤独的恐惧；言语的丧失——对沉寂的恐惧；客体的丧失——对空虚的恐惧；生命的丧失——对死亡的恐惧。"丧失"的概念受到利奥塔的重视，因为它意味着不可捕捉和不能呈现，利奥塔认为这正是崇高的超越性所在。同时，利奥塔也十分看重由伯克提出，却被康德当作实验心理主义忽略掉的一点，即崇高是由未实际到来的威胁引发的。崇高是一种恐惧与愉悦的融合，形成恐惧的这种威胁是悬置的、有距离的、张而未发的，在这种悬念中引起一种愉悦，不是实证满足的愉悦，而是缓解的愉悦。崇高的愉悦与相比实证愉悦更强烈的欲念相关，它是苦痛和死亡的临近，灵魂在其中受到震撼。利奥塔曾经这样描述崇高：一个很伟大的强有力的客体威胁说要把一切从灵魂中夺走，用震惊来打击灵魂。灵魂突然惊呆了，像死了一样。在离开这种威胁的同时，艺术获得了一种舒缓快乐的愉悦。所以对伯克来说，崇高不再是古希腊悲剧范畴里高尚的问题，而是一个紧张化的问题。艺术家尝试对事件进行组合，接受者在艺术作品的欣赏中不仅仅体验到一种简单的愉悦，或者伦理上的教益，而是期待理解力与感受力的强化，体验一种矛盾的紧张感。这种强烈的情感与本体论上的错位有关。利奥塔认为，这一点就提供了将文艺作品从经典的模仿原则下解放出来的可能，也为他提出艺术应该表现不可表现性的观点提供了契机。在崇高美学的推动下，追求强烈效果的艺术无论用什么样的材料，都应该忽略对漂亮实物的模仿，对优美形式的追求，而应该做出出人意料的组合，"最出色的震撼就是（某种东西）在，而不是什么也没有，不是悬置的丧失"①。最后，还有更重要的一点是，利奥塔在伯克的崇高理论中找到了崇高和时间的关系，他认为先锋艺术的崇高表现为"现在"的状态或者说未实现的状态。如果说浪漫主义面对的经常是自然风景那样的引起崇高的对象，那么先锋派所表达的不可呈现之物就是抛弃再现，强调艺术过程的崇高形式本身。在以上认识的基础上，利奥塔指出："在浪漫主义的边缘，崇高美学由伯克设计，而康德以微不足道的身份指明了艺术实验的可能性世界。"②

　　对于康德，利奥塔重新阐释和区分了康德的美与崇高两个概念。关于美，利奥塔指出，美取决于一致的趣味，美的感觉是在面对一个艺术或自然的对象时，人类捕捉形象的功能与概念功能之间的自然和谐引发的愉悦。他认为，像哈贝马斯的审美策略、现实主义都可以看作与康德的美的概念相等同，即美的冲动与追求共识的欲望是一致的。但是，利奥塔认为当今社会中并不存在能够完全认识和反映现实的总体性知识，产生美感的功能实际上被抑制住了。对他而言，哈贝马斯的问题是认为解构现实是先锋派反崇高反抑制的特色，这样就把康德的崇高论和弗洛伊德的升华论混为一谈了，美学对哈贝马斯来说，仍然是强调一致性的美之美学。

---

　　① ［法］让－弗朗索瓦·利奥塔：《非人——时间漫谈》，罗国祥译，商务印书馆2001年版，第112页。

　　② 同上。

　　美的形式经验所引发的是共通感，而崇高则相反，它与紧张相关，因为崇高经验所引发的是一种矛盾的情感。崇高的情感是一种强烈而非确定性的情感，痛感和快感的混合，快感是由痛感转化而来的。康德认为，崇高是人类在面对自然界中无法把握的对象时，想象力的有限性激发出了理性的无限自由感和超越感，它战胜了自然界中的恐惧力量，显示了人的理性精神和道德力量的伟大，维护了人的主体性和自由性。因此，崇高的根据是主观的，它只涉及观念而不存在于感性的形式中。我们可以理解无限大或绝对的力量，但无法在有限的时空中表现它们，只能以某种方式暗示它们的存在。康德称之为普遍的绝对的人性、瞬间、善、历史的终结、空间等都是无法表现的，表现只能让普遍化的绝对沦落到相对化的时空之中。一方面，想象的无能表明它试图使人看到其所不能是的东西；另一方面，形象之中的不规则特性产生极度的张力使崇高的夸张区别于美感的恬静。只要两者不完全分裂，理念的无限或绝对就能在一种康德称之为否定性呈现甚至无呈现的东西中被辨认出来。由康德的观点出发，利奥塔看到，崇高超越了再现的限度，关注的是理性理念的不可呈现性，与无形式、抽象形式或否定性形式相关，具有不确定性。"我们有世界的理念（存在的总体性），但我们没有举出一个说明它的例子的能力。我们有简单（不可分解）的理念，但我们不能用一个可以感觉到的物体作为例子来说明它。我们可以构想那绝对伟大的，那绝对有力的，但我们似乎可悲地无法呈现任何物体——以'展示'那绝对的伟大或绝对的权力。这些不可能被表现并因而不提供任何有关现实的知识（经验）的理念，也禁止那些产生美的感觉官能之间的自由和谐。它们阻碍品味的产生和稳定。我们称它们为不可表现的。"①

　　此外，利奥塔还特别提到了康德的崇高理论中，想象力在崇高情感那里遭受的失败。在崇高情感中，想象力自由活动，并不为知性和概念能力条件所限制，与此同时它还要确定某种经验性知识。这意味着想象力就是呈现一般已知条件——包括"想象性的"甚至"创造性的"已知条件的能力。由于任何表现都要给已知条件的材料加上"形式"，那么想象力的失败可以理解为形式不再和崇高情感相吻合，但如果形式不

---

　　① ［法］让－弗朗索瓦·利奥塔：《后现代性与公正游戏》，谈瀛洲译，上海人民出版社1997年版，第136页。

能让崇高作为可呈现的存在的话，材料将向何处去？对于这个没有可以感觉或想象形式的美学悖论，利奥塔认为，康德的思想指向了这样的原理：理性的某种理念显现的同时，想象力就不能构成已知的材料。也就是说，在崇高面前，那些绝对的伟大、绝对的强大反而因为呈现能力本身的衰减而几乎变成可以感知的。对利奥塔来说，康德在崇高情感中看到的主要是，它是伦理固有的一种超验的、道德和自由法则的美学标志。美来自于自然与精神之间的契合，或者说想象力和知性的结合，但实际上崇高却打破了美的契合。理念，尤其是纯粹实践理性的理念、法则和自由显示为崇高对美的打破的准感知。理性只是一种形而上学的虚设，它不可能把我们引向自由的澄明之境。既然理性本身是虚幻的，那依附于它的对象便已不复存在。而作为创造力和表现力的想象力面对的只能是无法呈现之物。崇高是一种精神性的感觉，它意味着"精神缺乏实物，实物缺乏精神"，仅仅依靠自我感觉。这样，崇高就以精神的最终目的，即自由的名义宣告了美之美学的终结。至此，利奥塔与康德的崇高理论分道扬镳。利奥塔借用康德的理论阐发崇高，却最终违背了康德的本意，他认为在康德的崇高美学那里，甚至在浪漫主义艺术从古典主义脱离出来之前，通往抽象艺术和最小主义艺术方向的大门就已经开启，先锋派在康德关于崇高的美学中萌发。

第三节　利奥塔关于崇高的核心思想

利奥塔坚决反对理论的概念化和系统化，他曾指出自己没有任何学说能够称得上是系统。所以，他的崇高美学思想也没有形成一个完备的体系。不过，在我们对利奥塔的思想进行考察和梳理时，仍然可以总结出他为自己的后现代崇高厘定的核心要义。由前文分析得知，利奥塔在基本层面上认同康德的崇高观念，并沿着康德开辟的道路继续对崇高进行探索。但是，与康德的认识论崇高观中理性最终胜利的观点不同，利奥塔以未定性把主体从理性的控制中释放出来，表现出一种强调个体生存的价值取向。由此，他的后现代崇高范畴也与现代崇高范畴区别开来。可以说，利奥塔所理解的崇高，在某种程度上已经转向了生命意义的存在论崇高，是生命于当下瞬间的自我体认。具体来说，利奥塔对崇高的理解有三点。第一，崇高是一种"呈现不可呈现性"的情感，这种情感打破了整体、统一的主体性，以未来先在的姿态开辟了通向未来之不确定的可能性，而"不可呈现性"也就是利奥塔的后现代主义哲学所坚持和捍卫的。第二，崇高的发生是在"现在"的状态下，具有未完成的现时性品质，从而无法被绝对理解和把握。这两点明显与海德格尔的存在论哲学联系在一起。第三，崇高作为"不可决定的"判断的范型，是一种让人们感受到"歧论"的情感。或者说，崇高就是对歧论的情感体验，崇高感的中心正是"歧论"，意味着两种绝对不可调和之物的碰撞。

一　不可呈现性的呈现

利奥塔把重写现代性的理念与崇高理论关联在一起。他所理解的后现代性是对于现存概念和秩序、对形而上学"在场"的摧毁和超越，是现代性的自我逾越。于此刻当下的现在去呈现未定性，呈现不可表达的东西。这也构成了他对崇高的独特理解："崇高是有什么将要发生的那种感觉，不是所有，在威胁的虚无中有什么将要发生，将要宣告一切还未结束，仅仅是这里，最小的发生。"[①]

利奥塔熟悉并擅长援引艺术作品，在对美国抽象表现主义画家巴内特·纽曼（Barnett Newman）的画作的解读中，他进一步阐发了自己对崇高的理解。在巨大的画面上涂抹强有力的单一色彩，中间有线条成垂直或水平方向通过画面，或者在平面背景中仅画一根或两根垂直的线条是纽曼作品的最大特点。按照利奥塔的观点，虽然纽曼的绘画作品没有描述任何具体的事物，却成功表达了某种需要做出反应的东西。这一成功能够通过崇高的情感加以解释：纽曼的作品激起了一种需要做出反应的情感，而对于这种反应应该是什么样的，却没有留下任何线索。绘画所引发的情感、暗含的某种事物必须先于绘画的内容，也就是说，这种情感的发生同认识到任何意义毫无关系。这就是利奥塔的崇高情感：一种"全在那儿"的情感，几乎没有什么东西可以被消费，即便有，也不知道是什么。"人们不能消费一种发生，只能消费它的意义。对瞬间的感觉也是瞬间的。"[②]

---

① Jean - François Lyotard, *The Lyotard Reader*, ed. Andrew Benjamin, Oxford: Blackwell, 1989, p. 245.

② Ibid., p. 242.

纽曼的作品就是在作品自身中不可捉摸的瞬间，它们并不指示一个另外的时间或一些混合的时间，崇高的感觉是一个瞬间的发生，召唤我们的同时又阻挠了我们。利奥塔称这种事件是"发生了吗（Is it happening）？"他发问于"有"，关注于"在吗"，而不是追问 Is it happening[①] 中的主语 it，不是追问到底是什么"在"。这个问题充满强度、期望和痛苦，但正因为在这一发问中保存了对"有"的不确定性和无限可能性的敞开，痛感才会转化为快感。对此，有学者曾撰文指出："在吗"结构就是后现代"现在"的存在方式。利奥塔意义上的现代的存在话语和无意识话语中的"焦虑"和"虚无"都可以由这种"现在"的矛盾性来解释。在现代语境下，焦虑和虚无源自对意义的本体论追求，而后现代的虚无则直接针对"此刻—到来—境遇"所带来的不确定性。[②] 也就是利奥塔所说的，"发生是一个瞬间，这个瞬间以不可预料的方式'来临'，然而它一到那儿便立刻在所发生之事的网络中占据位置。任何只需要根据其有（quod）而不是其在（quid）就能被把握的瞬间就是开端。没有这道闪电，什么都不会有，或者只是一片混乱。这道闪电随时在那儿却又从不在那儿。世界从未停止开始。对纽曼来说，创作不是某个人的表现的行为，它是在未定性之中的发生"[③]。以纽曼的《崇高的英雄》为例，这幅画由一串红色序列组成，红色作为底色被五条纵纹切断，给人以无限延续的、无界限的空间之感，但却毫无任何具象化英雄的形象。利奥塔正是从这里看到崇高，崇高情感产生在一个没有固定可识内容的事件发生的当下，因为崇高发生的瞬间无法被完全把握和理解，所以找到"不可呈现性"的最终答案是不可能的。但同时"不可呈现性"不能被认知却可以被体验，仅仅昭示着未定的可能性，督促我们尝试去回应的义务或责任。

　　也许正因为"不可呈现性"没有最终的答案，利奥塔对"不可呈现性"的运用也是含混的。在康德的崇高观念中，不可呈现的是理性理念。

---

　　① Is it happening 的法语原文是 arrive－t－il，在法语中，il 作为主语，意为"他"或"它"。利奥塔在这里强调的是"发生了吗"（arrive－t－il）其中的"发生"（arrive）这个动态，而不是去追究到底"什么东西"发生，不去追究主语 il 到底指代什么。

　　② 参见张法《利奥塔的后现代思想》，《四川外语学院学报》2002 年第 3 期。

　　③ Jean－François Lyotard, *The Lyotard Reader*, ed. Andrew Benjamin, Oxford：Blackwell, 1989, p. 243.

利奥塔在自己的论述中既运用了康德的这种说明，却又批评了理性理念，认为不可呈现性并不能据此来理解。由此，我们也能看出利奥塔在自己的哲学中对理性理念的矛盾态度，他对这个词的运用有时模糊不清。通常利奥塔所反对的，主要是认识论意义上的总体性、概念化的理念，其中也涉及他对康德哲学中作为诸种认识功能之统一整体的主体性的批判。如果必须要为"呈现不可呈现性"下定义的话，尽管这是利奥塔所坚决反对的理论模式，我们可以把他所谓的要"呈现"的东西看作在无时间性中发生的不能被归约为总体性的、作为理念对象的特殊事件，把"不可呈现性"理解为不可做出符合人为逻辑规则的精确呈现。对事件不可呈现性的呈现不是单纯寻求被呈现的意义和呈现形式之间的统一性，更不是作为思考的附属物，比如我们可以在传统艺术中找到很多符合某种创作理念的完美作品，又或者康德在对美的分析中把美的愉悦作为想象力和知性概念之间和谐一致的见证。但是利奥塔后现代美学中的崇高不一样，它本身是对完美、和谐的破坏，是具有不断更新的生命力的活动，意味着不断再创造的存在方式。

在崇高的情感中，关键在于两种矛盾情感的关联：一种情感要求做出反应；另一种则需要一种"在场"，而这"在场"不是形而上学意义上的，它超越了我们的理解力和表现力。这种情感关联在康德那里就涉及崇高感中痛感和快感的混合。崇高不是一种轻松的愉悦，而是一种夹杂着痛苦的情感体验：人们不能表现绝对，然而却明白需要表现它，需要以新的形式表现理性所能设想的东西，即使它做不到，即使我们为之痛苦，一种纯粹愉悦就在这种张力中得到体验。在崇高的体验中，我们不是凭借某种形象或形式来指引的，而恰恰是通过形象的缺席或者说否定性呈现来体验。尽管就紧张化、张力和否定性呈现来说，利奥塔设想的崇高仍然处于伯克和康德传统的大方向上，但实际上利奥塔所谓的后现代崇高已远非那种传统美学意义的崇高。在伯克和康德的崇高理论中，情感经历了一个先抑后扬的变化，从痛感、恐惧、压抑转化到快感、欣喜、振奋，主体与对象之间的距离仍然存在。而利奥塔则强调了主体与对象无距离、无差别的完全融合，突破对对象的形式认知，强调在崇高的事件发生中的完全浸入。更重要的是，与康德崇高理论中理性最终胜利的观点相反，利奥塔意在以未定性把主体从理性的控制中释放出来，给予主体前所未有的自由。或者说，在他的理论中，未定性显然占据理性的上风，利奥塔极力避免将崇高定性到某个固定范畴内，崇高情感最重要的是不确定的可能性。"崇高暴露了批判思想达到极限时的状态——不确定的状态。"①

利奥塔的崇高思想有两种比较明显的倾向：

一是利奥塔把崇高作为未知的革新力量和不断自我逾越的现代性的确证，根据先锋艺术所唤醒的创造力的增殖，来攻击传统的社会体制和理论范型。先锋艺术的崇高作为不可呈现性的呈现，其中体现的实验精神，是对"不可呈现的"绝对性或无限性取消了主动表现或概念化的证词。所谓"不可呈现"，可以被理解为不能精确地呈现出符合逻辑的规则。也就是说，呈现突破了单纯意义与形式的统一，它本身就是富有生命力的生生不息的存在形式。而这里所说的绝对性并不是超验的理性的绝对性，是一种无法减少的差异，也就是歧论的固有绝对性。换个说法，利奥塔解构了概念理性的绝对性，却建构了后现代差异，也就是歧论的绝对性。他盛赞先锋精神，认为各种差异性、创造性的艺术创作破坏了艺术的既定范型，也破坏了被所谓的理性禁锢已久的统一主体性和社会总体性，从而彰显了个体鲜活生命的独特存在，保持了那种尚未被意识捕捉到的，对事物、时间和空间的原初感受力。在崇高"知其不可而为之"的追求中，主体追寻着本真的不确定性，虚构本体的虚无主义反而得以被战胜。

二是利奥塔对崇高的认识体现出一种海德格尔式的沉思。在他的理论中，崇高情感表现出海德格尔的主客合一的感受性。"从某种意义上说，崇高的问题与海德格尔命名为存在的退隐和给予的退隐的东西紧密相连。对感觉，也就是说在任何概念之前出现对在此时此地的意义构成的接受将不再有地点和时间。"② 这里不涉及概念，只是涉及呈现的方式。海德格尔认为存在是在瞬间去蔽而成为本真的存在，存在的退隐和给予的退隐是

---

① Jean-François Lyotard, *Lessons on the Analytic of the Sublime*, trans. Elizabeth Rottenberg, Stanford: Stanford University Press, 1994, p. 56.

② ［法］让-弗朗索瓦·利奥塔：《非人——时间漫谈》，罗国祥译，商务印书馆 2001 年版，第 126 页。

世界与大地的冲撞，从而形成空隙和断裂，真理于其中自行进入。① 可以说，利奥塔的"崇高"就形成于这空隙和断裂之处，是生命自身的展现和呈现。在此，容纳一切对象的时空话语缺失，但在这种虚无主义的胁迫中，仍然有某事物会到来，发生，宣示并非一切皆尽。这就是崇高，它是打破历史的混沌和提醒，或仅仅是唤起任何有的意义产生之前的"有"的那个瞬间。在崇高的瞬间际遇中，无论是意义、总体性还是人这一主体都未被涉及，或者说，还未来得及被涉及。它只是呈现本身，在其退隐中保持其作为"他者"的身份。

海德格尔反对传统人本主义和传统形而上学的基本原则和基本方法，主张从一个个具体的、个人的"此在"出发，分析人的生存问题。在分析"此在"时，海德格尔采取了回到事物本身的现象学方法。他认为人的"存在"不同于其他事物，没有共同的形而上学本体作为人生的根据。每一个个人都以此时此地的具体生存形式呈现出生命的本来面貌。不同的此时此地，不同的生存环境里呈现出的人生结构，才是人生的最本真面目。这样的生存结构是"此在"，每一个"此在"都是不可取代的，也是不可通约的。这个"此在"意味着精神的外化，虽然有否定先验论的意图，却依然保留了精神性因素的核心地位。不过，这里所说的精神不再是实体意义上的东西，它与人的活动和行为、意志和体验联系在一起，此在

---

① 必须指出，虽然海德格尔关于存在瞬间去蔽的理念让利奥塔引起共鸣，但是他们哲学的根本指向性截然不同。海德格尔意义上回到本真的存在，是回到"无遮蔽的公开场"，无遮蔽的敞开构成了现象得以可能的内在基础，是一切存在者的意义和根据。"存在"意味着一个本原意义的本体，在这一思想前提下，寻找同一性的本体论维度使得海德格尔的审美理想与崇高相去甚远，海德格尔意图凭借艺术，尤其是诗歌的审美力量调和世界的分裂和冲突，真正获得有限与无限、必然与自由、历史与本原的统一。这在他的后期思想中尤为明显。而这是竭力维护差异和事件发生独特性的利奥塔断然不可接受的观念。对利奥塔来说，任何事件都是一种新的开始，他更加看重瞬间去蔽的断裂感体验，事件发生所引发的崇高感与真理无涉，指向自身呈现的"不可呈现性"保持了作为"他者"的尊严。同时，也正是由于海德格尔在哲学上对本体和统一整体的向往，导致了他对社会公正的麻木。我们知道，在对待希特勒和德国纳粹党的问题上，海德格尔一直因其德意志民族中心主义和对种族灭绝的沉默而为众多西方学者所诟病。在当代法国知识分子伦理学转向的大背景下，始终关注社会公正问题的利奥塔虽然在一定程度上延续了海德格尔的学术思想，对海德格尔的部分观点，诸如此处论及的主客合一的感受性、存在主义的时间观念、语言之于主体的优先地位等予以借鉴，同时也对海德格尔的学术影响表示肯定，但更多时候表现出了一种批判的态度。与之类似，犹太裔的列维纳斯甚至曾经表示，就政治立场来看，相比于很多德国人，作为一个才气过人、思想敏锐、影响深远的存在主义哲学大师，海德格尔是难以让人宽恕的。

形而上学揭示的是心灵或精神的物性化，同时也伴随着身体或物质的灵性化，是一种双向融通的进程。就此而言，主体依然是中心范畴，但它已经改变了形态。由于内在确定性的丧失，人必须在他与自己的身体、与他人、与外物的联系中获得自身的保证。①　海德格尔不再面对纯粹的意识主体、超验的绝对主体，而是关注现身于某一处境中的主体。而利奥塔的后现代哲学则更加远离了以超验主体为核心的内在形而上学，他从根本上是反对这种形而上学的。利奥塔强调崇高是一种最小发生，在那个瞬间，主体完全浸入引起崇高情感的对象中，主客之间早已没有区分。通过崇高的事件性，利奥塔动摇了人的主体性，崇高就是纯粹事件的发生。他认为，崇高既不能被理解为浪漫主义的怀旧，也不能理解为康德的理论中沟通自然和自由领域之间的桥梁，从而使崇高成为对人这个超验主体的确证。康德坚持美的普遍性和共通感，这对利奥塔来说，就意味着情感主体要受制于既定的性质。因此，他认为没有一个主体能够体验到纯粹的情感，事实上，是纯粹情感承诺了一个主体。如果说美承诺了一个想象力和理性之间的统一的主体，而崇高恰恰打破了这种统一。在康德看来，尽管崇高以否定的形式呈现，但是它最后仍然指向人的诸种功能统一的整体。然而利奥塔却认为，崇高不仅不会达到一个主体的统一，相反却批评了主体的观念。

　　不过，利奥塔试图取消统一的主体性，这并不意味着他主张完全取消人的主体地位，毕竟，哲学是永远无法撒开人的。他真正要取消的是康德以理性为名的先验主体。在利奥塔的崇高论中，康德崇高的第一个时刻，即主体认识到自己的有限性和想象力之局限的时刻被保留了，而主体被概念认知的超验能力唤醒的第二个时刻被取消了。崇高以可感受但不可认知的"事件"特质打断了主体的统一性，却保持对某种不可规定的、不可呈现之物的开放性，破坏了普通意识的综合。在这个意义上，利奥塔理解的崇高取消了统一的主体性，却用某种难以捕捉的发生把主体从康德式主体自我独断的意志中瞬间释放。

　　利奥塔指出，"现代主义一直拥有人本主义，一直拥有大写的人的宗教。这一度是由虚无主义姑息的最后的'对象'。但是，我们不久可清楚

---

　　①　参见杨大春《语言 身体 他者——当代法国哲学的三大主题》，生活·读书·新知三联书店 2007 年版，第 10 页。

地看到，该是这个对象应被摧毁了。人本主义丢下的最后命令是：只有凭着超越着大写的人才能成为大写的人"。① 他呼吁取消"大写的人"，这种对待现代超验主体的态度类似于福柯所谓的"主体之死"。主体实际上是现代性进程中的构成物，现代以来以自身认识为中心的知行合一把人导向与原始经验疏离的智性生活，试图揭示人的真相的目标导致了表征着规范性和被动性的知识主体。知识主体作为各种认识功能的统一体又进而演变为受道德原则支配的主体。而利奥塔、福柯等后现代主义哲学家关注的却是不受传统知识和道德模式约束的情感化的个体生存。或者说，他们用现象学方法悬置了"主体"。从笛卡尔到康德，人之主体背负了太多本体论的重负，而后现代的世界则是"凡人"的世界，后现代主义哲学家要把人从规范性、工具性的主体身份或者说"大写的人"中解放出来，这不是出于某种一般的学术目标或者普遍的政治理想，而是源自对感性之个体生命和生活实践的关怀。

二　崇高与瞬间

利奥塔在解说崇高时，很重要的一点是对于时间的重新认识。他认为，在崇高的问题上，康德或多或少忽略了时间性。康德对崇高的分析本质上在于表现崇高的主题，以理性来超越无限，把握总体，求得永恒，这一点是狭隘的。的确，自古以来，西方哲学家们几乎都把永恒当成人生和艺术的最高意义和目标，耗尽毕生精力投入到对永恒的追索中。这种观点实际上是理性主义和形而上学的反映，它以单向线性时间观为基础，认为时间和历史从原点出发，经历不同的阶段的发展和演化，最终会达到至善至美的终点。在这种时间观中，过去、现在、将来都被安排得整齐妥当。伯克和康德的崇高观念概莫能外，皆服从于线性的历史观和时间观，将崇高作为出自对对象反应式的情感生发，经历了线性过程，是一个历时性的时间段；但到了利奥塔的认识里，崇高情感的发生完全在于现时当下的时间点。很明显，利奥塔最重视的是现在，他强调当下现在的即刻性和瞬时性，认为物、生命和事件以及所有的一切都在不停的变换之中，一切都基于当下瞬间的那一刻，脱离了瞬间，一切永恒都毫无意义。

---

①　［法］让 - 弗朗索瓦·利奥塔：《后现代道德》，莫伟民、伈晓笛译，学林出版社2000年版，第18—19页。

利奥塔对时间的认识首先借鉴了胡塞尔关于时间的现象学。胡塞尔明确区分了客观时间和内在时间。客观时间是不容怀疑的，以此为前提，胡塞尔提出现象学探究的另一类时间，也就是内在时间。它不是经验世界的时间，而是一种内在于意识的现象，在意识中构造起自身。对客观时间的测量是通过比较事物在空间中的运动来实现的，我们说时间长短，但时间本身并无长短，而是空间有长短，用某些物体在空间中的均衡变化来表示时间，如一炷香的时间。但并不是离开空间就没有了时间，胡塞尔认为，意识现象不占据空间，但它在意识之流中一个接一个显现，我们可以区分某一意识现象先于或后于另一意识现象，根据我们自己的体验去把握时间，这样的时间就是内在时间。时间本身是不能被看到和听到的，我们所能听见和看见的是在时间中发生和进行的事件，胡塞尔把它们称为时间对象。以它们为素材，构成了原初的时间观念。

就对时间的内在感知来看，胡塞尔与奥古斯丁一脉相承。在利奥塔去世时还未写完的《奥古斯丁的忏悔》一书中，他把中世纪的圣奥古斯丁理解为由胡塞尔、海德格尔和萨特发展的时间的现象学的先驱，并把圣奥古斯丁的著作作为时间的现象学来研究。对于圣奥古斯丁来说，时间只有现在，即只有垂直时间。过去只是现在的记忆，未来只是现在的期待，水平时间是毫无意义的。这种时间论在圣奥古斯丁的《忏悔录》中得以强调。西方哲学史上，亚里士多德在《物理学》中也曾提出，如果不根据"现在"把握时间之流的定位的话，是不可能分开什么在先、什么在后的。一旦现在被描述为在过去和未来关系中的某一时刻，它本身就永远失去了。人们应该从当下的位置获取一种把握本真存在的合理视角。利奥塔认为，亚里士多德的时间观把事件和事件的表达区分开来，被置入语句关联的现在不是真实的现在。从根本上来讲，现在的状态是未定的，某物总是即将要发生却还没有发生，它呈现出不可呈现性。在传统同一性哲学中，时间或者被忽略或者被概念化而服从于逻辑性，但实际上先在的命题都由时间上先于它们的语句表达出来，这让总体性变得不再可能。我们思考的"现在"不是太早就是太晚，当我们说出"现在"的时候，本原的现在已经溜走。因而，"现在"作为一种尚未完成的状态，还没有真正实现其稳定性。它是原样的现时性，具有绝对的、不可把握的特征，不能直接实现与其他现时性的综合，也因为这一特征而永远保持"新"的状态，在这个意义上，现在也是永恒，是一种变动的恒存。

　　除了胡塞尔的影响，利奥塔的时间观念还具有很强的存在主义色彩，他把崇高情感中的瞬时性推到极致，从而直接与海德格尔的存在论哲学联系在一起。"现在"的发生就是在当下现时，这好比海德格尔所说的"Ereignis"，是存在的发生、敞开，超出具体的每一天之外，呈现的就是它自己，时间和存在皆出自于此。海德格尔并不想给时间一个形而上学的定义，而是从人类生存所经验到的时间性开始理解。实际上，就时间之流来说，海德格尔是不认同亚里士多德关于时间是一系列没有中断和间隔的此刻这一观点的。他认为如果按照这种理解看待时间的话，此刻就消解了过去与未来，人类仍然会被静态的此时此刻所束缚。海德格尔虽然没有严格区分现在与其呈现或呈现状态，但他对照了现在和此刻（jetzt），认为呈现意义上的现在迥异于此刻意义上的现在。前者可以决定后者，但后者绝不能决定前者。时间是作为现在的呈现："现在"只不过是呈现状态，呈现不能由作为此刻的现在来决定。为了从此刻或"现成状态"中解脱出来，海德格尔更倾向于未来，认为原始而本真的时间性的首要现象是未来，未来使可能性优于现实性，构成生存性的首要意义。根据海德格尔的观点，人类生存总是先行于自身而在未来之中保持一种敞开的存在视域。这种朝向未来的可能性也将动态带给了时间自身而打破了此刻之链。① 一方面，利奥塔由此出发来看待现代性，他眼中的现代性不是一个历史时代，而是将时间构成程式的方法，这种程式具有一种面向未来的偶然性。另一方面，由于海德格尔的时间观仍旧保留了未来、现在、曾在这种结构性整体的统一性，因此坚定反对同一性思维的利奥塔并没有全盘接受海德格尔的时间观，而是更加强调此刻的重要性。据此，崇高的本性也可以看作是利奥塔所说的"此时此地"发生的"事件"，事件意味着矛盾性、特殊性、突发性、不可确定性、偶然性，意味着断裂和突破规范的状态，不断需要新的体验模式和不同的判断形式。

　　利奥塔认为，基督教、启蒙主义、浪漫主义、德国的思辨唯心主义和马克思主义这类宏大叙事的现代性尽管把人类历史的未来设定为某种开放式图景，不像古典神话叙事那样确定与封闭，但是仍然把未来作为人类历史的最高目的，保留了古典神话中历史的总进程可以被构想的原则。这样

————————

① 参见姚治华《大圆满（Dzogchen）及海德格尔的四维时间》，《现代哲学》2006 年第 1 期。

的现代性下，各种理念、概念和规矩也就为我们预设了某种连续性，告诉我们这一步骤应该接续下一个步骤，明天是今天的继续，就像在一些绘画传统中使用某种颜色之后应该紧接着使用另一种的创作方式。这是一种强加的惯性，只能使我们的意识感受不到"此刻"，忽略了"此刻"的际遇，困在尚未发生或已经发生之中，遮蔽生命于当下的真实存在。所以他说："当我说'1989年2月2日'的时候，我不是在说'现在'或昨天或明天。如果它发生在实际的'现在'，通过日期反映的这个'现在'的指示就把它从直证的句子里的当前时刻中分离，把它固定在合适的名词的网格中，而这些名词之间的关系早就以固定并且独立于直证指示的方式限定好了。"① 利奥塔时间观中的两个重要特征——"中断"和"现在"就此呈现。他指出要体验"现在"，就需要中断线性时间，解构意识，或者说在意识遗忘之后，"现在"才构成意识本身。而崇高即是如此，利奥塔把这个瞬间的价值提到神性的高度，它好似创世般的瞬间发生让时间的历史连续性中断，却并未重新进入另外一个时空，而就是在现在，在这里，"在而又不在"，既让主体见证了不可呈现之物，使得沉沦的生命在震惊中瞬息去蔽；同时又把主体悬置起来，置于某种"未定"的状态中——不同的人有不同的"此"时"此"地，不同的"在"和"不在"。可见，利奥塔再次以中断现在这种差异性和不确定性为特征的后现代言说方式打破了传统形而上学的统一性话语，否定了追求确定性的现代完整叙事的合法性。

三　崇高与歧论

如前所述，康德把崇高看作从真向善、认识向道德过渡的中介之中介，即由美向善过渡的桥梁。而利奥塔虽然赞同康德对于崇高的无限超越性和否定性呈现的规定，却不认可崇高的桥梁作用，在康德的崇高理论中辨识出了异质性。他保留了康德的崇高情感中面临一个未定性的对象时主体的退却，也就是对主体的去中心化。但主体在瞬间震惊之后并未回归，无法完成康德设想的过渡作用。因此，与其说崇高是对主体的道德自由的间接证明，不如说崇高是对一个连贯、统一主体的彻底打断。崇高非但不

---

① Jean - François Lyotard, *The Lyotard Reader & Guide*, ed. Keith Crome and James Williams, Edinburgh: Edinburgh University Press, 2006, p. 341.

是桥梁，反而更加让我们体会到想象力和理性之间存在的不可通约的、无法消弭的"歧论"。

在对待理性的态度上，利奥塔和康德有着本质区别。康德的崇高是想象力无法把握对象时，理性概念被引入并起到超越无限、克服想象力局限的作用。理性对总体性的把握成为崇高感的核心。但在利奥塔的后现代语境下，总体性是不可实现的东西，因此他所理解的崇高不是理性对无限性的超越和克服，更加凸显了想象力的无奈，表现力的无能，是不可呈现性的呈现。但这里被呈现的理念不再是自然界绝对大的事物或强力，而是此刻当下不可重复的事件的发生。利奥塔对建构总体性的理性是持否定态度的。因此，不可表现性和其后现代理论中的元叙事危机具有共同的思想基础，即对总体性和理性的根本怀疑。所以，崇高感也并不具有美的共通感，它是无法被推而广之的。对利奥塔来说，坚持批判和创新的精神远比可以调和的普遍化的结果更可贵。他在分析康德崇高理论时指出："事实上（崇高情感）是两种看上去相似、实则异质的情感的问题。对想象力来说，（主体）因为害怕失去思想对给定事物进行综合的最小能力而倒退、离去。对理性来说，另一方面，（主体）（早已）在思想对一系列给定之物思考而不必受之约束的最大能力恢复的提升瞬间离去。"① 这样的处境类似于两种语言游戏的冲突，每种语言游戏封闭在自己的规则中。想象以形式化的语言"诉说"，理性则以无形式的、无限的语言"诉说"，二者同时出现在思想情感中，在想象力形式的绝对有限和理性的绝对无形式这两种绝对并非简单的相遇而是遭遇中，崇高感迸发出来。崇高情感的出现对想象力和理性双方同时造成压迫，想象力和理性因其绝对异质性而无法相互确证，此刻的事件发生超越了二者各自的限度，是理性所无法企及的对抗总体性和确定性秩序的基点。由此，利奥塔特别指明："歧论在崇高情感的中心被发现：'两种绝对'要求同时'呈现'"，但是，他进一步强调说，这两种绝对在遭遇时所引起的争论，"不是那种有一个第三方的例证来解释和解决的普通争论，而是歧论"②。我们发现，一定意义上

① Jean – François Lyotard, *Lessons on the Analytic of the Sublime*, trans. Elizabeth Rottenberg, Stanford：Stanford University Press, 1994, p. 145.

② Jean – François Lyotard, *The Differend：Phrase in Dispute*, trans. Georges Van Den Abbeele, Mineeapolis：University of Minnesota Press, 1988, p. 123.

利奥塔所谓的"歧论"类似于康德提出的"二律背反"。二律背反也就是双方各自依据普遍承认的原则建立起来的、公认为正确的两个命题之间的矛盾冲突。康德认为，二律背反源于人类理性追求无条件的东西的自然倾向。由于人类理性认识的辩证性力图超越自己的经验界限去认识物自体，误把宇宙理念当作认识对象，用说明现象的东西去说明它，这就不可避免地产生二律背反。康德对二律背反的解决办法是把无条件的东西不看作认识的对象而视之为道德信仰的目标。利奥塔虽然借鉴了康德的思想，但他并不认为歧论是可以解决的，相反，歧论不可调和，正是它在崇高感中的存在让崇高感成为不可交流、无法共享的情感，具有特殊性、创新性的"事件"的能量。实际上，对利奥塔来说，崇高的这种能量正是《力比多经济学》中力比多能量的紧张化，也就是将《话语，图像》中话语图式打破的能量。

在利奥塔的哲学中，歧论是指两方或者多方间的争论由于缺乏一种可作用于双方或多方的共识判断规则而不能被公平解决。他在《歧论》这本著作中，用"歧论"来表示反思判断的能力。而"反思判断"也是从康德那里借鉴来的，前文曾经提到过康德在《判断力批判》中区分了决定性判断力和反思性判断力，在康德那里，运用知性的先天原理去统摄或决定特殊的感性现象，以形成关于对象的经验认识，这是决定性的判断力。纯粹理性概念指导着这种运用知性原理的判断力，使经验或认识达到最大可能的继续、扩大和系统化。而反思性的判断力的原理不可能是决定性的判断力的知性原理，因为它所面对的特殊经验事实或者经验规律不是知性的机械因果原理所能规定和统摄的。康德从人类技艺中表现出的"实践的合目的性"类推出在自然的多样性的经验事实中也应表现出一种合目的性。这个"自然的合目的性"是一个特殊的先验概念，它只在反思性的判断力中有其根源，是反思性的判断力为了反思的需要而自己给予自己的，是人用来从当前特殊的经验对象出发反思其应有的根据，即人自己的超验本体，从而暗示出人的自由、道德、最终目的的先验原理。反思判断首先在审美和艺术活动中起作用，在人们对自然的认识活动中也有其应用。利奥塔认为决定性的判断只会导致教条理论，为了避免这种后果，他彻底扭转了决定性判断对于反思性判断的优先地位，极大地扩大了反思判断应用的领域。康德论述过的知性、理性和判断力都被他看作维特根斯坦的语言哲学中不同的语句"家族"，需要分别根据认知语句、伦理语句和美学语句来理解。它们是异质性的独立领域，不同语句之间存在着不可通约的歧论。利奥塔认为，如果用某种决定性判断的标准去判定语句之间的争论，势必会导致至少一方失去辩争的权利和途径而成为受害者。所以，我们需要运用没有标准的反思判断。引发反思判断的是一种情感。当有些东西需要被说出却无法被说出，就生成一种伴随着痛感的沉默，歧论在沉默中被确证；同时，歧论也召唤着新的判断规则的发明，这就伴随着一种快感，也就是崇高。

从语用学的角度，利奥塔再次陈述了"崇高"之歧论。歧论在不同的话语类型之间产生，没有一种话语类型能够适用于所有的语句连接，如果用某种话语规则对另一种话语类型进行强制性"诉说"，必定会歪曲"不可呈现性"而造成不公正的局面。这里，不可呈现的也就是不能规定的，要重新找寻公正，就必须尝试寻找新的语句连接方式。利奥塔转向了主体间性的语言，他表示，语句的发生独立于人类，人类的位置实际上是由语句来确定的。每一个语句的发生都是一种新的难以捕捉的呈现，也就是一种"崇高"的发生。没有任何规范或标准能够调和不同语句之间的差异，唯一的必然性仅仅是联系（语句）的必然性。在一种话语风格之内的某种联系服从风格赋予某种既定连接的规范，而规范又决定了话语的标准和目的。但是，在一种风格和另一种风格之间，既没有一般性的规则，也没有一般性的目的。对利奥塔来说，不可通约性是从语句的衔接法则中推论出来的，必须按照语句之间的联系来加以思考。由此，主体从云端跌落，主体的命运被纳入到文化多元语用学的应用之中。

其实，在《歧论》出版之前，利奥塔在 1980 年出版的《绘画的部分》中，就通过对法国画家马切罗尼的绘画作品的解释，提出了从艺术到语句的论证。马切罗尼的绘画是一个系列，每一幅绘画描绘了一个简单图形。在这一系列中，不同的绘画作品看起来是一个意义结构的组成部分，但是，每一幅作品也有着独立于整个系列的效果，从而在每一幅作品中都必然存在一种先于任何连接的原始事件。当一幅作品为某种方式所呈现的时候，这种呈现被置于某种处境中，就像这幅作品包含在整个系列中一样，呈现永远超出它后来的处境。利奥塔认为，语句也是这样，语言作品只是把世界呈现为一个瞬间，除此之外没有别的。不过，这时的利奥塔尚未明确指出他的理论与崇高情感的联系，直到 1984 年的文章《瞬时，纽曼》，利奥塔才在对纽曼绘画的分析中采用崇高情感来解释绘画和文学。

　　事实上，利奥塔在《后现代状况》之后的哲学和美学，都是围绕着崇高所展开的。利奥塔把自己列入批判的哲学家的行列，把自己的哲学列为批判哲学。在他看来，哲学不是一种理论，哲学批判"必须进行没有规则的判断"①，也就是反思判断。一方面，批判首先与判断相关，包含着判断的能力，指向做出判断的实践活动；另一方面，批判作为反思判断没有任何既定标准或规则，不发出确切指令也不试图让自己成为一个完整的理论体系，才能够感受到批判为自然和自由设置的界限，这是决定性判断无法到达的。如此看来，作为反思判断的典型，崇高实际上处于利奥塔的批判哲学的中心地位，使他的批判事业成为可能，在批判哲学中哲学的可能性承担了反思之名。崇高情感就变成"引导所有思想（包括批判思想）到达其局限的强烈情绪"。② 利奥塔把崇高的情感引入《歧论》，实际上把崇高看作在歧论的世界中反思判断的一个典型。后现代的崇高美学不仅不会提供沟通自然和自由的桥梁，康德试图沟通的尝试恰恰揭示了话语之中的歧论的影响。与"不可呈现性"的瞬间遭遇，正是歧论存在的暗示和确证。"崇高是突然的闪电，没有（设计好的）未来"，直面崇高，"反思判断在它（指崇高）的条件下触摸了绝对，不可能再'进一步'去追求绝对了"，③ 因为，绝对是不可呈现的，也是不能规定的。崇高就是一种情感的体验，并不存在任何既定的外在参照标准，只有"既不能被听到也不能被看到"④ 的情感或感觉在其中起到关键的作用。不可规定、不可呈现的绝对并不能作为理念来思索，而只是作为感觉被体验和觉察。由此，利奥塔也厘清了他的后现代美学——不是美之美学，而是"崇高美学"。他指出，后现代思想和叙述赋予自身一种诗性的或美学的地位，并且这种论述只有忠于后现代情感才是有价值的。后现代性或重写的现代

---

① Jean – François Lyotard, *L'Enthousiasme: la Critique Kantienne de l'Histoire*, Paris: Galilée, 1986, p. 11.

② Jean – François Lyotard, *Lessons on the Analytic of the Sublime*, trans. Elizabeth Rottenberg, Stanford: Stanford University Press, 1994, p. x.

③ Ibid., pp. 54 – 56.

④ ［法］让－弗朗索瓦·利奥塔：《后现代道德》，莫伟民、伫晓笛译，学林出版社 2000 年版，第 123 页。

性，并不指望美学能给灵魂以完美和谐下的平静，而是希望它"从虚无中勉强地争取平静"①，还生命以不可涂改的本来面目，予灵魂以不可替代的独立价值。

---

① ［法］让－弗朗索瓦·利奥塔：《后现代道德》，莫伟民、伭晓笛译，学林出版社 2000 年版，第 159 页。

第四章

崇高与先锋艺术

纵观西方美学中崇高理论的发展史，无论美学家们将崇高置于何处，他们都有一个基本的立足点，那就是把"崇高"的基本出发点归结到对无限的思考之上。利奥塔也不例外，但明确把"崇高"与某种特定类型的艺术紧密相连的美学家并不多见，在这个意义上，利奥塔崇高理论的最为独特之处在于他把自己的崇高美学与先锋艺术联系起来，最终以先锋艺术的"非人"性来对抗现实的非人化。对艺术的重视，并不是作为哲学家的利奥塔的一时兴起。把崇高美学和先锋艺术相关联，更不是偶然为之。利奥塔之所以会选择先锋艺术来发展自己关于崇高的美学诉求，是由先锋艺术的精神内核所决定的。很多时候利奥塔就是一个艺术批评家，他的哲学写作也经常与艺术联系在一起。把艺术和哲学的思考相融会，这让利奥塔能够在哲学领域自如利用在艺术中体验到的情感和欲望，使自己的哲学文本富有一种更接近艺术感性的内在张力。通过赋予艺术作品以一种取自哲学的批判语境，也使他在批判的领域释放出类似艺术作品的感性和理性相交融的能量。利奥塔曾经以自己的"不可通约性"和画家杜尚的破坏性的前卫作品作类比。他认为杜尚按照空间和时间、物质和形式的矛盾共在来追求艺术效果并获得了对立性，也就是一种不可通约性。

相比于文学和音乐，利奥塔最关注的还是绘画。他曾于1985年主持过在法国蓬皮杜国家艺术文化中心举办的蜚声国际的"非物质"艺术展，还写过许多关于不同画家的介绍和评论。除了前文已经涉及的几位画家之外，利奥塔还就另外许多西方画家的作品进行过或多或少的评论，包括欧洲叙述性写实的代表人物阿达米（Valerio Adami），零度绘画的代表人物伯伦（Daniel Buren），具象画家莫诺利（Jaques Monory），等等。利奥塔十分熟悉艺术领域，对艺术作品总是可以信手拈来。他虽然推崇先锋艺术，但其兴趣并不局限于艺术史意义上的先锋派，或者是某个历史时期特定流派的画家，因为他对以各种概念或标准划分的系统深恶痛绝。他最关注的与其说是先锋艺术，倒不如说是一种绝对先锋的艺术精神，这种精神不会仅仅固定在某几个画家身上，某种固定的标准对利奥塔来说只能意味着对崇高情感和先锋精神的背弃。

崇高，尤其是以先锋艺术为表征的崇高中所隐含的是对真正的艺术活动的肯定，先锋艺术直接追问的也正是人的生存境遇问题。以"非人"对抗"非人"，这充分体现了利奥塔的后现代崇高美学对人的心灵苦难和生存境遇的深切关注。利奥塔以为，先锋派百年来不间断、不妥协的努力拯救了思想甚至人性的荣誉，这些努力也许还不够，但是却意义非凡。

第一节　崇高美学的艺术诉求——绝对先锋

一　怀旧的崇高和革新的崇高

利奥塔认为，现今社会的美学应该是崇高美学、崇高情感的颠覆。"截然不同于知性的旨趣和感性的旨趣。可是，这种反目的性对心灵的归宿而言是最终的目的。不要欣赏自然的乐趣和艺术的愉悦只检验它们的无意义，这会引向本质：存在着不中看的东西。那该是什么样的益处！"①为进一步阐明自己心目中的崇高，利奥塔区分了两种类型的崇高：怀旧的崇高和革新的崇高。在艺术领域，怀旧的作品无法实现它们的崇高潜能。这样的崇高潜能是由革新的作品实现的，革新的作品通过把艺术呈现为无限（不可呈现）实验的发展使得艺术的本质问题化。

利奥塔意义上的怀旧的崇高存在于法国小说家普鲁斯特与德国表现主义的艺术实践中，体现为表现能力的匮乏，从人文主题中感受到表现的怀旧和脱离当下的无能为力的意愿。利奥塔认为这种崇高虽然也致力于唤起那不可呈现的事物，但是在形式上，它仍旧在照顾接受者的趣味和欣赏习惯，是对启蒙运动以来的宏大叙事的一种重现，并不是真正的崇高情操。比如普鲁斯特的《追忆似水年华》就是如此。小说的叙述者"我"是一

---

① ［法］让－弗朗索瓦·利奥塔：《后现代道德》，莫伟民、伦晓笛译，学林出版社 2000 年版，第 39 页。

个富于才华、喜爱文学艺术而又体弱多病的富家子弟。作品透过主人公的追忆，表现了作者对家庭、童年和初恋时感情的怀念，对庸俗事物的厌恶，同时也反映了19世纪末20世纪初所谓"黄金时代"的法国巴黎上流社会的种种人情世态。在利奥塔看来，这部小说的叙事以叙述者"我"为主体，用基于不同记忆之复现的刺激，去捕捉思想或情绪上最细微的波动，用对不同记忆的描述做出对叙述者性格塑造的承诺。然而，叙述者的真正性格是无法呈现的，尽管作者发挥自由联想的作用，借助于回忆和幻想，不受时空的限制，自由剪裁生活，从而扩展了时间的跨度和空间的幅度，可是叙事却一再保持了把故事作为统一整体的传统形式，凭借可辨认的一致形式给读者以安慰。所以，利奥塔认为，普鲁斯特的这部小说属于怀旧的崇高。这种崇高强调主体呈现能力的无力感和一种对"在场"的怀旧，延续了浪漫主义对"绝对自我"或"失落本源"的追忆情绪，并把这一切当作作品的主题。

　　至于革新的崇高，我们可以在爱尔兰作家詹姆斯·乔伊斯和利奥塔一向推崇的杜尚那里找到。革新的崇高强调存在感的增加和创造艺术或其他"游戏"的新规则的喜悦。没有一丝怀旧，却转向无限的造型实验。在这一意义上，与普鲁斯特同样惯用意识流手法的乔伊斯却是后现代主义作家，不可呈现之物穿透了乔伊斯的写作过程以及能指本身，小说的叙事和风格都进入了游戏状态，语言在其中发生变化，"文学语言的手法和词汇再也不被当作既定的事实所接受了；相反，是以学术的形式，像一种虔诚信仰的仪式（正如尼采所言）"，正是这种虔敬抑制了对"不可呈现之物"的明确表达。[①] 乔伊斯的长篇小说《芬尼根的守灵夜》恰恰如此，这是以都柏林近郊一家酒店老板的潜意识和梦幻为线索，用梦幻的语言写成的梦幻的作品。作家彻底背离了传统的小说情节和人物构造的方式，借用梦境表达对人类的存在和命运的终极思考，语言极为晦涩难懂，其中的双关语、晦涩的暗示、引用和对线性发展观念的打破，甚至文字的冗赘都极大挑战了读者的先见。阅读这样的作品让读者感到失落，但这失落同时又是令人欢喜、感到刺激的，能够引发人们对日常生活中意义产生方式的重新思考。利奥塔认为，这才是真正的后现代崇高。这些艺术家的作品既与当

---

① ［法］让－弗朗索瓦·利奥塔：《后现代状况》，岛子译，湖南美术出版社1996年版，第209页。

代工业科技世界相一致，同时又否定了这一世界。尽管两种崇高的差别可能很细微，它们几乎难以分辨并经常共存一处，但是分歧还是会出现，并将不断展开。由此，利奥塔也区分了现代主义的艺术和后现代主义的艺术。现代主义艺术将不可呈现之物当作消失的内容来呈现，其能够辨识的形式仍给读者些许慰藉和愉悦，这样一来，崇高仍然是康德意义上的理性超越任何表现的快感和想象力无法等同于概念的痛感的混合。而后现代则在现代之中，在呈现自身中表达不可呈现之物，不再从完美的形式中获得安慰，也不再以相同的品味来集体分享类似乡愁的缅怀。后现代寻找新的呈现形式，不是为了欣赏它，而是为了传达更加强烈的不可呈现之感。后现代艺术家和作家处于哲学家的地位上，后现代作家写出的文本，其创作原则上并不受先在规则的限制，因而也不能用普通的文本或作品分类予以归类，更不能根据决定性的判断来评价。因为规则和范畴是艺术品本身所寻找的东西。艺术家和作家的任务就是去回答"什么是艺术"，他们的创作没有规则，而是为将要完成之物确定规则。因而，他们的作品文本具有事件的特性，他们身上体现的艺术诉求就是一种永不止步、绝对先锋的艺术精神。在这个意义上，我们说，革新的崇高和先锋艺术取得了一致性。因为先锋艺术永远不断革新的艺术表现形式否定了传统艺术作品范畴，打破了艺术和非艺术之间的界限，以开放的概念来展开对艺术本质的探讨，将有限的界定化作无边的追问，把自身的生长点蕴含于其中。所以，要理解后现代，理解后现代的先锋艺术作品，我们必须"根据未来（以后）的先在这一悖论，方可进入其隐奥空间"[①]。

利奥塔认为，崇高美学揭示了现代性的总体性计划的彻底失败，而先锋艺术的无限实验的潜力，也具有产生知识和政治的新的话语类型的能力。哲学、艺术和政治对利奥塔来说都是这样的领域，即运用缺乏基础性标准而判断的领域，"文学、哲学、也许政治的赌注都是通过为歧论寻找合适的习语来为之作证"[②]。在今天找寻真正的崇高情感，必须到后现代艺术和美学中寻找。不过，崇高的情感虽然彰显了一种革新潜力的存

---

① ［法］让－弗朗索瓦·利奥塔：《后现代状况》，岛子译，湖南美术出版社1996年版，第210页。

② Jean – François Lyotard, *The Differend: Phrase in Dispute*, trans. Georges Van Den Abbeele, Mineeapolis: University of Minnesota Press, 1988, p. 13.

在，但它作为瞬间的际遇，是没有未来的。如此，我们就比较容易理解利奥塔的关于后现代主义不是现代主义的终结，而是现代主义的永恒的初生状态的论调，理解一部作品首先是后现代的才能成为现代的论调，也比较容易理解为什么利奥塔不断呼吁艺术实验，呼吁追问"什么是绘画""什么是艺术"。因为不管是后现代主义还是崇高美学，抑或是先锋派艺术，在利奥塔看来都是要摒除总体性和最终结论，强调社会性质的无限性和碎片性，在拒绝旧有规则的同时不断探寻新的规则。这也是他强调要重视先锋派的实验意义所在。他眼中的后现代崇高美学的艺术，就应该是永葆实验性的先锋艺术。如他所见，塞尚挑战了印象主义的空间，毕加索和布拉克又挑战了塞尚的物体。杜尚在 1912 年与传统绘画乃至立体主义绘画的预先假定决裂，而布伦又检验了他认为在杜尚的作品中安然无损的另一预先假定：作品的展示地点。一代又一代的艺术家以令人吃惊的速度飞快闪过。后现代主义不是穷途末路的现代主义，而是现代主义不断刷新的进行时。先锋艺术家不断发现着缺乏现实的现实，尽管他们也像别的艺术那样去呈现一些事物，但却是以消极的方式呈现，让我们通过不可能看到的形象去观察事物，通过痛苦的情感去感受欢愉，这是先锋派艺术的公理。而崇高就是它们的源泉，"如果没有康德的崇高理论中现实和概念之间的不可通约性，它们（指先锋派绘画）是不可能得到解释的"①。

二　先锋艺术的精神内核

利奥塔在使用先锋艺术这一指称时，存在着不确定的倾向，他没有把目光局限于艺术史上的先锋派，有时甚至包括了 18 世纪的浪漫主义。这样一来，利奥塔对现代艺术的引用实际上回避了许多重要问题，特别是现代艺术的社会历史背景，而这恰恰是先锋派发轫、崛起乃至走向衰亡无法回避的重要现实基础。对利奥塔本人来说，因其怀疑黑格尔的历史辩证法，怀疑马克思主义社会历史批判的有效性，因此根本不可能采用历史唯物主义的社会批判的视角来分析现代艺术。但对研究者来说，考察先锋派的社会历史背景，把握先锋艺术和现代性的关系，弄清先锋

---

① Jean - François Lyotard, *Lessons on the Analytic of the Sublime*, trans. Elizabeth Rottenberg, Stanford: Stanford University Press, 1994, p. 79.

艺术的精神内核，进而理解利奥塔的崇高美学所追求的绝对先锋精神却必不可少。

"先锋"（avant‑garde）就原意来说，指的是行军或作战时的先遣将领或先头部队，属于军事范畴。19 世纪前期这个词进一步衍生成一种政治概念。其指涉也由物化概念转变为具有精神意味的概念，更多地指在精神追求上走得更远的人。到了 19 世纪后期，先锋被引入艺术领域。由于这一词汇与政治之间的关联，它成为某种政治力量借由激进的艺术表达方式表现乌托邦理想的工具。罗德里格斯是最早把先锋纳入艺术领域的人，他也是空想社会主义者圣西门的信徒。在《文学、哲学与实业观点》一文中，罗德里格斯说："将充任你们先锋的是我们，艺术家；艺术的力量是最直接、最迅捷的。我们有各种武器：当我们想要在人民中间传播新的观念时，我们用大理石雕出它们或用画布绘出它们；我们通过诗歌和音乐使它们通俗化；同样，我们求助于竖琴或长笛，颂诗或歌谣，历史或小说；戏剧舞台向我们敞开，正是从那里我们的影响热力四射、无往不胜。"① 在《先锋派的概念》中，雷纳多·波乔利也指出，先锋派的起源无疑与社会改造的目的相关，与空想社会主义有感情上的暧昧关系，它起初从属于政治而非文化方面的激进主义理想，尽管这种理想只在艺术的范畴内。

虽然因为政治色彩被引入艺术领域，但先锋自身所具有的革命性因子和反叛性力量却又在一定社会文化环境中引发艺术内部的变革。在这一过程中，艺术逐渐摆脱政治，恢复了独立，转向艺术自身。由此，先锋艺术的轮廓越来越清晰，它的反叛精神和革命气质与生俱来。丹尼尔·贝尔将这些先锋派的艺术家看作"精神上的无产阶级"，他们在追求艺术的道路上面临的是高度成熟的艺术形式，难以逾越的传统技巧和并不为主流文化所认可的边缘境地。在这种情况下，彻底反传统的艺术创新成为或主动或无奈的现实选择。借用美国学者戴安娜·克兰的话说，"直到 19 世纪中期，欧洲的艺术家一直是为其所表达的价值观被广泛接受的上层社会的精英服务的。当有些艺术家垄断了精英们的资助时，那些被排挤的艺术家则发展出了一种他们自己的意识形态，来表明他们对美学创新及表达自由的

---

① ［美］马泰·卡林内斯库：《现代性的五副面孔》，顾爱彬、李瑞华译，商务印书馆 2002 年版，第 111—112 页。

政治观点所肩负的义务。到 20 世纪早期，这种角色发展到了顶峰，以疏远社会，尤其是反对资产阶级文化为特征。"①

19 世纪后期直至 20 世纪——从这一确定而流动的时间段中，我们不难发现先锋艺术恰恰是在追求现代性的过程中出现的。先锋艺术隶属于现代性的范畴，其艺术精神注定和现代性联系在一起。在发端于市场革命和工业革命的资本主义社会现代性追求中，物质现代性和审美现代性彼此对立，以大工业为起点的物质追求与关注精神世界的审美追求在现代化进程中存在着巨大的不对称。随着市场经济的规则在整个社会生活中统治地位的确立，资本主义社会的主流文化发展为一种肯定性文化，通过对资产阶级意识形态和生活方式的形象化阐释，不断实现资本主义生产关系的再生产。文化工业的逻辑和工具理性在其中发挥了支配性作用，艺术在利润最大化的追求中异化。这再次证明了马克思关于"资本主义生产就同某些精神生产部门如艺术和诗歌相敌对"② 的科学论断。面对高度繁荣的资本主义社会中政治、经济、文化三者不能协调运转的深刻矛盾，先锋派、先锋艺术在客观上标志和推动了文化危机的发生，并以之获得了反抗社会的艺术意义。从物质层面来看，先锋艺术站到了资本主义艺术体制和工具理性的反面；从审美层面来看，先锋艺术则是追逐审美现代性的一种形式。可见，先锋艺术本身暗含着现代性的巨大张力，以其对资本主义社会结构和秩序的背离，极大挑战了资产阶级的合法化统治，变成"资产阶级自身不共戴天的敌人"③。

在反抗资本主义社会文化秩序的极端美学追求中，象征主义、维也纳分离主义、立体主义、意大利未来主义、德国表现主义、达达主义、超现实主义、法国荒诞派、美国波普艺术、解构主义……各种新奇激进的流派层出不穷，你方唱罢我登场，充分显示出先锋艺术变动不居的流动状态，为我们提供了重新看待世界的方式，极大丰富了人类的审美经验。但某一风格的先锋派并不能代表先锋艺术的全貌，流动的开放性也并不妨碍先锋艺术精神内核，也就是在先锋艺术中占支配性的心理因素和精神品格的凸

---

① 转引自黄力之《先锋艺术：跨世纪的反抗游戏》，《南京大学学报》（哲学·人文科学·社会科学版）2001 年第 5 期。

② 《马克思恩格斯全集》第 26 卷第 1 册，人民出版社 1972 年版，第 296 页。

③ ［美］丹尼尔·贝尔：《资本主义文化矛盾》，赵一凡译，生活·读书·新知三联书店1989 年版，第 33 页。

显。对此，可以从三个层面加以说明。

第一，批判、否定传统的彻底性。艺术发展史上从来就不缺少批判性的活跃因子，这是艺术创新发展的内生需要和不竭动力。但先锋艺术对于先前艺术传统的反叛显然脱离了传统艺术内在的批判性内涵，从一开始就毅然而决绝，对于传统显示出断裂式、不妥协、不宽容的对抗姿态。或者说，先锋艺术根本就不认可传统的合法性，因此不屑于用传统的方式批判传统，而是用自己独特的方式宣告传统的无效，以其批判的彻底性从艺术走向反艺术。前文已经对先锋艺术家作为"精神上的无产阶级"对社会文化体制和艺术传统离经叛道的突破有所涉及，与之相关联，我们还应注意到，来源于康德美学的"为艺术而艺术"的艺术自律逐渐在生产与接受的个人化历史过程中实现了对艺术的定位，艺术成为资产阶级自我认识的展现，以一种与生活实践无关的艺术体制面目示人。比格尔在《先锋派的理论》一书中关于先锋派否定艺术自律的观点，也正是基于先锋艺术对资本主义社会体制化的艺术自律的否定。在这个意义上，可以说先锋艺术走向了"反艺术"。

第二，拒绝任何既定价值和理论框架的束缚。先锋艺术的这一精神气质与第一点紧密相关。恰恰因为批判、否定传统的彻底性，它拒绝任何既定价值和理论框架的束缚。一旦先锋艺术作为某种风格被固定下来，它自身的先锋性立刻消失殆尽，或者被新的先锋艺术所取代，或者成为自身的对立面。可见，对于先锋艺术的某一流派来说，我们可以用理论审视、探究其艺术风格，但对先锋艺术却必须保持开放性的眼光。永远保持绝对先锋的姿态是先锋艺术的内在要求。这也是把后现代主义解读为现代主义永恒初生状态的利奥塔会把后现代艺术的大旗交予先锋艺术的重要因素。

第三，展示出前瞻性的变化方向。先锋艺术长于运用异质因素间的矛盾关系，打破审美内在性，拒绝提供意义从而对接受者造成震惊的效果，以别样的艺术魅力作用于人类灵魂深处，进而达到直视自身的可能。对于很多先锋艺术作品来说，挑战行为本身即大过于作品，把对艺术的有限界定化为无边的追问。由此，精神向度上的前瞻性使先锋艺术显现出前风格的变化方向，以一种最佳可能状态的力图接近与呈现展示了未来先在的可能性，"最深刻、最真实地了解我们时代的艺术状况和人类处境的倾向，它确保我们在一个似乎没有赐给我们艺术的时代里获得有价值的艺术"①。利奥塔意义上的革新的崇高与此契合度极高，因为革新的崇高要求以歧论的呈现为未来先在打开通道。

综合以上三点，我们找到了利奥塔选择先锋艺术作为自己崇高美学的理想艺术形态的答案。如果先锋艺术要保持其"先锋"特色，与其看重它的现实性，不如更关注它的可能性，也就是利奥塔所强调的"绝对先锋"的艺术精神。

三　"绝对先锋"的艺术精神的悲剧

利奥塔把崇高美学作为先锋派的理论证言，把实践崇高美学的伟大任务交给了先锋艺术，他的后现代艺术理论"核心问题是如何保持现代艺术的先锋精神，找到突破共识、稳定性和总体性的第一动力"②。先锋艺术必定要超越古典主义的模仿原则，拒绝正确形式的安慰和有关品味的共识，以对未定性和不可呈现性的呈现来体现张力和紧张感。在这一点上，就精神实质来看，利奥塔对先锋派艺术的倚重与他对"图像"的重视一脉相承。不把艺术与某种固定的风格相连，而是把艺术作品看作带着变革性欲望描绘不同感觉的事件。艺术事件是对思想的各种形式——不管是社会的、政治的、科技的还是哲学的形式的挑战，也是欲望的导管和感觉的"逻辑"。换句话说，这意味着他在保卫艺术中的"图像"因素，保卫后现代艺术，或者说先锋艺术。先锋艺术不再遵从已经存在的话语类型，它的任务是通过对不可呈现性之呈现的尝试，也就是通过对崇高的探索来抵抗总体性的"恐怖"，打破共识，使作为不断增加的语句体验的新形式和新声音的出现成为可能。艺术本身就具有这种潜力：证明我们生活的世界是非连续性的，不能通过任何理性体系加以完满解释。

事实上，对利奥塔来说，艺术的关键在于它拥有的强调系统性失败的能力。他甚至宣称作品并不是通过革新才是先锋的，而是作为物质事件以不同的形式打断了思辨和感知，只是关注于事件的传达。所以，与其说利奥塔看重先锋艺术，不如说他看重的是蕴含在先锋艺术中，以永不妥协的

---

① ［英］马尔科姆·布雷德伯里、詹姆斯·麦克法兰：《现代主义》，胡家峦译，上海外语教育出版社 1992 年版，第 13 页。

② 秦喜清：《让－弗·利奥塔》，文化艺术出版社 2002 年版，第 183 页。

革命姿态呈现不可呈现性的绝对先锋精神，强调一种绝对先锋的价值规范的持存。他提倡的先锋艺术从某种意义上说没有固定的品格，比如缺乏连贯性、破碎的风格、"伪造"，等等，相反他还经常批评这些形式，因为它们缺乏情感的力量和内在的动力。如果一定要为利奥塔意义上的先锋艺术寻找某种本质的话，毫无疑问就是绝对先锋的艺术精神。在利奥塔看来，艺术之为艺术，其灵魂早已超脱了定格为艺术作品的固定不变的外形和主题内容，而是艺术家在创作进行中随时变动的可能性因素。这些不管来自主观还是客观的因素，才是艺术创作的无限生命力所在。真正的先锋艺术不是仅仅凭借艺术形式上的创新，而是要通过创作欲望和感性破坏现存的秩序良好的关系，引起震惊的效果。借助于坚持先锋艺术必定是崇高的，利奥塔避免使先锋蜕变为毫无意义的创新，抑或被大工业生产同化为媚俗。比如，利奥塔在评论毕加索的女体作品时指出，"多个轮廓周线的共在导致了共时性的不同视点。女人睡觉的场景不属于'真实的'空间，因为它容纳了一个躯体在同一时间和空间中的许多不同姿态。对时间和现实的性爱的冷漠有利于姿态（表现）"①。毕加索为我们展示了图像如何在不同的时空形式中运动，欲望和情感就展现为在一个空间中按照常理不可共在的许多姿态的关系。人们经常把一个时空与现实相关联，殊不知艺术事件中，现实是敞开的。对利奥塔来说，人们在毕加索的画中体验到多样性，体验到欲望躯体和姿态的不同关系。这类绘画构成了事件，破坏了在惯常意义上可以清晰限定的时空边界。

通过古典艺术和现代艺术的对比，利奥塔进一步说明了现代艺术的特质。他认为古典主义艺术家在对自己的作品进行分析的时候，是为一个读者群，一个确定的文化集体而作的。艺术家为自己代表一个标准体系所做的一切提供理由、进行辩护，这一标准体系为固定的公众群体所特有。在这种情况下，艺术家可以在创作的同时，把自己放在读者的位置，他可以用自己来替代自己的读者，并从他自己也是读者的角度对他的创作进行评判和筛选。但是在现代艺术里，艺术家不再知道他是为谁创作，因为品味已经不复存在，不再有任何内化的标准体系使得某种筛选成为可能。艺术家的创作既排除某些东西又加入某些东西，而且所有这些都在写作完成之

---

① Jean – François Lyotard, *Discours*, *Figure*：*Collection d'Esthétique*，Paris：Klincksieck，1971，p. 277.

前、进行过程之中发生。艺术家没有对话者。这一对比表明，在古典主义时期，艺术家和受众之间存在着一种紧密的联结关系，他们分享一个共同的价值体系和文化空间，形成了共同的文化品味。就像利奥塔所说的，艺术家和受众共同遵循某种内在规则，以共同的标准对作品进行判断，他们之间的沟通和共识就成全了某种总体性的建立。然而到了现代性的时期，这种共同的、封闭的文化空间被打破了，品味共同体没有了。这意味着艺术家失去了与受众联系的那个判断体系。没有了共同品味对写作的约束，现代艺术家也摆脱了束缚，创作指向无限的可能。这种对总体性原则和规范的打破，在利奥塔看来正体现了他所理解的现代艺术，也就是后现代艺术的精神实质。当然，利奥塔所指的现代艺术绝非仅指19世纪末20世纪初以来的西方现代主义运动，因为他本身就是反对以线性的时间概念来划分现代和后现代的。同理，利奥塔所推崇的绝对先锋的精神也不完全与历史上的先锋派运动相吻合。我们知道，一般意义上艺术领域的先锋派起源于19世纪中后期，活跃于20世纪初，由未来主义、立体主义、达达主义、超现实主义和抽象表现主义等西方几大艺术流派组成，是资产阶级民主化和资本主义工业化过程中出现的一股重要的反传统力量，既是对现代性的反叛，也是现代性的一种激进化。到了20世纪五六十年代，先锋艺术更是愈演愈烈，用花样百出的艺术表现形式将反传统演绎到极限。先锋派艺术家们用不断出新的作品和宣言冲击了资产阶级，艺术的本质也在其中不断遭受质疑。他们的实践活动狂放不羁，却也因为过度转向自身和精神，取消传统意义的作品受到由传统审美观念塑造的公众的抵制，避免不了成为昙花一现之美。艺术发展的历史现实正是如此，作为一种艺术风格，先锋派早已风光不再乃至销声匿迹。然而，作为一种价值规范，先锋依旧生机勃勃。

因此，利奥塔并不在乎更不惧怕这一内在于先锋艺术之中的悲剧性，相反，正是由于这种悲剧性，先锋才能够不脱离崇高的美学旨归。利奥塔所谓的现代性或后现代性，更多地指一种态度、思维方式和精神气质，而现代或后现代的艺术也是突破共识，缺乏固定的接受者、创作原则和判断标准的艺术，其核心精神便是它的无规则性，无须遵循任何创作规则，无须考虑公众接受的趣味和喜好。这正是利奥塔选择"后现代"，选择"先锋"的目的——唤起现代艺术中已经疲惫的现代性，重新激起现代艺术的实验精神，寻找一种绝对先锋的精神来克服现实对艺术的蚕食。利奥塔倾向于绝对自主的先锋派，拒绝一切概念化的形式，极力避免观念堕落为真实的可呈现之物，抵制任何统一的文化生产，因为他认为这一文化生产模式曾经带来纳粹的"奥斯维辛"这人类历史上最野蛮最恐怖的一幕。绝对的先锋就意味着后现代的先锋艺术永远不会失掉破坏性的品格，这种能力与崇高的情感有关，也是歧论的象征。的确，先锋派的否定不能无限重复，杜尚把小便池签上名并搬进美术馆暴露了艺术市场中签名比作品本身更加重要，但杜尚之后如果艺术家有类似的举动却只能被看作是顺应了艺术市场本身的媚俗，早已失去了最初的挑衅和反传统的意味。先锋之所以被称为先锋，正是在于其新锐的一面，坠入历史的先锋，实际上已经脱离了先锋的本来含义。于是，利奥塔格外强调绝对的先锋精神，蔑视当代文化中屈从于流俗趣味却为自己贴上"先锋"标签的各种花样翻新的折中主义的艺术，认为这种对现实的屈服实际上是对资本主义经济原则和消费逻辑的屈服。现代艺术精神衰败到了"什么都行"的年代，这对真正的先锋艺术构成了很大威胁，不仅先锋派的技巧被挪用，支持先锋派艺术的精英群体被动摇，而先锋派艺术家本身也受到了极大诱惑，所谓的新先锋派即使在最完美的偶发艺术上也失去了震惊的效果，震惊在不断被体制化的过程中成为大众的消费对象。在利奥塔看来，这正是资本主义的"现实主义"。可见，利奥塔在艺术的层面上拒斥总体性，倡导艺术实验的缘由就是"担心总体性的思维会使资本的规律长驱直入，成为钳制我们文化的唯一原则，使艺术受到供需关系的左右"①。

　　利奥塔的"绝对先锋"的艺术实验是注定孤独的实验，也是注定失败的实验。"今天在艺术的语言里处于危急关头的正是实验。而在某种意义上，实验意味着孤独，意味着独身。但另一方面，它还意味着如果产生出来的艺术品真正有利的话，它最终会产生它自己的读者，它自己的观赏者、它自己的听众。换句话说，实验性作品的影响之一，就是创造一种以前不存在的语用形式。"不仅如此，"艺术上的先锋派知道它没有读者，没有观赏者、没有听众。如果相反，先锋派负上了读者、观赏者或听众的形象的重担，换句话说，如果一个接受者的轮廓被强加于它，那么这一轮廓就会过滤掉先锋派能够在音韵、形式、文学乃至理论上所做的实验，那

---

① 秦喜清：《让－弗·利奥塔》，文化艺术出版社 2002 年版，第 191 页。

先锋派就什么也做不成"①。先锋派的实验拒绝迎合趣味，意味着对一致
和已知的突破，意味着不确定性，意味着一种尚未成形的未来。但我们在
其中似乎看到一种无奈：古典艺术家的眼光投向遥远的过去和未来，并成
功与同时代人找到一致之处；而先锋派艺术家敏锐地感受到时代精神赋予
他的任务，最后却导致这样一种感觉，正如马拉美曾在一次不大出名的访
谈中所说，"在我看来，在这个使他无法生活的社会中，诗人的境况也就
是那个为自己镌刻墓碑而与世界一刀两断的人的境况"②。尽管如此，利
奥塔却依然坚持，虽然先锋艺术家对于崇高的呈现是徒劳的，但却是必须
要做的。艺术家对不确定性的追求不是对现实生活的简单回避，而恰恰是
回应现实的挑战，在创作中寻求未来自由的可能性，并尽力寻求延长其可
能性的方法，使作品本身随时可以在重演中再现可能性。"作品通过各时
代的不同'方式'命令其神秘地'出现'，这一'出现'不属任何时代，
是由这些'方式'在感觉中联合进行的。这些'方式'从无雷同之处，
但它们发出一个共同的呼声：审美存在就是要不断唤醒奴役和死亡意识。
伟大的著作中总回荡着对空虚的警报声。"③

第二节　"此时此地"的先锋艺术理念

我们已经知道，利奥塔在对他所推崇的后现代先锋艺术进行说明时，
并没有把这种艺术固定为某种风格。不过，这并不代表他对崇高美学统摄
下的后现代艺术毫无具体的认识。除了绝对先锋的实验精神，利奥塔的后
现代先锋艺术理论主要有以下两点值得注意："此时此地"的先锋艺术创
作的理念和对先锋艺术创作中非物质材料运用的重视。这两点都是围绕
"崇高"这一中心展开的。

---

①　［法］让－弗朗索瓦·利奥塔：《后现代性与公正游戏》，谈瀛洲译，上海人民出版社
1997 年版，第 18 页。

②　转引自余虹、杨恒达、杨慧林主编《问题》2，中国人民大学出版社 2003 年版，第 129
页。

③　［法］让－弗朗索瓦·利奥塔：《后现代道德》，莫伟民、伭晓笛译，学林出版社 2000 年
版，第 157 页。

一 先锋绘画的主题：瞬间

对利奥塔来说，"此时此地"的先锋艺术创作理念主要是偏重一种强调瞬时性的时间观。他认为，使先锋艺术联系于崇高美学的，主要在于先锋派对艺术的当下性和瞬时性的追求。可以说，先锋派的崇高就表现为"此时此地"的状态或者说未实现的状态，而先锋派的艺术创作也正是"此时此地"的艺术创作事件。利奥塔要求先锋派艺术家拆散与时间有关的精神推断，他说："先锋派试验艺术将敏感的此刻的际遇当作不能被表现的又仍在表现性的伟大绘画的衰退中表现的东西来记录。和显微学一样，先锋派艺术不致力于在'主题'中的东西，而致力于'在吗？'和致力于贫乏。它就是以这种方式归属于崇高美学的。"① 也就是说，利奥塔要求先锋艺术去证明不可呈现性的存在，而不是把不可呈现性在某种永远不会达到完满的形式里生硬表现出来。

还是通过纽曼绘画作品的说明，利奥塔进一步阐明了他对先锋艺术的"此时此地"性的理解。纽曼的绘画被利奥塔看作先锋艺术的典范。前文已经介绍过，纽曼以大色块绘画成名，他的绘画粗看上去往往简单得不可思议——大块颜色被垂直而下的细光带所分割。然而，这类如利奥塔所说其中没有什么可被"消费"的绘画却让观者一下子沉浸其中，物我难分，惊叹却又说不出话来。正是被纽曼称作"zip"的光带带来了出人意料而又激动人心的能量或者说生气，"它离析、分隔和构成一种延异；让人通过这种延异去品味，尽管这种延异是如此的细微，从而揭开一个感性世界"。② 纽曼专注于犹太神话中关于创世的传说，这些传说不仅来自于《创世记》，还来自于希伯来的神秘哲学以及整个犹太神秘思想的传统。他发展出的这种绘画形象：一条光带垂直地从画布的一边通向另一边，这一符号使人联想起在《创世记》和希伯来神秘哲学中不断出现的文学上的暗喻——光作为创造的象征。同时，纽曼也接近另一个传统，即将上帝和人类共同比喻成一束光——造物者与被造者同体。可以说，"zip"这条垂直于水平面，和观者身体保持一致的光带在现实和黑暗、脆弱和坚强之

---

① ［法］让-弗朗索瓦·利奥塔：《非人——时间漫谈》，罗国祥译，商务印书馆2001年版，第115页。

② 同上书，第91页。

间产生了一种张力，重新扮演了上帝的姿势，构成了崇高的瞬间。

利奥塔认为纽曼在抽象表现主义画家中脱颖而出，正是因为纽曼的画作不受困扰着许多画家的时间问题的困扰。在纽曼的作品里，"时间，就是画本身"，他的画作目的不是展示（时间的）延绵超越意识，而是使画成为际遇本身，即到达的那一瞬间。对利奥塔来说，纽曼的绘画不是完全抽象的，也不是呈现了仅仅威慑人的宏大规模或者强力自然的传统图像。画家在寻求崇高时与浪漫主义断裂，同时也没有放弃崇高的基本任务，即呈现不可呈现之物。如果说浪漫主义面对的经常是自然风景类的引起崇高情感的对象，那么先锋派所表达的不可呈现之物就是崇高形式本身。在这一意义上，先锋派强调的是艺术的过程，即艺术的未完成性，它在抛弃再现的同时又通过质疑我们信以为真的再现技巧，贬抑并且剥夺了现实。纽曼的绘画主题是"现在"这个瞬间，不是根据现在发生的那件事的内容，而是根据什么东西能够发生的时间，在这件东西被确认之前。崇高是现在，是现在的这里，作为一个没有固定可识的内容的事件，是非物质性、非客观性的物质，"因为它不能'发生'，或只能以精神的这些积极权力的中断为代价才有机会发生"。[1] 纽曼绘画中的崇高体验就是有什么出现了，却不是在线性时间中的逐渐展现，而是在当前的瞬间"呈现"。光亮的"zip"穿透了背景的灰暗，但我们却不知道这究竟是什么在发生，只是知道"有"。这正是"发生了吗"和"有什么发生了"的区别，前一种发问方式是关于"现在"的问题，而后一种发问方式是关于某种未来的问题。前一种发问是无法呈现的，如果可以被呈现，就变成了第二种发问。也就是说，事件的时间标志着在事件性和意义之间、在艺术作品的创作和内容之间的一种图像的不可通约性。如果硬要以第二种发问方式去理解事件，就是为了考虑意义的层面而忽略了事件的事件性，把"图像"简化为"话语"。而我们的话语式理解，实际上只能是延迟的理解。

按照利奥塔的观点，虽然纽曼的绘画作品没有描述任何具体的事物，但是却成功表达了某种需要做出反应的东西。这种成功能够通过崇高的情感加以解释：这些绘画作品激起了一种需要做出反应的情感，而

---

① ［法］让－弗朗索瓦·利奥塔：《非人——时间漫谈》，罗国祥译，商务印书馆2001年版，第154页。

对于这种需要做出反应的情感是什么样的，又没有留下任何线索。要想做到这一点，绘画所激起的东西必须先于绘画的内容，这意味着，崇高情感的发生同认识到的任何意义内容都毫无关系，它拒绝对人性、理性、道德等概念和含义的呈现，它只是呈现者本身。在纽曼那里，绘画就像一个有独立意识的生命，它不展示任何别的东西，重要的是在面对面的关系中，以第二指称的方式将职责的力量赋予色彩、线条和节奏。因此，利奥塔认为观赏纽曼的作品的最好方式不是"看"，而是"听"。因为绘画和消费绘画都是一个瞬间的发生。可以说，纽曼让观者遭遇到一个利奥塔所说的"事件"或者际遇，这一"事件"分割了黑暗，从已有的框架和规则中逃逸，在虚无的胁迫中宣告并非一切皆尽，让观者感到仍有某事物会到来，但不能确定什么将会到来。这是利奥塔对于崇高之瞬间未定性的理解。时间，就是画本身。而先锋艺术家的道义就是要放弃意义，在不提供任何可表达的东西中来生产"有"的证据，回答存在的命令。

先锋艺术与崇高在"此时此地"的关联帮助利奥塔再次印证了崇高情感与歧论的联系。先锋艺术悬置了已经确立起来的判断和理解形式，试图证明在已有的艺术创作法则之外来创造艺术的可能性。当规则和习惯被打破的时候，先锋艺术引发了震惊和怀疑。同时它又在表达某种新的东西、新的可能性，这会产生出吸引力和快乐。每一件先锋艺术的作品都是一次以独特模式产生崇高情感的机会，即用绘画或其他表达方式来呈现不可呈现的东西。当然，按照利奥塔的思路，这只能是偶然的、不可预见的。证明歧论的行动必须类似于先锋艺术的创造活动，前者像后者一样需要发明出新的规则或者说新的习语。而对于这种并不考虑提供解决办法的有效证明而言，崇高的情感就是关键。通过将对立的情感结合起来，将快乐和痛苦、安心和恐惧结合起来，崇高的情感所提供的是一种证明，不是一种解决办法。快乐伴随着对一种新的习语的追求，而痛苦则伴随着这种认识，即在现存的语言内部绝不存在任何一种最终解决的办法。这种矛盾使得证明歧论的行动既让我们认识到冲突，同时又让我们认识到解决冲突的不可能性。如此，最后我们所认识到的还是歧论。简言之，对于如何证明歧论的行动，有以下三步：第一，为了证明一个歧论，行动必须唤醒崇高的情感；第二，这种崇高的情感包含了对固定思维方式和已有规则的打乱，从而行动也必须包含同固定思维方式和已有规则的决裂；第三，这种崇高的情感也包含一种指向各种可能发生之事的感觉，从而证明歧论的行动与其说是给出答案，不如说是提出问题。如果这些要点能够得到遵守，那么行动将会证明一般的迥异。同时，由于与已有的规则已经决裂了，每一个行动都将是一种崇高的情感体验，是新的事件发生，其后果是无法预料的。在某种行动方式与崇高情感之间，不存在任何因果关系。

二　先锋艺术创作中的"物"

根据利奥塔的观点，纽曼画作中的崇高只是创造性的强度的一个瞬间，不是起源于上帝、自然或者心灵，而是来自于艺术创作的事件之中。超越的意义仅仅在于画布之上的颜料、油墨创造出的效果所唤起的人们对材料的直觉，一种不可重复的感觉的体验。这体现了现代以来，材料与形式之间自然契合的观念的衰退，也就是形式的美的衰退，实际上康德对崇高的分析中已经包含了这种衰退。西方艺术传统中，形式始终被看作高于材料的要素，因为只有借助于形式，才可以从个别具象的形象中显现出一般真理。康德关于美的分析恰恰说明了这一点，通过形式的和谐，秩序的整齐划一达到某种审美理想的完美呈现。但是到了现代社会的艺术实践中，这一关于某种本质的美的艺术追求已经风光不再。

利奥塔的崇高美学认为，如果形式已经不能承载对不可呈现之物的呈现，艺术就只能借助于材料来进行这种呈现。后现代的艺术并不寄希望于统一的形式，对艺术家来说，形式反而成为束缚，只有在材料的真实体验中，才能感受不稳定的、多样化的存在。利奥塔认为，艺术，尤其是音乐和绘画只能靠近材料，或者说不借助呈现手段来靠近呈现。他所说的材料不是作为实体存在的物，而是非物质的，并不能客观地"发生"，而是作为事件呈现出来的对物的当下体验。在关于崇高无涉知性的精神状态中，具有这种精神状态不是为了使材料成为可见的、可给予的、可掌握的形式，而是为了"有"某个事件发生的感觉和体验。"我将之称为材料为的是指明这'有'，因为这种没有积极精神在场的呈现永远只是某种感觉状况、某种感觉中枢、某种感受力中的音色、音调和色调；由此，精神才能进入物质事件，才能被'触及'：独特的，不可比的——令人难忘和过后即忘的性质……"①

　　对材料的运用，直接体现了艺术家的艺术感觉力。现代艺术对非物质材料的运用，完全不是以填充某种形式和实现这个形式为其功能。如同现代音乐转向对音色的神秘的感受力的关注，绘画也转向了对色彩运用的重视，色彩超越了形式，当颜色得到完满运用时，形式自然达成了。"绘画发出声音，把颜色这种可视味道形式化，让人能看见它。颜色物质告诉眼睛，它们得拜服某种不属于它们的东西，眼睛看不见它因为眼睛只有通过它才能看得出东西。"② 词语也是如此，就像色彩和音色一样不可计数，总是出现在思想之前。词语所表达的也总是与那指示出思想的东西、与思想通过词语的排列而想要表达的东西不一样。词语是思想的无愿望、无意义者，它是思想的物质。人们可以将词语符号化、程序化，正如人们调色、调音那样。但就像色泽或明暗一样，词语也总是在诞生过程中的。思想无法真正控制它。作家应该做的只能是尊重字的本真性和古朴性，就像塞尚或卡尔·阿贝尔尊重色彩那样。也就是说，艺术将更看重那些非物质材料的运用，在非物质材料的无穷变化中找到灵感和震撼，找到关于不可呈现性的呈现之途。

　　利奥塔强调，非物质的材料不再是等待被赋予意义的对象，崇高美学的艺术也转向了一种不再转向精神的东西，它想成为一种关于什么、而不是什么都不是的东西。通过材料，利奥塔把他所理解的这个东西称为"物"，"物不等待人们给它定命，它什么也不等待，它不求助于精神"，"它完全不需要精神，它存在着，或最好是说它坚持着……它是一种不能呈现于精神的呈现，它总是在摆脱精神的控制，它不向对话和辩证法开放"③。利奥塔真正关心的不是作为实体存在的物，而是对于物的事件性的当下体验。其实，我们也可以把利奥塔这里所说的 "物"按照崇高的情感来进行理解，它们都不能被完满呈现，更无法被纳入某种思辨话语。有时候，利奥塔也这样看待美学，甚至认为从美学作为哲学的一个分支学

---

① ［法］让 - 弗朗索瓦·利奥塔：《非人——时间漫谈》，罗国祥译，商务印书馆 2001 年版，第 155 页。

② ［法］让 - 弗朗索瓦·利奥塔：《后现代道德》，莫伟民、伍晓笛译，学林出版社 2000 年版，第 150 页。

③ ［法］让 - 弗朗索瓦·利奥塔：《非人——时间漫谈》，罗国祥译，商务印书馆 2001 年版，第 156 页。

科被纳入哲学时，美学就已经宣告了论辩帝国的衰落。我们认为他这里所说的美学主要指的是非理论化、不能以严格概念限定的崇高美学，因为在利奥塔心目中，理论，还有成为理论的美学，都是和思辨联系在一起的。因此他说，美学理论，乃至理论都表现出一种企图，通过这种企图，精神力求摆脱作为材料的词语，最终摆脱简单的材料。但"所幸的是，这种企图没有任何成功的运气。人们不能摆脱物。它总是被忘记，但它是不可忘记的"[①]。在利奥塔看来，那些号称无所不包的体系可以探索但总会压制欲望和情感，但是物质和艺术总是唤醒他们，也带给人们新生，这是一种"被感动的痛苦。"[②]

　　透过利奥塔对艺术创作中非物质材料运用的诸观点，可以看出，这仍然是利奥塔的后现代主义理论在艺术领域的变形运用，即永远不要试图为艺术创作设置先在的思想框架、创作路径，或者用特定的风格、传统来限制艺术对材料的自由运用。只有让艺术创作摆脱这些束缚，才有可能实现"不可呈现性的呈现"。至此，我们不由追问，利奥塔在他的后现代艺术理论中严格遵守了康德对审美反思判断的说明，没有为他所追求的"绝对先锋"的艺术制定任何判断标准，所以，当一部新的作品出现时，应该怎样做出判断？怎样区分它究竟是实验性的先锋艺术还是仅仅在形式上的"内部革新"[③]。这个问题可以说是对"绝对先锋"的后现代艺术的最大挑战。利奥塔认为，我们在面对一个全新的艺术作品时，必定在没有标准的情况下做出判断；即使是着手创作的艺术家本人，也不知道自己的作品是否会成功。但我们又必须做出判断，所以只能进行逐例的区分和判断，而推动这种判断的是不服从于任何既定模式的"现代性的意志"，它"不必通过一个可以作为实践标准的概念系统，就可以发展行动、话语和一般的作品"。[④] 在利奥塔的先锋艺术理论中，这一思想被一再重申。

---

① ［法］让－弗朗索瓦·利奥塔：《非人——时间漫谈》，罗国祥译，商务印书馆2001年版，第157页。

② ［法］让－弗朗索瓦·利奥塔：《后现代道德》，莫伟民、伭晓笛译，学林出版社2000年版，第150页。

③ 同上书，第23页。

④ ［法］让－弗朗索瓦·利奥塔：《后现代性与公正游戏》，谈瀛洲译，上海人民出版社1997年版，第29页。

第三节　以"非人"抗拒"非人"

一　资本和技术的入侵

利奥塔在《力比多经济学》《杜尚的变革》《后现代状况》和《非人》等多部著作中都涉及了现代性条件下，在资本和科技占主导地位的西方社会，技术和机械对人类特殊性和独立性的侵蚀。他在这些文本中质疑了现代性把文化与技术相关联的模式，对资本主义市场运作方式下，为获取最大的利益和最高的效率而异化人的情感体验和生命存在进行了严厉批判。他指出，资本主义社会资本和科技的无限流通和发展已经把现实变得"无现实性"可言，一切以金钱和效率的"行为表现"来衡量。现今社会的艺术也早已面目全非，沦为市场化、工业化的奴隶。"当商业占有崇高时，商业就会把崇高变成笑柄"，[①]"精美的电影广告填满了客厅，简洁的语言在引人注意时促进了企业的发展，它可用于贸易、商业、消费，它加速了传播沟通。您消费的时间是一种收获，可以在销售学中计算出来……当文化是市场的组成部分并且公众把文化私有化时，无论是商品还是文化商品，还是具有公共或社会利益，还是具有私人的用途和兴趣，差异已经变得无关紧要了。凭着一幅精美的图解作品，通过商业成功或声誉，浪费的一点时间使幸运的所有者或有关所希望的'内容'的经营者大获其利"[②]。

利奥塔尤其痛心于科技对绘画的腐蚀。绘画面临着来自于现代社会飞速发展的摄影术的严峻挑战，当今世界需要摄影术，却几乎不再需要绘画，就像比起文学来更需要新闻业一样。由于摄影技术和摄影产品的广泛应用，绘画作为职业似乎不再可能。利奥塔指出，从文艺复兴开始，绘画战胜贵族文学，开始被列入艺术的行列，在接下来的几个世纪中，绘画一直承载着形而上学和政治的功能，它运用透视法将一切都置于秩序之中，把君主、诸侯、子民维持在一个共同的有序世界里，"向这个共同体的所有成员提供了确定其在这个地盘中的所属关系的可能性，好像它们就是君

---

① ［法］让－弗朗索瓦·利奥塔：《后现代道德》，莫伟民、伦晓笛译，学林出版社2000年版，第19页。

② 同上书，第27页。

主或画家一样。文化的现代概念源自公众对历史—政治统一性标记的认识和对它们的集体解读。共和国就在这种'君主如此这般……'的解读中宣告成立，博物馆使这种功能永存，但对华盛顿白宫或参议院大厅、巴黎议会大厅的交替一瞥，就可证明这种空间结构与博物馆的画大相径庭，它构成了政治躯体本身的表现。人们在其中看到古希腊罗马公共场所的设计在何等程度上被用作社会—政治空间的范例；在同题古典绘画中，这种范例甚至被幻化了"。① 也就是说，这样的绘画组织的不仅仅是绘画空间，更是社会—政治空间。利奥塔认为，由于绘画一直以来在视觉和社会组织的结合中承担着政治的功能，所以绘画在艺术行列中的特殊地位一直不可动摇。但是，摄影术的出现改变了这一切，摄影将视觉和社会的超政治组合程序引向终结。

　　绘画需要完整的训练和长时间积累的经验，而在相机中，这些工作都被精密的光学、机械、电子能力程序化了。随着科技的日新月异，相机的功能越来越强大，操作也越来越便捷。只是举起相机轻轻一按，每个人都可以完成一幅"画"，相比绘画所需的长年累月的培训、实践和制作，一张经程序自动识别和美化后"唾手可得"的美丽照片显得更加吸引人。在这一点上，艺术在现代条件下得到了前所未有的发展。工业化的快速制造占了上风，占领了由形象的古典美学和美的美学开拓的领地，提供了比以往任何再现艺术都更加逼真、更加完美的效果。尽管摄影术仍然体现着古典绘画的审美观——某种共同意义原则之上达成的一致性的愉悦，但在古代绘画中，这种无私的愉悦是形象在对形式和色彩的感知以及理性构建的能力自由融合时获得的。然而在摄影术中，摄影作品的美所主要取决于摄影机的表现性能，摄影机的表现性能又取决于科技和资本的无限实验。从作品的角度看，美与个体经验无关，却与工业实验存在着密切的联系。摄影作品体现的一致性愉悦不再是自由的，"不求助于情感之美，但求助于知性和内涵之美，它拥有完美的程序可靠性"，是对科技创造的冷峻无情的知识美的映射，"本身就包含着科学技术和经济理性的无限性"。逼真、完美的摄影作品丧失了绘画原本具有的"灵光"（aura），科学的无限性进入了美学领域，表面上对美进行了完善，实则宣布了美的解构。

---

　　① ［法］让－弗朗索瓦·利奥塔：《非人——时间漫谈》，罗国祥译，商务印书馆2001年版，第133页。

技术对于艺术活动的干预，成为艺术本身发生危机以及人性本身遭到彻底摧残的信号。审美感性发生了变化，有关艺术的观念也得以改变，艺术发生了史无前例的分裂。那些沉湎于现实的艺术家拒绝质疑再现法则，传达着大众对"现实"的欲望，表现出明显的从众主义倾向。他们在当代社会如鱼得水，大获成功。在这样的文化背景下，现今社会的美学已经变得"琐碎不堪"。表面上看艺术充分与日常生活结合在一起，但背后渗透的却是资本主义工业商业发展的逻辑。媚俗通过商品的工业生产兜售先锋艺术，这样的"先锋"早已脱离了先锋的队伍，失去了独特的价值，仅仅作为工业时代的复制品迎合着大众对文化符号的追求，本身并不具有真实的艺术价值。正是看到了这一点，利奥塔格外痛心于资本、科技对艺术的腐蚀，痛心于自甘堕落的媚俗艺术，希望通过他所倡导的崇高美学和先锋艺术来扭转现实，质疑和颠覆再现技巧，与渴望"现实"的大众分离，凭借高度创新的艺术性实现对资本主义文化秩序的反叛。

在利奥塔的崇高美学中，崇高这一审美范畴作为对有限性的超越和未定性的昭示，直接和人的心灵意义联系在一起。他指出，当元叙事和普遍理性的合法性丧失之后，崇高美学及其引导下的先锋艺术责无旁贷地担负起以艺术的非人化来抗拒现代社会中"以发展的名义正在巩固其体系"①的非人化的使命，寻找人的切实感觉，回归人的真实存在，引出真正意义上的人的出场。先锋艺术的视界里藏匿着某种用眼睛看不见、只有用心灵才能够揭示的东西，感觉在崇高情感发生的瞬间自行敞开，通过否定主体呈现的非人化，引导生命突破时空表象，于此刻当下自我体认。生命也因此从日常统一的主体性面孔和社会实践的命令中解放，从一切既定规则和机器的包围中脱离出来，不再作为一个被各种思想、理论压制和指挥的社会个体，在瞬息体验到自身的真切存在。简单说，利奥塔的意图就是：以"非人"抗拒"非人"。

二　以"非人"抗拒"非人"

以"非人"抗拒"非人"，从利奥塔式的崇高对整体统一性的打破中生发出来。这涉及"非人"一词的两种含义：作为抵抗的力量和被抵抗

①　[法] 让-弗朗索瓦·利奥塔：《非人——时间漫谈》，罗国祥译，商务印书馆 2001 年版，第 2 页。

的对象。先看后者，被抗拒和抵制的"非人"是指现代社会中资本运作和科技发展体现出来的非人性，里面其实也包含着两层含义：

一是现代社会科技发展的"非人化"。资本主义的"发展"逻辑把所有的问题都归结为节省时间、赚取利益。在这种逻辑下，人变成了资本主义庞大机器上的一个齿轮，人的内涵被掏空了，丧失了人的特殊性，变得功能化、系统化，成为"非人"。科技的目标只是让人类储备更多的信息，把一切都变成可知或可以预见的，这在利奥塔看来是现代形而上学一种非人的驱动力，发展到最后只能让人类不再是人类，而变成莱布尼茨所说的储存了最多数据的单子细胞生物。利奥塔在说明这一点时，通过一个科学神话来揭示科技无限发展之理想的局限性。科学家推测，太阳将在45 亿年后爆炸，人类所有的战争、冲突、政治危机、思想运动、哲学争论，甚至欲望，一切都会随着太阳的爆炸烟消云散。不过，人类也有可能会逃离最终灭绝的太阳系，因为届时人类将会在高度发达的科技引导下逃离地球，继续生存下来。但那时脱离了地球生存条件的人类，已经完全抹掉了人之所以为人的东西，科技给人换了一副躯体，让人的躯体不再是地球人的躯体，而变成非人的技术硬件设备，变成一个完美的单子。在某种意义上，这代表着人类的灭亡。而科学技术所研究的被利奥塔称为单子的东西和发达社会中资本主义的统治地位，特别是与金钱至上的信条之间有一种紧密和直接的关联。"如交流、节约时间和金钱、控制和预测事件、扩大贸易这样的描述都适合于传播和加强'大单子'。"① 即便这样，利奥塔看到，哪怕是科技在为这样一个最终目的服务时，却在资本主义的阴影下抛弃了第三世界的人民，他们被剥削，被边缘化，这与纳粹主义在发展的名义下灭绝犹太人的政策同属于一种"非人"的谱系。

二是现代社会条件作用下的非人性。在我们的成长过程中，需要不断受教育，遵守社会中存在于所有人那里的、已经规定好的行为模式。我们发展得越快，就对自我本性遗忘得越快。利奥塔认为，如果人真的是具有固定化的简单定义的主体，我们就不是生来为人，而是在日后的逐步教育中被驯化成社会所需要的人。"资本不是一个经济和社会现象。它是理性原则投射在人类关系上的影子。"理性原则最终会把人类精神也统摄进

① ［法］让－弗朗索瓦·利奥塔：《非人——时间漫谈》，罗国祥译，商务印书馆 2001 年版，第 76 页。

去，"它所挤压，它所碾碎的，就是我事后发现被人以各种名称试图保留的如工作、象征、异质、分歧、变故、事物：不一致性"①。这一点与利奥塔对西方传统主体性的反对相关联。西方传统意义上的主体性在哲学中起到对知识的组织、排除异己差异的中心点的作用。而如同前一章已经论述过的，利奥塔的崇高隐含着对传统主体的中心、基础地位的取消。更进一步说，他认为主体不是超验的、不可改变的存在，而是在某种力量的作用下形成的。在利奥塔的力比多哲学中，主体被解释为疏导和释放力比多能量的装置，更多表现为非理性的、情感和欲望的组织。在他的后现代哲学中，支离破碎的语言游戏又意味着主体的无效性和碎片性。主体不是作为语言游戏主宰的统一的能量，只是不可通约的语言游戏互相交叉的节点。不管采用哪种说法，利奥塔所反对的，都是为了某个系统的发展和巩固而把人固定化、系统化，取消人身上任何不符合其价值观的东西，使人远离了感性情感体验和深度的"非人化"。

科技破坏了人类原初的"此时此地"的体验，如果我们所感受的东西是已由概念首先策划的，那它怎么能震慑我们呢？如果我们已经知道，或能够知道那触及我们的东西的性质、构成方式及伴随者为何触及我们的话，那它怎么能使我们再去体验呢？为了还原自我，抵抗这种"非人"的力量，利奥塔找到了另外一种"非人"。这是一种人生而具有的潜在的积极力量，是西方主体观念和现代科技发展试图镇压却无法歼灭的力量，"一切制度化中一有机会就能突破困境和非决定性的东西是如此地具有威胁性，以至于理性精神不能不在此正确地惧怕一种放纵的非人力量"。②利奥塔指出，人的本意是指心中萦绕着"非人"的人。"只有拥有这片'无人之境'，人才成其为人。"③ 他把童年与这种非人性相关联。童年是对尚未被系统化、向着未知现实的崇高意义开放的隐喻。儿童比成人更加像人，因为儿童保有最初的欲望和体验，没有像每一个成年人那样被程序化和理性化。实际上，他笔下的与童年相联系的"非人"，也可以被理解为种种非理性的情感因素。随着人的一步步成长和同化，人身上原初的非

---

① ［法］让－弗朗索瓦·利奥塔：《非人——时间漫谈》，罗国祥译，商务印书馆2001年版，第4页。

② 同上书，第5页。

③ ［法］让－弗朗索瓦·利奥塔：《后现代道德》，莫伟民、伭晓笛译，学林出版社2000年版，第75页。

人性在逐步丧失，这被利奥塔称作"对童年欠下的债务"，这种债务是还
不清的，"但是，只需为了抵抗，也许是为了不做不公正者而不忘记童年
就可以了。这便是写作、思想、文学、艺术和为见证这些而冒险者的任
务"①。利奥塔引导我们到先锋艺术中找寻"非人"的力量。先锋艺术具
有令人惊奇的变革潜力，以与崇高情感、歧论相似的机制起作用。它不能
被理性和科技所预料、解释或控制。后现代的先锋艺术是现代艺术中最活
跃、最革命、最具有突破性的因素，它彻底放弃了对统一的总体性的任何
向往，寻求超越界限的愉悦，其目的不是获得愉悦的美感，而是产生一种
更加强烈的不可表现之感。因此，这里就表现出一种非人性，即失去对人
类总体感的把握，打破任何可能的共识，不断追求新的规则。其实，在利
奥塔的眼中，哲学思想也应当如此。在今天，思想本身已经被绝对理性
的、科技的计划包围了，从而为达到普遍的最终目的而准备。但是，思想
应该是这样的，那就是"诘问一切事物，包括思维、问题、过程。然而，
诘问只有在某事物出现但其原因尚不明了时才会发生。人们思考时会按际
遇的本来面目：确定的'未然'来接受它，而不预先判定，也不作担保。
就像在荒漠里跋涉。人们不能在见证这种不可测性的情况下写作；这种不
可测性就是时间在其未来之所是"②。

　　利奥塔指出，用"非人"抗拒"非人"，他不是孤军奋战。一些美学
家也曾做出这方面的呼吁，最明显的当数法兰克福学派的代表人物阿多
诺。阿多诺从"否定的辩证法"出发，深入地研究了艺术特别是现代艺
术的本质及其审美特性。他认为艺术的本质特征应该是否定性，艺术是对
现实世界的否定性认识，这是由于艺术是对尚未存在东西的把握，现代艺
术追求的是那种尚不存在的东西，从而，艺术是对现实世界的疏离和否
定。他在1969年写道："艺术只由于人的非人性才忠实于人。"③ 在《美
学理论》中，阿多诺提出以物化抗拒物化。尽管阿多诺承袭了黑格尔美
学的传统，认为艺术应该与社会整体联系起来考察，但是他在确定艺术与
社会现实的关系时，却把艺术看作是对资本主义整合趋势的拒绝与否定，

---

　　① ［法］让－弗朗索瓦·利奥塔：《非人——时间漫谈》，罗国祥译，商务印书馆2001年
版，第7页。

　　② 同上书，第81页。

　　③ 同上书，第2页。

是对社会的抵制。而现代艺术的抽象表现方式正是表达了这种抵制和拒绝的立场。艺术具有一种否定社会的非社会性，它贡献给社会的不是与之交流，而是抵抗。艺术只有具备抵抗社会的力量时才会得以生存。因此，就理论目标来说，利奥塔与阿多诺之间是有一致性的，但是利奥塔并不满足于法兰克福学派对精神从属于工业文化规则和价值的批判，因为这种批判"仍然是基于人文主义观点作出的"①。阿多诺虽然在美学中以否定的形式重新定义美，也就是把美与丑、崇高联系起来，但是他仍然保留了美相对于丑和崇高的优先地位，目的是保证美的否定性和主体的存在，而这是利奥塔所坚决反对的。

为了抵抗资本主义的技术非人性，我们经常回到事件和"现在"，通过先锋艺术，抵抗科技的发展对差异的中立化和取消。先锋艺术的"非人"是人之意义的不可分离的部分。最终，先锋艺术的抵抗是为了保证世界仍然是事件发生和在此时此地体验发生而不能被预先决定的地方，保证世界仍然是充满未定性的世界。艺术和文学不会直接提供政治和哲学问题的答案，它们的价值在于产生问题的能力，这可以挑战那些无所不包的体系化的思考方式和话语类型。换句话说，艺术作品拥有其他话语类型所取消的能够展示歧论的能力。这种能力被利奥塔看作"非人"的一种形式。与系统化的非人性对立，艺术所激起的情感是不能被纳入理性系统思维或精密运算的，标志着在人的中心的"非人"力量对总体性的抵抗。在《杜尚的变革》中，利奥塔把杜尚的画看作这种抵抗的例子。杜尚作为法国先锋派画家的代表，不断尝试崭新的艺术风格。杜尚的作品挑战了艺术的信条，削弱了人的形象的稳定性。不管是对"现成物"的再造，比如把自行车轮和小便池变成艺术品；还是对人的身体的变形，比如在《下楼的裸女》和《大镜子》中用机械和数学方式来表达人的呼吸、循环、消化和生殖系统，这在利奥塔看来都是把人类和周围环境作了奇怪而令人不安的非人化变形，导致"那些被认为是属人的变得不可计量，那些被认为是不可容忍的情形变得可以忍受"②，与此同时，作品本身却并

---

① ［法］让－弗朗索瓦·利奥塔：《非人——时间漫谈》，罗国祥译，商务印书馆2001年版，第70页。

② Jean－François Lyotard, *Duchamp's Trans/formers*, Venice, California: Lapis Press, 1990, p. 15.

没有展现出任何对人的思考的替代性答案，而是证实了人本身的非人性。

其实，对于先锋艺术的"非人化"理论，西班牙哲学家奥尔特加应该是最早的提出者。奥尔特加在1925年就提出，"非人化"是先锋派的最基本特征，标志着其与传统的断裂。首先，通过非人化，先锋派肯定了艺术自身的有效性和自主性，否定了模仿写实的传统艺术观念，颠覆了人性论的传统美学规范，与模仿性的现实主义艺术传统背道而驰。其次，由于这一背离，先锋派不再具有传统艺术担负的凝聚统一的社会功能，而是直接对现存的社会文化发起挑战，力图引发社会文化的变革，因而它深刻改变了艺术的传统社会功能，起着分解社会的新作用。但是，奥尔特加又指出，艺术中的彻底"非人化"是不可能实现的，即便在最抽象的线条中也隐含着"人"的形式。这是先锋派艺术本身具有的悖论性质。先锋派艺术在展示艺术自身局限的过程中宣告了艺术的自主，同时也注定进入艺术不断的自我否定之中，最终因为日益专业化而成为一种反艺术的艺术，颠覆了普遍的人性论，否定了自身的有效性，只是向着纯粹的艺术生产发展，从而改变了艺术在人类事务中的重要意义和协调功能，使得艺术虽然没有丧失自身的属性，却已经变得不那么重要了。这一悖论实际上意味着现代性塑造的现代人开始反对现代性的理性和进步原则，体现出一种抗拒工具理性的独特审美现代性特征。[①]事实上，利奥塔提出的先锋艺术的"非人"也不能摆脱奥尔特加的理论中有关先锋派的这一悖论。先锋派艺术家拒绝继续背负受众的十字架，拒绝接受别人强加在他们身上的标准，推翻可见的现成手法，让公众看到隐藏在可见世界背后的不可见的东西，这是后现代的先锋艺术的关键所在——呈现不可呈现性。不可否认，先锋派是现存体系的反对者，但是所谓的创新永远是相对的，只有在历史的维度中，创新精神才能被认知和阐释。利奥塔所要求的永远脱离公众、放弃共同的社会理想追求的先锋艺术家，真的能够完成对资本主义社会和科技至上的工具理性的彻底批判和解构吗？答案是否定的，因为在剔除社会历史维度之后，利奥塔的后现代的先锋艺术无法最终颠倒资本主义的剥削关系和利益原则，他的先锋艺术理论也只能是对资本主义的抽象批判，甚至被后者所同化沦为媚俗艺术。这一悖论充分说明，资本主义的文化危

---

①　参见周宪主编《文化现代性与美学问题》，中国人民大学出版社2005年版，第138—147页。

机不能在资本主义社会体制内消除。因为资产阶级的社会机制并不在于理性，而在于经济结构。市场关系才是现代资本主义社会最根本的维系机制。所以，真正的改变只能从经济结构着手，而不是由文化开始。

第五章

崇高与社会公正

对西方现实社会和现代性各种解放叙事的失望，使得利奥塔在后现代主义的道路上越走越远。在 20 世纪七八十年代法国知识分子伦理学转向的大背景下，利奥塔的后现代主义对哲学、美学、艺术各个方面的思考归根结底都来自并最终指向于对社会政治领域问题的思考。他把哲学的注意力重点放在我们生活于其中的社会实际状况之上，在他看来，"哲学应该在对眼前事物的研究中推导出对真和对善的理解，脱离这一点，任何时候对真和善的追求都是一种错误"①。在这个意义上，利奥塔的哲学是唯物主义的。他主张以后现代艺术的非人性抵抗资本主义社会的科技和总体性的非人性，这既是艺术理想，也是社会理想。利奥塔这一思想鲜明体现出法国当代思想家们对传统同一性哲学的反叛，后者通常认为隶属于艺术和美学的感性经验并不会对我们理解世界产生太多帮助，感性经验只有在被认为具有审美价值时才受到重视。相对于传统同一性哲学对永恒理念的推崇，利奥塔则更多地从感性经验出发思考理性的限度。他感兴趣的不是理想，也不是抽象的观念，而是活生生的社会现实。他曾经说："除了对这个非人的抵抗以外，所谓'政治'还剩下什么呢？"②

通过对不可呈现性的呈现，文学和艺术可以转换已经建立起来的描述和刻画世界的方式，并介入社会、政治和文化领域的论争，从而开辟新的思想和行动出现的可能性，让公众听到那些被沉默所威胁的声音。"当有人说政治的时候，他经常坚持有某种需要建立的东西。如果这东西不在社

---

① ［英］詹姆斯·威廉姆斯：《利奥塔》，姚大志、赵雄峰译，黑龙江人民出版社 2002 年版，第 21 页。

② ［法］让－弗朗索瓦·利奥塔：《非人——时间漫谈》，罗国祥译，商务印书馆 2001 年版，第 7 页。

会的中心，如果没有中心的话至少它在社会中无处不在，质疑存在的体制，计划改善它们，让它们变得更为公正，如果不是这样的话就没有政治可言。这意味着所有的政治都要对现实做些什么。"① 也就是说，政治是行动性的，为了让社会变得更加公正，政治质疑并改善社会现状。但是，在后现代主义对现代性解放叙事和元话语的解构之后，哪一种政治理论是可能的呢？怎样把后现代崇高美学作用于伦理和社会政治领域，建立新的连接方式以实现社会公正？利奥塔做出了自己的回答，他的政治学写作常常把政治问题作为判断的问题来考虑。借助崇高美学，他试图在反思判断中发现政治判断的合理依据，并经由康德的批判哲学和列维纳斯的伦理学找寻后现代政治的出路。

就本质来说，利奥塔的后现代政治学解构传统马克思主义的意识形态，质疑阶级斗争的宏大叙事，可谓一种后马克思主义的艺术和文化的政治哲学，它是一种不同于宏观政治的微观政治，一种不同于阶级政治的后阶级政治，一种不同于现实政治的具有诗性气质的话语政治。②

第一节 后现代政治的反思判断

一 从审美的反思判断到政治的反思判断

后现代主义经常被指责为放弃一切价值取向的虚无主义，但这种指责对利奥塔的后现代理论来说可能并不成立。他坚决反对各种总体性的宏大叙事，却并未否定关于自由、民主的现代启蒙理想本身。实际上，利奥塔始终没有放弃对合理、平等、公正的社会生活的理想追求。不过，实现这种理想对他来说意味着保持历史的异质性的本来面貌，绝非实现某种特定的一体化和总体性的思路。从"二战"中德国纳粹对犹太人惨无人道的种族灭绝政策、阿尔及利亚充满矛盾性的民族独立战争到苏联与欧洲社会主义国家的诸种纷争，利奥塔一次次体会到历史事件和历史叙事之间的矛盾。他认识到历史本身的"事件"特性，即特殊性和偶然性，再也不相

---

① Jean – François Lyotard, *Just Gaming*, trans. Wlad Godzich, Mineeapolis: University of Minnesota Press, 1985, p. 23.

② 参见陶永平《后马克思主义文化政治学及其文论价值》，《中国文学研究》2014 年第 1期。

信任何总体性的叙事和概括，反而认为如果把所有的历史事件都归结到某种宏大叙事的理论范式之下，把历史事件看作对某种现实性的证明或未来希望之所在，那么社会现实只能重回恐怖，革命只能转向过火、暴力和极权，并最终远离启蒙理想的初衷。于是，按照自己对现代性的崭新理解，利奥塔试图在异质性中找寻真正的现代性道路，他极为看重反思判断，希求以政治的反思判断来使人类社会一步步趋向公正和平等。

把通常应用于审美领域的反思性判断力运用到社会政治领域的可能性及其具体实现，还是应该从康德的批判哲学说起。

康德在他的批判哲学体系中，把人类的经验划分成三个独立的领域——知识、道德和趣味，这三个领域又分别对应于哲学内部的三种探索，即认识论、伦理学和美学。在第一批判，也就是纯粹理性批判中，康德提出，所有的知识必须以经验为基础，知识起于精神概念和物质感知的关系中。他还区分了以经验为基础的概念和提供概念条件却又没有直接对应对象的纯粹理性理念。后者是独立于一切经验的理性，控制和制约着概念起作用的方式，但是其本身却没有直接对应物，无法被呈现出来。在第二批判，也就是实践理性批判中，康德推导出了道德的基本原理，指出如果一个行动被称为是善的，只能是因为其动机是公正的。而公正的动机的基础则是表达普遍道德规律和最高行为原则的"绝对命令"（categorical imperative）。绝对命令出自先验的纯粹理性，只体现为善良意志，与任何利益打算无关，因而它是无条件的、绝对的，没有任何经验的内容，不能从现实中被推导出来。康德把绝对命令表述为：不论做什么，总应该做到使你的意志所遵循的准则永远同时能够成为一条普遍的立法原理。由绝对命令出发，康德还推出一条实践原则：你的行动，要把你人格中的人性和其他人人格中的人性，在任何时候都同样看作是目的，永远不能只看作是手段。根据纯粹理性判断中区分概念和纯粹理性理念的标准，绝对命令就是一个纯粹理性理念，而不是概念。因为绝对命令控制着人类行为的各个方面，本身却不能描述特殊的状况或行为。人类的自由以这个绝对命令为基础，却不能被化约为经验知识，因为自由不是自经验中产生的。康德认为，人在道德上是自主的，人的行为虽然受客观因果的限制，但是人之所以成为人，就在于人有道德上的自由能力，能超越因果，有能力为自己的行为负责。承担道德和义务，不需要别的理由，因为义务源自对没有经验内容的道德法则的尊重。尊重摆脱了利益、爱好等经验动机的束缚而完全由理性自己的意志决定。利奥塔认同康德关于道德的绝对命令不可被推演出来的论断，但显然否定了康德的先验分析在实际应用中的作用。

到了第三批判，也就是判断力批判中，康德试图通过美学弥补前两个判断中产生的认识论和伦理学的分歧。他区分了决定性判断力和反思性判断力，前者由一般到特殊，意味着具有一般性的普遍规律是既定的，从而帮助人们辨别某一特殊的事物到底是否属于某种普遍规律。而后者则由特殊到一般，特殊成为既定条件，需要寻找的则是普遍规律，也就是从具体的事例中找到一般性和普遍性所在。但是，康德还补充说，反思性的判断力只具有主观的有效性，因为它所取向的一般仅仅作为逻辑之类比的经验的一般。这就是说，反思性判断力所趋向的一般，不像决定性判断力的一般那样具有确定性。在决定性判断力中，如果一般不具备确定性和可靠性，那么由一般到特殊的推演将会失去意义。但对反思性判断力来说，首先肯定的是特殊的既定性，如果把它向一般性的归纳简单看作是从一般到特殊的逆向运动，那就抹杀了决定性判断力和反思性判断力之间的本质区别，从而也会抹杀认识活动和审美活动之间的本质区别。反思性判断力的一般只停留在经验层次，是一种逻辑的类比，所以反思性判断力本身包含着表达某种不确定性的可能。

康德把反思性判断力应用在审美领域。他以质、量、关系、模态四个契机对美进行了分析，指出美是无利害的快感，具有无概念的普遍性，是对象的无目的而又合目的性的形式，不凭借概念而必然使人愉快。这里所说的普遍性、合目的性和必然性所表达的都是一种趋势或运动过程，而不是一种确定或静止的终结状态。而审美的反思判断中包含的非确定性和开放性，就意味着反思判断本身没有任何现成的标准作为判断依据。在进一步区分了美和崇高之后，康德指出，对于美和崇高的判断都是反思判断，只不过在崇高之中，由于审美对象非比寻常的庞大，想象力已经失去了把握对象的能力，只能依靠超乎感觉的理性理念确立征服对象的信念。根据反思判断的原则，崇高的情感最终必定会指向某种一般性的东西，也就是指向美的四个契机中要求的普遍性、合目的性和必然性的东西。康德认为理性理念就是这最终的指向所在，它属于审美主体的主观意志，已经进入伦理与道德的领域。所以，崇高情感可以看作美学向伦理学的过渡，美学进而成为沟通认识论与伦理学之间的桥梁。

但是，对于利奥塔来说，康德的理性理念显然不能从先验就此直接过渡到实际的道德实践的经验领域。他认为，康德的理性理念，仅仅具有抽象的指令作用（prescription），而不能起到指称作用（denotation），也就是不能确实给人以实际行为的指导。换句话说，理性理念只是规定了一种总体性的形式而没有规定具体的内容和行动方案。指令使用的话语与概念提供的知识无关。由此，利奥塔指出，在伦理学的实际应用中，康德在《实践理性批判》中对一般义务和道德的可能性的条件的先验分析不能起到规定性的作用，它们还是停留在先验的层面，只是作为理性理念而发生作用。被康德作为原则活动的能力的实践理性，绝对不可能填充理性理念和道德实践之间的距离。正是因为我们不知道道德命令的确切内容，所以只能尊重伦理事件的独特性，在特定语境下通过逐例判断承担责任。至于美学，也无法起到康德所希望的桥梁作用。因为具有"自然合目的性"的审美反思判断，其功能是偶然的、暂时的、当下的，是没有标准的判断，也不可能允许一个统一的主体或系统的重建。反思判断的功能仅仅是批判的，知性和道德之间仍旧不可通约。所以，利奥塔认为，康德的哲学中缺少了一个重要的部分，即"缺乏一种经验的道德（'审慎'的道德），也即一种政治"。[①] 这对现实的运作至关重要。利奥塔并不是说，康德应该写出第四判断，而是认为康德的第三判断中缺少了第三部分——政治的反思判断。因为在他看来，反思性判断力除了作用于审美对象和自然之外，还可以作用于社会政治领域。社会政治领域需要这样一种判断的方法，这也就是经验的道德所应该遵循的法则。

　　利奥塔揭示了审美判断和政治判断之间的相关性和一致性。对前者来说，重要的是对不可呈现性的呈现；对后者来说，历史"事件"的特性则凸显出政治判断的特征。如果把某种理性理念直接运用到具体的、历史的判断之上，实际运用的是一种决定性判断力。可是决定性判断力属于纯粹理性的范围，是认识论特有的判断方式，不能被作用到社会政治、历史的判断和解释中来。社会政治领域所运用的判断力，只能是反思性判断力。可见，审美的判断和政治的判断在方式上的一致性，最终导致利奥塔的后现代崇高美学向着政治领域渗透。但是，那种所谓的崇高政治学并不存在，这正是他所明确反对的。他认为，如果像尼采或巴塔耶那样仅仅欢

---

① ［法］让－弗朗索瓦·利奥塔：《后现代性与公正游戏》，谈瀛洲译，上海人民出版社1997年版，第74页。

呼于差异，欢呼于共识的不可能性，必定会导致错误的超人政治，回到恐怖主义的老路，正如希特勒的纳粹主义。因此，利奥塔说："对于崇高政治学来说，没有这种政治学。它只能是恐怖。但是有一种政治学中的崇高美学。"[①] 崇高政治学和政治学中的崇高美学的区分，就是在利用崇高制定一个政治纲领、计划和在政治学中证明崇高、歧论的存在，引发进一步行动的可能性之间的区分。前者只能重步现代性宏大叙事的后尘，后者才是后现代条件下逐例判断的政治学应该持有的政治理念。这样的政治理念是多样性的发散理念，利奥塔反对将抽象观念和理论作为行动的基础，把当下的事件看作一切哲学的优先主题，真理、善、确定性与当下事件相关，它们是相对的，而不是普遍绝对的。利奥塔认为，正是有赖于这一公正理念的约束，后现代政治才不会重蹈覆辙。

二　崇高：历史的记号

利奥塔注意到，康德在晚年写作了不少有关政治议题的文章，已经考虑到政治判断的基本模式，并在《从世界政治的角度看普遍历史的理念》中提出了将认识论原理应用于政治问题时所产生的局限性。在《歧论》中"历史的记号"一节里，利奥塔对康德的有关思想进行了阐发。他指出，在最直接的史实面前，用认识论的概念进行分类和概括时，往往会发现政治历史是无序而混乱的，我们无法对之做出清晰的归纳和判断。而康德又指出理性理念所昭示的历史向着"目的王国"（kingdom of end）前进的进步性。于是，混乱史实和进步目的两种话语之间由此产生了不可逾越的异质性鸿沟，使得人们无法获得统一、整体的历史观。为了填平这条鸿沟，康德提出了"引导之线"（the guiding thread）的说法。虽然人们仍然心怀历史进步的理想，但是也必须认识到这种理想不能像在认识论中的认识对象那样直接呈现，也就是无法把理想落实到实在的层面上，与具体的历史产生直接的对应关系，它只能是一种自由的、类比的呈现。利奥塔认为，我们在崇高情感中就遭遇到了引导之线的否定性呈现。所以，虽然人们可以通过直观中的某些现象来说明某种理想，但是这个现象却不能

---

① Jean – François Lyotard, *The Postmodern Explained*：*Correspondence 1982 – 1985*, trans. Don Barry, Bernadette Maher, Julian Pefanis, Virginia Spate, and Morgan Thomas, Mineeapolis：University of Minnesota Press, 1992, p. 71.

作为论证历史进步时的确切例证，也不能将其作为某种先验的图式。现象和理想之间不存在直接的因果关系，只能用"引导之线"将二者联系在一起。这条引导之线的引导就属于反思性判断，它与认识论的原则无关，不能得自于某些概念或直观。

　　为了进一步说明这一观点，康德又提出了"历史的记号"（sign of history）一说，并以此对人类的进步性做出论证。所谓自由、进步都是理念的对象，在康德的哲学中，理念的对象是不可能被直接呈现出来的。况且，这些向着更好目标的发展作为人类历史进程中一个尚未到来的存在，只能是某种期待。康德认为，在此不能靠某种直观给定来证实或呈现这种无法呈现之物，直观呈现证明的仍然只是描述性的术语，却不是其本身。这就需要事件，事件把自己交付给人类历史，必定暗示着某种缘由，同时考虑到时间的关系，它的作用又是未定的。事件本身不是历史进步的原因，但它却是有所指示的，充当了历史的记号。康德以1789年的法国大革命为例对此作了说明，法国大革命的旁观者对革命的热情和同情，是崇高情感的一种形态。它之所以成为历史的记号，不是因为打破了黑暗局势而建立了崭新世界，而在于它为将来可能的进步提供了基础，体现出了人性朝着越来越好的方向进步，这是在道德伦理上进步的证明。其中最重要的并不是教给人们应该怎样去做的行动规划，而只是对人们的行动召唤。换句话说，历史的记号仅仅是进步的基础，并不是实现进步的各种手段。利奥塔认为，大革命旁观者的热情并不具有伦理价值，但是，作为崇高情感的热情，其作为政治记号的作用是不可忽视的。通过记号之说，机械论和目的论、感性世界和超感性世界之间的鸿沟虽然不能被填平，但是其边缘却被超越了。这样，政治历史足以在尚存的微小缝隙中找到立身之处。如此可以证明，人类利用反思理性的自然倾向的确是可以实现的，历史向着更美好的未来不断进步却不必担心差错也是可以被预见的。

　　利奥塔认为，崇高感起到记号的作用，它是"一种感情的悖论，这种悖论公开、集体地感觉到某种'无形的'东西暗示着经验的超越，那种感觉构成了对市民社会理念甚至世界性社会理念的'虚拟呈现'（as if presentation），也就是说它构成了对道德理念的虚拟表现，不过这又是在理念不能呈现之处，是在经验内部进行的。尽管崇高作为记号指示暗示了一种自由的因果关系，但它却具有证明的价值，证明那些确认了进步的话语……"① 同时，这也意味着人们能够把历史看成整体而非无关事件的混乱集合。当然，这个整体不是建立在现代性宏大叙事对于历史进步的强制性思考之上的。宏大叙事统治下的现代历史哲学往往与政治信念捆绑在一起，叙述了我们如何变成我们，把现在定位为连续性的一部分并指向可能的未来。但是利奥塔认为，事实上这样的话语本身产生于它所栖身的历史叙事之中，无法吸收一系列作为历史记号的事件，更加无法实现宏大叙事所保证的前景。在历史的记号面前，被证明的只是人性进步本身，而不是某种单一应对历史事件的方法论。崇高"好像"呈现了绝对理念，呈现了道德，所以崇高的情感本身成为历史的记号，必定会导致人们对历史话语连接方式的无限思考，"驱使哲学家去证明什么东西同这种情感连在一起，去寻找谈论事件的方式"②。这个记号在当前模式下，其本身也很快成为进步的标志。故而这时候的记号，已经不单是历史的记号，而是历史本身，as if 变成了 is。因此，崇高的情感作为对文明理念、世界性社会的"好像"呈现，本身经历了一种变革，它不再是对进步的好像呈现，而构成了进步的历史。

在此，利奥塔和康德之间出现了分歧，这也是后现代思想和启蒙思想之间的分歧。康德的历史观念是关于理性和自由的进步，对理性始终抱有乐观的态度，认为理性理念虽然没有直接的直观呈现，但是人类可以无限接近，最终肯定能够形成一个"目的王国"的整体。那时，人成为伦理上的最终目的，而不是完成任何伟大理想的手段，具有普适的伦理法则，所有人制定并接受其统治。至于利奥塔，他特别指出，历史记号的出现并不是出于康德所说的目的王国理想的激励，它也不指向康德深信不疑的最终人类会形成的统一的整体，而是向着异质性的结局发展，存在着各种可能性。对他来说，历史的记号证明了人性的进步，也更加证明了宏大叙事的失败和不可靠，以本身不能被同化的力量打开了后现代性的可能，这些事件并不指向同一种可能性，而是为历史的重新思考开辟了多种路径。崇高的情感"好像"呈现了文明和道德理念，昭示着没有标准的反思判断，

---

① Jean – François Lyotard, *The Differend : Phrase in Dispute*, trans. Georges Van Den Abbeele, Mineeapolis : University of Minnesota Press, 1988, p. 170.

② ［英］詹姆斯·威廉姆斯：《利奥塔》，姚大志、赵雄峰译，黑龙江人民出版社 2002 年版，第 147 页。

不管这些记号对于已经存在的政治历史来说有多不当，"我们必须判断它们好像它们证明了历史已经向前迈出了一步……这一步在于不是单一目的的理念指明了我们的情感，而是在于目的以不同方式对理念的自由探索之中，这一结局是异质性结尾之无限性的开端"①。也就是说，利奥塔的目的是说明关于历史的探索始终是复数形式的思考方式和话语类型。历史的记号对于子孙后代来说作为一种呼唤着没有标准的判断的情感而存在。我们在看待这些事件的时候，要本着看待后现代的文学和艺术那样的眼光来理解这些事件，永远记住没有预先存在的意义和标准，也不会有最终的定论。不管在什么条件下，对它们的理解永远是敞开的。

利奥塔特别提出了"奥斯维辛"作为历史记号的例子。奥斯维辛这个第二次世界大战时期臭名昭著的纳粹集中营，成为利奥塔思考政治和哲学问题的一把钥匙。而利奥塔的沉思实际上发端于法国修正主义历史学家罗伯特·弗里森（Robert Faurisson）对第二次世界大战时期犹太人大屠杀的否认。弗里森宣称，只有来自于真正用自己的眼睛看见了毒气室的受害者的证词才能证明纳粹毒气室的存在。换言之，只有在毒气室中待过并且还能够生还的人才有能力证实毒气室的真实性。但是事实上经历了毒气室屠杀的受害者已经死亡了，根本无法提供弗里森要求的证词。利奥塔指出，弗里森在逻辑上没有错误，可是受害者的灵魂却无法站出来为自己说话——歧论就在这里发生了。在修正主义历史学家恶意扭曲的逻辑和话语体系里，纳粹大屠杀的受害者无法发出任何声音，只能保持屈辱的沉默。在这个意义上，历史学传统的探索方式显得如此让人难以接受。利奥塔对之提出了质疑，他指出历史学的传统探索方式往往是靠统计数据和经验证据来验明真相，但是对于纳粹大屠杀这样的人间惨剧，世人根本不可能提供足够的文件和证词，因为它们早已被有计划、有预谋地大规模销毁了——这本身已经构成了大屠杀的一部分。所以修正主义者找到了在逻辑上无法反驳的推翻史实的理由。以利奥塔的眼光来看，"奥斯维辛"是历史的话语类型中发生的崭新事件，变成一个等待着被不同话语读解的历史记号。在修正主义的恶意否认面前，奥斯维辛的沉默激发出一种情感，使得这个事件本身从人类历史中凸显出来，投下永久的身影，不断质问组织

---

① Jean – François Lyotard, *The Lyotard Reader*, ed. Andrew Benjamin, Oxford：Blackwell, 1989, p. 409.

历史的观念与理性的方式，呼唤着思想家们为之冒险，"把自己的耳朵借给在知识规则下不能呈现的东西"①，认识到自己身上负有的社会伦理责任，倾听歧论，用自身不同的资源追求实现公正、回应恐怖的可能性语句。作为情感反应最为激烈的记号，崇高也因此为社会提供了源源不断的进取动力。

第二节　"歧论"政治学

一　事实一价值二分法

在《公正游戏》中，利奥塔已经论述到了公正和政治的问题。他认为"公正"只能是局部的、多元的、暂时的，随着论争和具体情景的变化而变化，没有最终的保障。不公正对于个人来说，并不简单意味着身体或心灵受到伤害，更重要的是在政治判决面前失去了说话的权利，无法在现有的规则体制下表达出自己受到的伤害。社会公正和真理之间不存在一种可以沟通的桥梁，而非公正和政治"恐怖"正是从那种桥梁说的统一假设中而来。政治作为追求公正的手段，属于"指令"的语言游戏，并不依赖理性存在的世界的说法，它不是可以推断出来的。这种语言游戏与知识领域追求真理的"指称"的语言游戏之间是不可通约的。语言可以翻译，但语言游戏却不可以。"指令"和"指称"两种语言游戏虽然都意味着"应该"做出某种回应，但是利奥塔认为，政治"指令"尝试改变世界，指向某种行动却并没有具体描述某个状态。因为这种指令来自康德所说的不可呈现的理性理念，无法在经验的知识领域予以说明。"指称"的语言游戏则在知识领域起作用，直接指明某些东西或描述某个状态。作为指称的"应该"做什么通常已经与某种本体论相连接，并从其中推导出来。而这正是康德和列维纳斯在伦理学中强烈拒斥的推断。

康德伦理学的基本原则，我们已经在前文介绍过了。实际上，"指令"和"指称"的区分就是康德对认识论和伦理学所作的区分。而在列维纳斯的伦理学中，"指令"的"应该"则来源于超验性的"他者"，这个"他者"不是现象，反而是"世界"现象的中断。它不仅是不可呈现

---

①　Jean – François Lyotard, *The Differend: Phrase in Dispute*, trans. Georges Van Den Abbeele, Mineeapolis: University of Minnesota Press, 1988, p. 57.

的，而且根本不可能被转化为任何概念。虽然"他者"不能被逻各斯所触知，但是却保持着与我们在伦理上的关系，希望我们接受并尊重这种绝对性，而不必在任何逻辑或者理性的基础上去做判断。这种对"他者"的责任和义务的感觉不基于某一种功能或者话语，也不能根据任何利益或者目标被理性化，仅仅是因为我们感觉到了有做出判断和行动的义务。可见，虽然这两位哲学家的出发点不同，但他们其实在各自的理论中都强调了"指令"和"指称"的区分。对此，利奥塔深表赞同，他认为康德看到了认识论和伦理学之间的异质性。不过，对利奥塔来说，康德哲学那种发展某种超验的最终结果，已经让位给了语句的基础价值和能够激发起伦理意义的情感。利奥塔说，"最起码，我们会承认一种任何人都不能找借口否认的义务（用更模糊的说法，它也叫原则）是正当的……一种义务的真正价值就在于它不能通过任何论据进行讨论。这里说的合理讨论或者辩论都是建筑在对公正的理想之上的……特别是亚里士多德辩证法意义上的认识对伦理和道德的侵占"。义务"应当表现为一种首先是'空无一物'的义务。它存在的标志并非一种观念，而是一种感情——尊重的感情。应当通过自由的思考来决定义务的内容"①。从这个角度看，有学者评论说，利奥塔也赋予了自己的哲学以某种超验性，只是"与康德的（唯心主义）理念的超验相反，是一种唯物主义的超验"②。

同时，尽管利奥塔不像列维纳斯那样把我对他者负有的伦理义务当作第一哲学的根本原则，但是他承认列维纳斯赋予伦理义务对于认识的优先权。对于利奥塔在社会政治领域的探索来说，康德的重要性自不必言，列维纳斯的影响同样非常深远。20世纪80年代，利奥塔在回忆自己的思想历程时曾经谈到，列维纳斯的著作已经伴随着他二十多年的学术生涯。③列维纳斯关于他者不可能被主体认知或同化的超越性规定是利奥塔在列维纳斯的伦理学中获得的最大启发。列维纳斯意义上的他者突破了认识论的限制，是绝对超越的、外在的，它的出现和发生"没有属性，没有场所，

---

① ［法］让－弗朗索瓦·利奥塔：《后现代道德》，莫伟民、伦晓笛译，学林出版社2000年版，第87—88页。

② Richard Brons, *Postmodern Thinking of Transcendence*, in *Lyotard：Philosophy，Politics，and the Sublime*, ed. Hugh J. Silverman, London & New York：Routledge, 2002, p.191.

③ 参见 Jean－François Lyotard, *Peregrinations：Law，Form，Event*, New York：Columbia University Press, 1988, p.38。

没有时间，没有本质，他者只是他的要求和我的义务"①，并不是一个以决定性判断作用的认识事件，而是一个以反思性判断作用的情感事件。利奥塔希望表明，道德律的义务品格来源必然永远是隐蔽的、不可证明的。个体面对道德律时油然而生的敬畏情感就是义务，这一敬畏之心本身并不需要规范的权威化，对受话者来说具有指令性的不对称。就"不对称"这一点来看，利奥塔远离了康德的思路，转向列维纳斯。在康德那里，义务的主体就是自由的主体，他为解决必然与自由之间的二律背反，设计了一个服从自然规律的他律性和服从理性规律的自律性并存的先验双重主体。自由出自于自己而不是他者。先验主体集发话者、受话者甚至法则于一身。但是利奥塔认为，义务指令的发话者和受话者是截然分开、不可交换的。借助于列维纳斯的观点，利奥塔跳出了自律的主体。在列维纳斯的伦理学中，自我与他者的关系不可逆转。自我对他者负有绝对义务，但却不能要求对方的等价交换。道德判断中自我对于他者的责任是无限的，并不涉及对自身利益的衡量和计较。绝对他者不可认知，不是与主体相对称的另一级，而是自我得以可能的条件。由于与他者的"遭遇"，主体的建构成为可能，主体只是这一"遭遇"的结果。在自我与他者的关系问题上，如果根据这两者的对立来加以表述，意味着假定了一个超出于这两者之上的总体性视角，那么自我与他者就会有一个共同的基础，结果最终导致他者又变成了自我的另一个版本。在《歧论》中，列维纳斯绝对超验的外在他者变成了于此刻当下发生的语用事件，为利奥塔摆脱自律主体的政治哲学提供了新的维度。

让我们回到利奥塔关于"指令"和"指称"的语言游戏的论述中。利奥塔认为，"指令"和"指称"的语言游戏的重要区分就是我们思考政治和公正问题的基础。在哲学传统中，这一区分实际上是"事实—价值二分法"（fact – value distinction）。事实指示了世界上的事物的实际状态，而价值产生于人类关系和主观倾向。18 世纪的英国哲学家休谟在《人性论》中对此有过明确的说明：许多的思想家经常将"是什么"（what is）用作为"应该是什么"（what ought to be）的论据基础，但是应该是什么在逻辑上不能从事实是什么之中推导出来，应该做什么基于其他的前提，

---

① Jean – François Lyotard, *The Differend*：*Phrase in Dispute*, trans. Georges Van Den Abbeele, Mineeapolis：University of Minnesota Press, 1988, p. 164.

比如主观愿望的倾向性或者文化上对什么可以被允许的共识。简单说，价值标准并不产生自事实。只不过，利奥塔认为，现代性的政治理想往往忽略了这一点，把价值从现实事物的状态中推导出来从而导致总体性的宏大叙事，基督教的范式即是如此。它把末世学引入西方思想的中心，事先规划好自己的合法性，支配"具历史性的现代想象物"，建立"一种完全而整体的关系"。① 资本主义的范式也是如此：通过市场，亦即通过亚当·斯密的"看不见的手"的干预，从无数矛盾冲突的私利中创造出普遍和谐，将人性从贫穷中解放的资本主义叙事。英国学者西蒙·马尔帕斯对此进行了具体的分析，指出这主要通过两种方式来实现。② 一种是把"指称"当作"指令"的基础，认定人类社会有某种真实存在，"诚如一种征服现实并向现实强加外衣的理想"，③ 如果让社会实现了这一状态，那么公正和正义就会实现。所以人们必须要遵守关于真实社会的指示和知识的一系列规则才能获得公正，否则将会受到惩罚。还有一种方式是，公正存在于人们的自我决定或者说自治中，自己为自己制定法律。而按照利奥塔的思路，这种自治团体也会形成某种总体性叙事。一个社会宣称自己内在包含着公正，制定了维护正义的法律，所以就压制一切来自于外界的批判。根据内部人的意志和外来者根本无法认可的律令来铲除外来者的歧见，这正是帝国主义的雏形，历史上就有现成的例子，"德意志帝国覆灭不久，1920 年，欧内斯特·荣格用这种厚颜无耻的热力学语言对盟军的胜利评价说：一个自认为自由的公民团体比纪尧姆二世手下精英组成的等级森严的组织更适合于作'总动员'，这个诊断被第二次世界大战和冷战的结果证实了"④。在利奥塔看来，以上两种方式都不能真正实现公正，因为公正不是去遵守一套法律的问题，而在于是不是能够保持不同语言游戏的独立性和差异性，不是化约为一种元语言。类似于康德提出的伦理学的"绝对命令"，利奥塔所谓的公正，基于对人类和语言游戏的异质性的

---

① ［法］让－弗朗索瓦·利奥塔：《后现代道德》，莫伟民、伭晓笛译，学林出版社 2000 年版，第 64—65 页。

② 参见 Simon Malpas, *Jean - François Lyotard*, London & New York：Routledge, 2003, pp. 54 - 55。

③ ［法］让－弗朗索瓦·利奥塔：《后现代道德》，莫伟民、伭晓笛译，学林出版社 2000 年版，第 47 页。

④ 同上书，第 130 页。

尊重，并没有实际的直接内容，只能通过逐例判断来保证。这样看来，不公正并不是公正的对立面，而是把特定的人群或语言游戏加以限制乃至消灭，让其不再有继续游戏的权利，当然无法为自己说话。① 这些思想，在《歧论》中得到了更进一步的发展和说明。

二　语句世界的歧论

"歧论"是利奥塔哲学的标志性术语，如果后现代状况意味着元叙事的解体，那么可以说，歧论就是这种解体的影响。利奥塔根据语言，更确切地说是语句来解说歧论。歧论是沉默的瞬间，语言处于不稳定之中，我们感觉到"必须以语句表达的一些东西"②，在现行话语体制下却没有合适的语句能够表达。于是，只有一种对于不公正的痛感。通过这痛感的激发，我们得以寻找能够表达歧论的语句连接方式，也因此在其中感受到一种快感。而痛感和快感的结合，正是崇高的情感。利奥塔曾经说过，歧论就在崇高感的中心，所以，后现代条件下对抗总体性的斗争，就是呈现不可呈现性的斗争。但是，从其一般意义上来说，歧论是永远不会消除的，新的歧论将不断从现实中产生。所以，呈现不可呈现性的斗争永远都是进行中的斗争，没有最终的胜利者。在这个意义上，为边缘群体寻求权力的话语，比如妇女研究、同性恋研究和黑人研究，都是在见证歧论、寻找在不可呈现性的可能呈现方式的斗争中出现的新话语。

相比于语言游戏，利奥塔认为"语句"更好地表达了自己关于歧论的理论。他在《歧论》中用语句体系（regimes de phrases）代替了《公正游戏》中所采用的维特根斯坦的语言游戏，因为维特根斯坦依然遵循了确定性的逻辑，同时，"语言游戏"仍然预设出以语言为工具的游戏者，但语句先于任何主体的意向，则彻底摆脱了人类中心主义。语句当然

---

① 作为后现代主义的代表人物，利奥塔却被有的学者评价为深具现代气质。在这里，我们发现他的确与启蒙理想的"现代气质"有某种契合之处。因为他看待社会公正的观点与法国大启蒙思想家伏尔泰的名言——"我不同意你说的话，但我誓死捍卫你说话的权利"异曲同工。也正是由于利奥塔对社会公正在后现代语境下的执着追求，他被认为是过于伦理化和宗教化的。（参见 James Williams, *Lyotard*: *Towards a Postmodern Philosophy*, Cambridge & Malden, MA: Polity Press, 1998, p. 134。）

② Jean - François Lyotard, *The Differend*: *Phrase in Dispute*, trans. Georges Van Den Abbeele, Mineeapolis: University of Minnesota Press, 1988, p. 13.

可以指人们说出的话语，但在利奥塔那里，语句的意义不止于此。语句可以是以任何形式传达的任何信息，包括演讲、大笑、尖叫、哭泣，甚至沉默本身也制造了一个语句。因为沉默意味着拒绝或不可能回应，这里面也必定包含某种意义。利奥塔认为，语句不是哲学或者语言学上的一个定义，而是一个中立的、自我预设的实体，内容空洞，没有任何意识形态可言，其本身与某种话语类型之间没有必然关系，具有"事件"的根本特征。如果对它下定义，这个定义本身就是根据认知的话语类型来排列的一组语句。语句的影响具有基础价值，超越了任何事先固定好的观念。人们于心灵中感觉到这种价值的存在，但是又无法呈现它。只能从后面的句子追寻当下语句的意义和合法性。

一个语句可以把四种因素综合到一起：语句的发出者（addressor）、语句的接受者（addressee）、语句的指涉物（reference）和语句所传达的关于其涉及物的意义（sense）。这四个因素集合起来构成一个语句世界（phrase universe），在一个语句发出之前，四个因素单独来看都不能作为语句的起源，在语句发生之前它们本身并不作为发出者、接受者、涉及物和意义而存在。只有在语句发生时，不同的因素汇集起来才成为语句。语句因为四个因素的不同组合呈现为不同的表达（presentation），而语句之间的关系使得具体指涉物和意义的存在成为可能，也就是对应了不同的处境（situation）。也就是说，一个语句因为紧跟其后的另外的语句限定，由"表达"进入"处境"。这样一来，"这个后来的处境永远不能把握最初表达的全部潜在含义，它只是把表达限制在更为具体的处境之中，并且消除了在最初语句的表达中所产生出来的众多可能性"。[①] 由此出发，利奥塔最关注的是语句之间相连接的方式。连接是必然的，但是对一种语句的回应方式却是偶然的，我们可以用很多种不同的方式来回应同一个给定语句，比如针对有人说"这张椅子很舒服"，可以回应说"这张椅子的确不错""这椅子对我来说根本不舒服""我一点都不在乎"，或者"你嗓门怎么这么大"，等等。不同的回应语句表达的含义也不尽相同，也许是对指涉物或其意义的赞同、争论、不屑，或者也许是转移、改变了原有的

---

① ［英］詹姆斯·威廉姆斯：《利奥塔》，姚大志、赵雄峰译，黑龙江人民出版社2002年版，第110页。

指涉物。①

　　为了更好地说明语句，利奥塔又详细区分了两个术语，"语句体制"（phrase regimens）和"话语类型"（genres of discourse）。这是他原先运用语言游戏理论所无法分清楚的两种术语。语句体制包括指示、描述、询问等不同的言语使用方式，而话语类型则意谓更广泛的意义上的不同的话语，比如科学、文学。语句体制是组成语句世界的不同方式，一种体制要服从一种体制的规则，这是用另一种体制无法代替的，它们之间不可通约，不可能完全等同。而话语类型则把不同的语句体制组织起来，确定了语句之间的连接规则，把不同的语句体制整合为一个单一结局。比如，科学这种话语会把疑问、描述、定义、论证等语句体制整合起来，最终获得对某一研究对象的精确认识。每种话语类型都有自己的价值判断标准，判断某种语句体制是否有效，所以可能也会在其类型中禁止特定的语句体制。这就意味着，一种话语类型就是组织语句形成某一终局并赋予语句以合法性价值的方式。话语类型之间也是不可通约的，没有等级之分，没有任何一种类型具有凌驾于其他类型之上的权威地位，能够为别的类型制定规则。同时，这意味着一个超验的普遍性主体也是不可能存在的。如此看来，理论其实是一种类型。现代逻辑已经阐释了这种类型的规则：公理体系的持续性、完整性和决定性，还有公理的独立性。在这种情况下，理论是句子间的连接的精心阐释，首先被组合成体系化的表达。语句化的理论不成问题，但问题是发现在何种情况下理论的类型会产生逻辑推理错误。因此我们认识到，有些情形是不能被统一到理论之中的，它们和理论本来就属于不同的话语类型。所以，我们要重新寻找已经存在或尚不存在的适合这些新状况的话语类型。但是，当现代性条件下知识话语以及由此衍生的宏大叙事占据主导地位时，总体性的理论恐怖就发生了，这是利奥塔最为抗拒的事情。

　　一个语句通过整合四种因素表达一种体制，进而进入一种话语类型，它携带了远远超出其本身显示的大量信息，向着社会关系的复杂世界敞

---

　　① 关于"表达"和"处境"的区分也被利奥塔置换到了亚里士多德的时间观中，利奥塔认为亚里士多德区别了"事件"和"表达—事件"，"事件"不可重复，一旦被表述，就被置入了语句世界的关联之中，成为一种"表达—事件"就不再是"现在"了。对利奥塔来说，这再一次证实了当下现在的重要性。

开。利奥塔指出，由于把某种给定语句和另外的语句相连接是必要的，于是，用怎样的语句来回应的问题，常常就是政治的问题。但是，政治不是一种话语类型，而是话语类型的多样性，出现在把语句相连的每一次决定中。在一种话语类型内部，每做出一种特殊的连接，那些被此种话语类型拒绝的连接方式就不再可能出现。这是一些语句相对于其他语句的"胜利"，致使很多其他的语句无法呈现自身——这正是利奥塔歧论政治学的基础。也许一次语句的连接是极其微不足道的，但也许一次语句的连接将会改变一种文化、一个种族的命运。由此出发，利奥塔把文学、哲学乃至政治学的使命归结于为不可通约的歧论立证。

艺术、哲学、政治，都不属于特定的话语类型，也不能被归结到认知的领域之中，在这三个领域中运用的都是反思性的判断力，在没有标准的情况下进行判断，为可能出现的歧论担当证人，呈现不可呈现性，这是利奥塔的崇高美学能够在社会政治领域有所作为的最根本基础。但是三者虽然可以类比，却无法同一，因为"没有共同的先验语法"① 存在。在他看来，艺术，至少是先锋艺术为他的政治探索提供了一种范型，先锋艺术不断挑战自己的底线，进行新的实验，生成新的形式，同时也不确定到底会导向何处。这样看来，艺术没有限定的边界。哲学也是如此，在1984年的一次访谈中，利奥塔谈道："我对所谓的传统的哲学写作方式一无所知。一种适当的哲学不是要去拥有一种合适的类型。它可以是悲剧、小说、杂志、对话、谈话、道歉、报告、论文、学习、研究、质询、散文、手册、专题，所有类型都适合它。这是因为哲学话语是为了寻求规则，而不是从一开始就遵守某种规矩。哲学借鉴某种类型，为了把他自己插入到这种类型中，由此，反思判断可以质问这一规则。这是足够的，使所借鉴的类型脱离一般的合目的性。"② 利奥塔把自己归属于批判的哲学家，他一直在试图避免两种极端：一种是作为导师式的思想者，以哲学发现真理的名义提出行动建议；一种是具有高傲的贵族气的哲学家，看轻社会政治层面的行动。他认为，批判哲学为自身做出判断，没有外在于自身的系统

---

① ［法］让－弗朗索瓦·利奥塔：《后现代道德》，莫伟民、伈晓笛译，学林出版社2000年版，第81页。

② Jean－François Lyotard, with Georges Van Den Abbeele, *Interview*：*Jean－François Lyotard*, Diacritics, 14：3（1984：Fall），p. 18.

标准，不可以也不可能做出一蹴而就的判断，使自身话语合法化。任何根据已经阐释好的规则来解读一个文本或者事件的尝试，都不能再被称为批判，甚至也不再是精确意义上的理论。批判理论，必须运用反思性的判断力，自己成为自己的批判对象，自己为自己立法。判断力仿佛给我们的身体和思想定向，要求它们处在某种"情感"里。这是一种引导式操作，一种启发式活动，它推动思想的先验活动，使思想意识到它自己的状态。在此，利奥塔实际上把哲学从平静的状态推向紧张化的状态，为了避免某一种类型或体制压抑了其他的声音，哲学始终要保持在不同话语类型、语句体制之间的张力。

这里，利奥塔再次强调了康德提出的反思性判断力。正是因为反思的判断力是前概念的，是被感觉到的，所以，它先于某种特定的话语类型，没有专属领域，其运用并不局限在某种类型或体制之内，而经常打破既定类型或体制，在它们之间做出多种连接，使得各个领域得以沟通交往。由于事件的独立性和特殊性，我们总是需要在没有标准的情况下进行逐例判断。利奥塔曾以群岛为比喻，解释反思性判断力的重要性。他指出，每一个独立的岛屿都好比一种话语类型，通过海洋与其他岛屿相连，而反思性判断力就是在各岛屿之间的船只航行，也许是一艘旗舰，或者是一艘供应补给船。为了有所交流、互通有无，岛与岛之间互相派出自己的先遣队。反思性判断力的航行就这样把不同的话语类型连接起来，或许是通过贸易往来，甚至是挑起争端。换句话说，不同岛屿（类型）的维持、交流都要靠航行于其间的反思性判断力。一种话语类型的任何改变，不同话语类型之间的交流，都是因反思性判断力而产生。如若不然，人们就会被困在一种类型的规则和结构中，就像没有船只往来，人们会被困在小岛上一样。正是在反思性判断力的作用下，利奥塔思想中的审美、哲学和伦理得以共生。对伦理义务的认可是一种反思性的认识，只有当我们在美学、哲学和政治中按照其天性来保留歧论的时候，公正才会实现。由此，尽管美学并不能为政治提供合法性的基础，不过出于二者类似的对事件的敏感性，把政治和美学相类比，这使利奥塔多少体现出一种"泛美学化"的倾向并因此受到质疑。

歧论的政治学，包括利奥塔曾经提出的力比多政治学，都属于处在不断流动状态下，却不拥有任何本体论或者行动纲领的理论。利奥塔的政治理论很独特，他拒绝了政治基于试图抓住所有事件真理的可能性的理论范式，关注异质因素在社会中的自由扩散，试图在多样化的社会现实中寻找公正。利奥塔认为，政治团体和传统政治理论限制了社会生活本来面目的多样性和差异性，对他来说，没有一种政治理论可以做到对任何事件的完全公正，事件的政治意义不是通过任何一个政治团体来实现公正。他的后现代政治要求为歧论做证，以受话者的身份聆听来自他者的声音，即列维纳斯意义上倾听的政治学，进而在此基础上以说话者的身份突破原有的连接方式，寻找社会更加公正的可能方式。但是，对歧论来说，没有所谓公正的解决办法。既然语句类型具有彻底不可通约性，那么任何解决方式都只是断言一种语句体制的合法性，而以另一方的沉默为代价，这只会加剧不公正。在这个意义上，我们在现实生活中，可能永远都不会亲身体验到公正。故而，虽然利奥塔对现存的资本主义制度极力抨击，但是他决不会设想某种作为替代物的新生社会制度。归根结底，他这一观念的出发点仍然是维护歧论的无所不在，见证并保护个体生命的本真存在。在这个意义上，政治并不是对于某一政治实体的统治或是政府、政党治理国家的行为制度，而是如利奥塔早在《冲动的装置》中就声明过的，更接近于古老含义的政治学，即某种尚未决定的东西。利奥塔甚至把自己看作一个政治家而不是传统意义的哲学家，他提出，"解放从今以后由体系本身来承担，具有某种应有的本质的批判是体制所要求的，目的是为了更有效地履行这个职责。我想说如果体制仍处于争议中，如果仍有争端，那么批判就这样有助于改造争端"①。

所以，先锋艺术家、批判哲学家和歧论政治家的唯一能做的就是发现并见证歧论，在各自的领域为它们寻找可能的表达方式。这是一项悖论性的工作：呈现不可呈现性。尽管这种努力注定是徒劳的，但利奥塔认为，至少这会立刻画出一条抵抗总体性的分界线。只有忠于后现代情感也就是崇高的情感，才是有价值的。他似乎赋予人类以"浮士德"之名，在意义的缺席和虚无中不知疲倦地永远前行，在崇高的瞬间震惊中自我体认，以未定性捕捉心灵的希望所在。于他而言，这才是生存的基本意义所在。

---

① ［法］让－弗朗索瓦·利奥塔：《后现代道德》，莫伟民、伈晓笛译，学林出版社2000年版，第47页。

三　知识分子的责任

利奥塔从"语句"的角度来指定歧论并规定了先锋艺术家、批判哲学家和歧论政治家的任务，这实际上涉及他对知识分子的重新认识。1983年，法国社会党政府发言人曾向法国知识界发出呼吁，呼吁他们不要空谈"介入"，应该就法国经济与社会的实际发展做出具体思考。作为应答，利奥塔于当年在《世界报》上发表了题为《知识分子的坟墓》的文章。他在文中剖析了"知识分子"这一称呼的含混性，认为以往的知识分子总是以普遍主体自居，实际上掩盖了他们角色和责任的特殊性和复杂性。利奥塔明确指出，政府发言人不会找到他们所需要的知识分子，因为那种类型的知识分子属于过去的时代，普遍性的知识分子已经不存在了。后现代语境下，以立法者为企图的普遍学者转变为从事专门研究并提供新的分析工具的特殊学者。如果有新的理论原则存在，那就应该从理论解构的否定性中萃取新的视角，把理论本身转换为追查理论所内含的普遍化或霸权企图的危险。

在利奥塔看来，西方传统的知识分子更像是把自己放在人类、民族、人民或其他类似存在位置上的思想家，成为被赋予了人类的自由、民族的独立、人民的解放等普遍价值的一个主体，或者说某种普遍价值的代言人而处在中心地位。这些"普遍主体"作为理论的最基本前提，往往在理论上不受质疑。在《后现代状况》中，利奥塔已经从知识的原则与知识形态的多样性出发解构了普遍主体的合法性基础，他认为在后现代社会，知识话语呈现出一种异质性的、非总体化的状态，作为知识主体的个人完全消融在各种知识原则和形态之中，具体来说，消融在各种类型的语句散播中。主体由于不同的社会功能被分解，人的社会功能也表现出多样性，这些功能从自身各个方面来看是彼此异质的，各种功能之间不能直接过渡。所以，知识分子对某种功能的承担，并不能保证他们有效完成其他功能。不仅如此，利奥塔还看到，当今西方社会的知识分子越来越紧密地与政府、经济运行相联系，已经被整合为经济体系中的重要成分，接受公认的评价标准，他们身上所具有批判性的棱角被慢慢磨平。在这个意义上，他说，不应该再有知识分子，并且一再强调，就艺术而言，现代艺术是不负责任的。现代艺术家拒绝的就是按照一定方式组织起来的价值构成与设立了某种终极意义的普遍主体。也就是说，艺术没有特定的受众，艺术品不知道为谁而作。利奥塔认为，设定了受众也就意味着承认某种共识和趣味共同体的存在，这会直接导致对普遍价值的认可。所以，画家、作家、哲学家承担的唯一职责不在于追求永恒真理，而是不断以新的创造回答绘画、写作、思想是什么。他们不必考虑作品的评价标准、教育意义和观众接受等问题，只需考虑"创作"。更重要的是，他们也不是必须与一个普遍主体认同才能承担人类共同体的责任，才能从事创作。同时，利奥塔指出，自己不是主张画家只能绘画，作家只能写小说。他对职能的区分目的在于区分真正的知识、艺术活动与现代性总体性的"妄想"，使职能的多样性和独立性更为明确，以消解知识分子所代表的权威与中心，把权力还给被排除在知识之外的大众，期待公平性。

　　可见，利奥塔极力避免重回普遍主体的理论框架，他对西方传统知识分子的质疑仍然是对于某种理想价值对社会的统一规范作用和由此形成的总体性的质疑。同德里达在《法律的权力》中表达的思想一样，利奥塔担心社会公正变质为强权游戏。然而，利奥塔最终并没有拿出一个切实可行的方案来贯彻这种知识分子的独立职能的思想。我们认为，从把权力归属大众这一点来看利奥塔对于公正的追求，是具有进步意义的。但是他以脱离社会现实的语句来解说歧论，并进一步规定知识分子的责任，这不仅过于抽象，最重要的是忽视了社会历史发展的角度和阶级的角度。而只有通过阶级属性的分析，通过消除传统的体力脑力劳动的区分，才能彻底实现他所追求的权力颠覆。把权力归还给大众——这实际上主要取决于劳动大众的自觉意识水平和知识化水准，需要来自人民大众、真正隶属于人民大众的知识分子，他们的世界观必须建立在实在的社会劳动之上，此种类型的知识分子、艺术家才能提供传统标准无法厘定的真正"创作"。利奥塔没有看到这一点，或者说即便他看到了这一点，也会因为其语言学转向和对海德格尔关于主体去中心化思想的继承而不愿意承认。所以，我们认为，利奥塔关于知识分子的设想和出发点不能说不好，可最终却只能沦为镜花水月式的空想，无法形成对社会现实的有效批判。

余 论

一 崇高以外：美学传承与转型

现代西方哲学新思潮的不断涌现，极大地冲击和改变了原有的哲学版图，传统的认识论和本体论等越来越边缘化，而那些以人的文化观念、公平正义、生活方式和行为方式等为研究对象的哲学分支领域，如文化哲学、伦理学、生态哲学、语言哲学等发展起来，占据了主导地位。这一影响也体现在现代西方美学的发展历程之中。通过对利奥塔哲学之路的回溯和后现代崇高美学的解读，我们发现，利奥塔的哲学、美学思想演进契合了现代西方哲学、美学发展的大趋势，紧跟现代西方哲学的语言学转向和法国知识分子伦理学转向的主题转换，兼具当代法国哲学的两大传统——隶属于后期现代哲学范畴的现象学存在主义传统和隶属于后现代哲学范畴的结构—后结构主义传统的精神特质。由此，从西方哲学、美学思想变革的大背景出发，对利奥塔后现代崇高美学进行宏阔视野的审视必不可少，唯其如此，才有可能把研究进一步引向深入，准确把握后现代美学转型。

（一）个体化的情感主体：主体性美学的变革

我们知道，美学自诞生之日起就密切关注主体的感性问题，鲍姆嘉通自1750年创立美学学科以来，一直将美学定位为"感性认识的科学"。但是西方古典美学视域下的感性依然是统摄在理性、哲学和逻辑学的归属之下。到了现代美学和后现代美学经由非理性转向和人本主义思潮的双重建构，重新确立了感性经验、直觉体悟、情感意向与心灵意义的本体论价值。主体情感体验逐渐成为美学理论和美学研究的重要话语，并且成为贯穿现代性和后现代性的重要因子。"美学应该超越以单纯的理性的眼睛和逻辑的眼睛看待现象界，应该借助于独特的感性和诗性的眼睛俯视万象，反观历史和瞻望未来，打量主体的心性，以获得新的观念和体悟。"① 进入后现代社会以来，由于主体社会实践的改变和生存体验方式的转型，主体的精神体验和文化实践愈发引起关注，后现代思想文化范式虽然从"向内"介入身体的主体体验中引发变革，以主体间性完成了从认识论美学到存在论美学的转型，给当前人文社会科学注入了强大的反思向度，但其核心仍然是对于人类主体的关注。在这个意义上，利奥塔的后现代崇高美学仍然没有突破现代西方美学的大方向。

　　后现代思潮一方面给当代人文社会科学带来整体学术范式的改变，学科互涉成为新的研究理路，另一方面消解了过于高扬主体性特质的审美自律、空间征服和自然祛魅，转向更加开放和多元的审美文化实践。相应地，认识论维度上带有形而上学色彩的超验存在因为缺乏主体身体的参与，不再适应后现代社会的思想景观和现实情况。在现象学转向、语言学转向、伦理学转向，包括马克思自下而上的"生存—实践"论哲学的大的学术场域中，利奥塔以瞬间永恒的未定性构建起主体心灵世界的无限时空，期待从异化的存在状态恢复原初的生存体验，虽然哲学意义上的客体本体论和宏大叙事的理想话语在崇高美学中销声匿迹，但以身体体验介入的主体性美学的建构不是被减弱了而是被加强了。在这个意义上，利奥塔取消了总体性的理性主体，却建构起了个体化的情感主体。有学者把西方理论场域下的后期现代哲学和后现代哲学统称为"此在形而上学"，其目标是为人及其生存展现当下的根据。② 就此而言，虽然包括利奥塔在内的后现代哲学否定了先验论，但主体依然是中心范畴，依然以主动性和自主性为特征。不过，由于纯粹精神原则和内在确定性的丧失，人必须在与自己的身体、他人、外物打交道的过程中寻求自身的保证。围绕时间意识，此在形而上学描述人在周围世界、生活世界、文化世界中的处境，更加关注人的个体生存性。纯粹精神原则虽然被抛弃了，但是精神

---

　　①　转引自裴萱《空间美学的建构及其后现代文化表征实践》，《郑州大学学报》（哲学社会科学版）2014 年第 2 期。

　　②　参见杨大春《语言身体他者——当代法国哲学的三大主题》，生活·读书·新知三联书店 2007 年版，第 9—11 页。作者提出，后期现代哲学，尤其是后现代哲学始终寄生在形而上学传统中，以调和折中的方式来获得自身的形而上学表达。世界、心灵、上帝三大传统形而上学主题通过变形，比如海德格尔的"此在"、萨特的"人的实在"、梅洛－庞蒂的"肉身化主体"等，构成了新的形而上学主题，也就是"此在形而上学"。

性因素依然占据核心地位。这里所说的精神不再是实体意义上的绝对化，而与人的意志和情感体验，与人的活动和行为紧密相关。由此，审美活动彰显了作为个体主体的、不可重复的神秘世界，在不同的文化表象中发现意义可以被否定性传达却有效阐释的领域和各种异质性因素共存的张力关系，有机建构起主体的后现代生存体验和情感归属。后现代文化的特质和魅力正是在于其流动性和多元性，唯有此时此地的自身体验才是最为真实的审美存在。

（二）从认识论到存在论：主体间性美学的确证

在19世纪末20世纪初人类个体意识觉醒和全球性实践展开的时代历史背景下，主体间性（inter‐subjectivity）随着近代哲学向现代、后现代哲学的发展、过渡而凸显出来，在相当程度上显现出西方哲学时代精神发展轨迹。主体间性是主体之间的互识、共识活动和共存、交往状态。与主体性在主客二分的认识论框架模式上建立主体的认知主动性、构成性和统摄性不同，主体间性把哲学思考的重心转移至主体与主体之间的认知与共存关系。胡塞尔在认识论前提下第一次明确提出主体间性论题，虽然其初衷仍是为主体中心性的先验自我服务，但却明确引入趋向于消解这种中心性的主体间性概念，起到了承前启后的作用。作为一种哲学思维方式，主体间性的认知体验被用于思考人与世界、与自然、与他人的深层关系，认可非主体对象的真实、独立存在并把非主体的对象置于主体地位，以自我与他人冲突、共存、交往关系的建立方式建立主体与对象主体的相互关系，在更深的层面上广泛影响着人文社会科学的研究方法与思维范式。由具体路向来看，表达问题的复杂性让语言的重要性不再隐匿，语言哲学和分析哲学使在语言交际关系上的主体间性关系进入哲学研究的主要视野；身体地位的确认，以及超越认识论发展而来的存在论哲学对主体间性的自觉思考，使哲学研究重心由主客二分的对立模式向着消解先验主体的此在主体之间的共在交往发展演进；他者代替普遍主体成为思考的焦点，哲学伦理学以人之伦理主体与他人的伦理、道德关系作为研究对象，在其产生之初便蕴含着主体间性的思想。

依托哲学思想成果与思维方法，当代西方美学也深受哲学主体间性发展的影响，处于认识论向存在论转型的发展路向上，抛弃了普遍主体的观念，不再把客观本体论的美的本质，以及主观构成性的审美主体作为其重点追问对象，而是在看到美学作为一种主体间性的精神活动的基础上，通

过美和审美所涉及的各种重要因素，重新认识创作活动和审美体验中主体
与对象相互的间性、交往关系。美学上的主体性特质经历了主体性扩张、
主体性消泯和主体间性重构的过程。在利奥塔的崇高美学中，个体化的情
感主体构成了主体间性建立的前提条件，而此时此地的歧论崇高则构成了
主体间性得以确证的时空场域。审美不再是主客之间仅凭视听感觉的一定
距离之外的和谐静观，而变成了凭借主体的构成能力使对象于此时此地经
由异质空间同时展开否定性呈现的介入，体现出主体间性的色彩。主体既
是情感性的，又是物性化的，并不具有支配性的力量和相对于"他者"
和语言的优先性，需要在与本己身体的关系、与他人的关系、与语言的关
系中获得理解。由此，在利奥塔这里，后现代美学实现了从单向度的空间
静观的认识论美学到多向度的时空介入的存在论美学之转型。在这个意义
上，从现代性的解构到后现代性的建构也体现出了一种文化间性。我们在
利奥塔的崇高中体验到此在与世界、与自然、与他者不能被简约、整体化
的多元交互关系，所有的艺术活动都作为个体化的情感主体于当下、现在
的活动而存在，个体化的存在价值和特殊境遇一再被确证。事实正是如
此，美学艺术作为人类存在境遇的文化表征，任何时候都离不开对生存问
题的关怀，缺少对生存境遇的深切关怀维度，美学艺术的内在价值与意义
必然丧失殆尽。

总之，无论是对西方后期现代哲学范畴的现象学存在主义传统的继
承，还是对法国后现代哲学范畴的结构—后结构主义传统的发展；无论是
对主体性美学的变革，还是对主体间性美学的确证，利奥塔的美学"以
其强大的冲击力深刻地改变着传统美学观、文化价值和评价体系。后现代
美学经过利奥塔而正式进入多元主义的新时期"①。

二　利奥塔崇高美学的理论价值和现实意义

利奥塔说，思想是云。正如一片白云把它的影子投射到另一片白云
上，云的形状随着观察角度的变化而变化，思想也以不同的速度被拉伸，
永远不会停止改变它们的位置。尽管思想的内核和表皮都是由同样的东西

---

① 冯雪、刘庆：《崇高的后现代转向——以利奥塔崇高美学为例》，《内蒙古大学艺术学院
学报》2012 年第 3 期。

组成的，但它们仍有深度。当人们自以为已深入到思想间的隐秘关系，分析其中所谓的结构或谱系时，其实不是太早就是太晚。思想是变化多端的，它们的边界就像分形几何学的创始人贝诺·曼德伯（Benoit Mandel-brot）笔下断断续续的线条一样无法度量。①

　　哲学是思想的话语，而思想捉摸不定。也许正是因为认识到了思想的复杂多变，才使利奥塔一生都不曾停止他在哲学领域的跋涉，现象学、马克思主义、精神分析学说、存在主义、语言哲学……他的整个学术生涯贯穿着对"事件"的敏感，持续探索西方近现代的诸种重要思想学说，并时时关注社会政治、文化艺术的新发展和新动向，希求觅得解决现实问题，使社会变得更加公正、开放、多元，人们得以生活得更加美好、自由的希望之路。从这个意义上说，利奥塔的后现代理论相比于其他后现代主义思想家呈现出更为积极的伦理价值。

　　孜孜不倦的学习和研究，使利奥塔具备了丰富的思想资源；对现实社会从未冷却的热情，又让他始终保持着鲜活的思想。利奥塔身上始终洋溢着创新的实验精神，他不断地吸取各种资源推动思想的前进，又不断地进行批判和自我批判。我们在利奥塔的哲学思想中可以轻易地读出一长串闪光的名字：亚里士多德、胡塞尔、梅洛－庞蒂、维特根斯坦、康德、海德格尔、列维纳斯……也许出于被某种思想同化整合的担忧，利奥塔在对这些哲学家的立场和思想进行借鉴的同时，又审慎地与他们保持着距离和批判性。如果以启蒙叙事的眼光打量，利奥塔最终都未曾找出一套令自己满意的解决方案，还曾因为理论的"漂流"而被看作会主义者。但这并不令利奥塔感到沮丧，因为他已然突破了寻求最终结果的现代性宏大叙事的思维模式，而是提出要重写现代性。这重写正是现代性所蕴含的自我超越，改变自己的冲动，突出表现在一场针对总体性发动的战争中：把本体论转化为修辞学，从一元的权威性转向差异的个体性，消解作为现代性标志的宏大叙事，主张不可通约的、多元的小叙事。利奥塔此处强调的重点在"破"不在"立"，他认为，在思维中最具有威胁性的不是思维的零散和断断续续，而是它自命为整体性的。如果人们用某种逻辑手段将思想固定在一个整体性的封闭区域中，将必然会掩盖各个思想领域之间的复杂关

_____

① 参见 Jean－François Lyotard, *Peregrinations*：*Law*，*Form*，*Event*，New York：Columbia U-niversity Press，1988，p. 5。

系。当然，利奥塔并不是说"事件"的独特性不存在被普遍化的可能，但他并不把普遍化的过程作为先天必然来看待，而看作经验性的后天事实。在此，被共识化的事件恰恰因为永存的"歧论"变成创新的起点——也就是崇高的瞬间。

因此，对利奥塔来说，他礼赞后现代，强调小叙事，并不意味着他认为这些小叙事代表了历史发展的新方向，一般性地强调价值多元，他的主要用意是对宏大叙事进行质疑，为尚未到来的新的价值观可能性预留空间。带着这样的诉求，利奥塔"悬置"了理论而求助于美学和艺术，以灵动的"图像"对抗僵硬的"话语"，在崇高美学和先锋艺术那里得到自己的思想共鸣，以崇高的情感来引导现代性的重写，于此刻当下的现在去呈现那不可表达的东西，见证歧论。利奥塔的崇高美学思想不仅是他的后现代主义哲学的有机组成部分，而且随着利奥塔思想的发展，崇高美学在他的整个后现代理论中占据了越来越重要的地位。他的后现代崇高美学以对个体生命生存的差异性和独立性为最终关切点，在以下几方面对我们今天的社会生活有着重要的意义和启示：

第一，利奥塔的崇高美学以崇高的情感来质疑总体性和激活差异，提倡多元、宽容的价值追求，实际上建立在对于个体生命存在价值的最高肯定的基础之上。价值是以生存主体为尺度的，具体的价值实现也必然表现出具体生存主体的特殊差异性和鲜明个体性。在现实的社会生活中，人是各种各样的。现实的社会生活，不仅造就了具有不同个性要求的生存主体，而且形成了各种来自不同层次、具备不同性质、怀抱不同追求的人的社会集合体，比如家庭、社区、社会团体、各种阶层、阶级、民族、国家、社会乃至整个人类。所有这些个人或集体的不同层次、不同形态，各自都在一定的范围内成为独立的主体，也必然与一定的客体结成某种特定的价值关系。而"每一个体的生活境遇、社会地位、知识背景等的不同，对同一客体的需求就不同，因而客体对主体的意义和价值也就不同，价值观念的差异也就是一个不可避免的事实"。[①]况且，随着经济的发展和社会的进步，多元化发展已经在今天这个时代根深蒂固，我们应该尊重各种不同的文化艺术、生活追求，尊重他人，保持创新精神和怀疑精神，使我们的思想观念不是陷入狭隘，而是不断宽泛起

---

① 参见文兵《现代和后现代价值观的超越：多元中的追求》，《学术研究》2008 年第 8 期。

来，去追求、创造新的生活和艺术方式。当然，对我们来说，尊重价值观念的差异，创造新的生活、艺术方式与培育和践行社会主义核心价值观并不矛盾。社会主义核心价值观体现了人类文明迄今为止在物质生活、精神生活和其他社会生活方面所积淀下来的基本价值取向。这决定了将社会主义核心价值观融入人们的生产生活和精神世界，具有重要的意义。在国家价值目标层面对于富强、民主、文明、和谐的追求，在社会价值取向层面对于自由、平等、公正、法治的追求，在个人价值准则层面对于爱国、敬业、诚信、友善的追求早已是人们反映在内心的生存诉求与共同和谐进步的"自明性"理想期望。事实上，在日常生活中，人们缺乏的不是对如上价值规范的现实追求，而是缺乏对这些凝聚人类发展进程中具有肯定性价值的真切体验和全面感受，以及如何把这些价值的实现融汇为现实生活有机内容的有效方式。所以，相比居高临下、抽象地向公众宣传和灌输社会主义核心价值观，我们更需要把社会主义核心价值置于社会发展和人们生产生活的生动实践中，正确认识社会价值导向与个人价值选择辩证统一的关系，尊重差异，鼓励创新，逐步实现人们对核心价值观个人层面价值准则的广泛认同。其实，不仅在对待人与人、人与社会的关系时应该保有对差异化选择的尊重，在对待人与自然的关系时也应据此做出重新定位和选择。价值关系是人与自然关系的重要方面，人与自然的价值博弈体现着人与自然之间相互依存、冲突和契合的关系。人类从来就不能脱离自然万物而独善其身，尤其在当代，当近百年以来迅速发展的工业和经济活动已经带来严重的环境污染、大量物种灭绝、气候变暖加速等严重的，甚至生死攸关的环境问题时，走出"人类中心"的认识误区，树立正确的自然观，全方位探讨自然的价值，尊重自然万物生存的权利显得尤为关键。我们应该认识到自然是具有内在价值的存在，不是我们在保护自然，而是自然给人类提供了生存的家园。以尊重万物的主体间性观照为前提，才能更好地实现人与自然的和谐共生。

第二，利奥塔在这个追求实利的浮躁时代重提崇高精神和先锋艺术，拒绝"金钱现实主义"的从众和媚俗，实则表现出他对于当今社会的文学艺术的商品化、平庸化发展的深深忧虑。利奥塔曾经讲到创作广告的美术图案设计者的悲哀，"如果行人只沉思广告及其艺术，这就是一种失败。如果广告海报并不能吸引行人去看表演，那么演出广告就不会布满他的办公室"①。所以，美术图案设计者必须推荐他们的作品和作品以外的其他东西。这是一种从属艺术，或者说"应用"艺术，市场要求美术图案设计者们须有一种仆人的谦卑。广告合同限定了广告内容和创作方向，设计者们就必须在它面前屈服。必须让自己的作品"有利可图"，这对于追求自由创作的设计者们来说，不仅是一种悲哀，更是现今这个时代的艺术家们无法摆脱的悖论。在现实的压力下，一部分先锋艺术家成了广告图案的设计者，他们背负对崇高的理想却不得不在一定程度上将它埋葬，在广告中寻找创意的快感之源，强调市场强加的利润和确定性。而另一部分不愿屈从于现实的艺术家仍艰难地生存着，他们甚至可能衣食不定，躲在阴暗的工作室里，尽情挥洒自己的艺术热情却终究只是孤芳自赏。当艺术成为商品生产，当文化成为市场的组成部分，"无论商品是文化商品，还是具有公共或社会利益，还是具有私人的用途和兴趣，差异已变得无关紧要了"。② 利奥塔哀叹于艺术高贵品格的丧失，艺术沦为迎合低级趣味的拙劣制作，艺术家、美术馆老板、批评家以及读者观众一起沉迷于流行时尚，而时尚的主导却是无孔不入的金钱现实主义。正是因为看到了这一点，利奥塔在今天这个先锋艺术几乎被遗忘的时代再次高呼崇高美学和实验精神。他坚信，以"非人"抗拒"非人"的崇高美学必定可以帮助人们穿越现实和陈规旧识的重重蔽障，深入人类心灵苦难深处的纯洁与伟大。先锋注定是孤独的，但是艺术决不能因此就弃守精神的高地。惊世骇俗的先锋艺术家创造的不只是游离世俗的艺术品，他们用艺术、用先锋精神吹响了迎接新时代的号角。

第三，利奥塔的崇高美学所体现的不仅是艺术理想，更是社会理想。利奥塔把静观的美学同社会政治领域的行动结合、统一起来，将美学从艺术鉴赏领域扩展到了人类的生存领域和实践领域，让崇高美学变成行动的美学。利奥塔的"歧论"政治学以证明不可通约、不可解决的歧论为目标，最终仍然指向对社会公正和正义的追求。而具有不可通约性的歧论是通过事件所激发的崇高情感向我们揭示出来的。利奥塔强烈呼吁的社会公正，不仅是世界各国共同致力实现的重要价值目标，而且更代表我们对待

① ［法］让－弗朗索瓦·利奥塔：《后现代道德》，莫伟民、伨晓笛译，学林出版社2000年版，第31—32页。

② 同上书，第27页。

差异和歧论的现实态度。如此，发现一些将歧论传达给他人的交流方式，特别是通过艺术和文学中的先锋派的技艺，是我们义不容辞的责任。利奥塔抽掉了传统形而上学的诉说，但他所宣称的"非人"并没有剥夺，反而大大强化了主体的道德责任感与自律性。与崇高情感和绝对先锋的精神联系在一起的行动能够作为一种对一般歧论的证明加以辩护，同时，通过这种证明被当作暂时、局部的行动，它也能够作为容许消除最初歧论的进一步行动而得到辩护。客观上来讲，尽管利奥塔没有发展出一种普遍的规范性立场，但是他揭示出西方社会总体性、普遍道德法则的异化对个体生存的压抑，强调捍卫私人领域，维护异质性，抵抗话语霸权，把社会引向宽容、多元，是有其现实价值和意义的。正如纽约前市长布隆伯格在2014 年哈佛大学毕业典礼的演讲中提到的："一所大学的职责并不是教学生思考什么，而是教学生如何思考，这就需要倾听不同声音，不带偏见地衡量各种观点，冷静思考不同意见中是否也有公正的论点。……在每个问题上，我们都应该遵循有理有据的原则，倾听他人的不同意见，只要我们这样做，就没有不能解决的问题，没有打不破的僵局，没有达不成的妥协。"① 尽管布隆伯格关于大学不应持有政治立场的观点有待于推敲，但在很多特殊条件和语境下，求同存异应该成为我们积极应对问题的理想选择。

综上三点可以得知，通常学界对后现代主义理论的理解，不管是认为后现代主义是要颠覆一切人类价值追求，以致可以归入虚无主义；还是认为后现代主义代表了对多元价值的诉求，从而走向不负责任的无政府主义，这两种或笼统或流于表面的批评和指责对利奥塔来说都是有失公平的。新的社会变革呼唤新的理论话语，我们对利奥塔的认识和评价不能脱离西方后工业社会的时代背景，利奥塔对自古希腊以降同一性主体哲学的"离经叛道"契合了当代法国人文思潮的发展方向，他把崇高美学的思想应用到社会政治领域，为"他者"留有一席之地，既容许了积极的行动介入，同时又避免掉进确定性的陷阱，代表了法国当代知识分子对现代西方文明的反思，为我们更好地理解法国当代哲学，重新认识西方哲学传统提供了新的契机和线索，也为我们在尊重与理解多元文化发展的基础上追

---

① 布隆伯格 2014 年哈佛大学毕业典礼演讲，http://edu.takungpao.com/zcpx/q/2014/0708/2585609.html，2014 年 7 月 8 日。

求更加美好的精神和物质生活提供了有益启发。

三　利奥塔崇高美学的思想局限

诚然，没有完美的思想，也没有圆满的理论。利奥塔把自己称为批判的哲学家，把批判看作学术和思想发展的生命，坚持以无规则指向判断的实践活动，同时也必须接受来自不同方向的评判和质疑。事实上，他的理论也确实存有不可忽视的局限性。

第一，利奥塔的崇高美学，包括他整个的后现代理论都过于强调断裂感和对现实秩序的消解。同时，又因利奥塔对语言哲学的倚重而缺乏社会历史批判的眼光，其意义上的事件所激发的崇高情感缺乏统一的思想基础，确有坠入相对主义泥潭的危险。过于夸张历史的决裂或断裂，这恐怕是许多后现代主义理论家的思想共性。对利奥塔来说，他面临的更有针对性的批评来自于一些评论者曾经提出的对他的现代性批判的质疑，认为利奥塔仅仅局限在从语言哲学的角度对现代知识进行批判，尽管其中也有一些针对资本的批判性的观念，但是却未能分析、理清资本主义与现代性之间的关系。就这一点来说，利奥塔把社会纽带看成语言，他本身拒斥种种宏大叙事，因而从原则上讲，要让他对社会整体趋势做出理论描述是不可能的。他的批评者认为，利奥塔缺乏社会理论和广泛综合的社会分析和社会批判，他的哲学倾向也始终妨碍他发展一种综合性的社会理论，故而，利奥塔尽管抱着寻求社会公正的美好愿望，但他的后现代主义学说越来越抽象和理论化，远离了具体的社会批判和社会分析。更进一步，由于利奥塔把社会公正还原为多元公正，因而也无法发展出较为普遍的公正理论或规范性立场，以便对社会做出总体性的评判。

第二，背弃公众，专注于绝对先锋的艺术实践面临着逃脱社会责任的危险，更无法让自身抵御现实力量的冲击。后现代崇高美学对资本主义社会市场化、非人化文化逻辑的批判和逃离，是通过对艺术表现形式不断刷新的探索与实验来实现的。利奥塔因此对先锋艺术寄予厚望，他认为艺术家唯一需要关注的就是创作本身，而不必有任何评价标准、教育功能和审美接受上的考虑和主张。如果从积极的方面看，这无疑会为艺术家灵感的迸发和才情的自由挥洒生发无限的可能性，给艺术实践留下自由创作的无尽空间；但从消极的方面看，利奥塔主张先锋艺术不必在意公众需求和社会责任，仅仅服从于不可呈现性的驱使，把目光聚焦于艺术创作本身，这在表面上看摆脱了来自于社会规范的束缚、艺术传统的枷锁和审美接受的挑剔，但往往会因为缺乏厚重的内容而失去其应有的分量，从而限制艺术作品的生命力，造成艺术家与社会的脱节。事实上，艺术从来不可能切断与社会现实生活的关系，如果缺少对生命、社会和时代的观照，艺术创作就会因此而步入极端，导向虚无，最终也就失去其存在的意义和价值。所以，后现代崇高美学在强调先锋实验的同时不应该忽视指向现实的精神建构和艺术介入，应把对艺术形式多样性和丰富性的追求与适度的社会性和理性精神相结合，保持对于艺术作品和艺术品格的合理批判。

第三，利奥塔的崇高美学理念及其在社会政治领域的实施缺乏一种现实层面的可操作性。实际上，这一局限与前一局限是紧密联系在一起的，也正是从前者引申出来的。就艺术领域来说，曲高和寡的先锋艺术如何在现实中真正实现以"非人"抗拒"非人"，先锋艺术能够在多大程度上发挥自身的作用；就社会政治领域来看，利奥塔又如何能保证公众在面临事件时能够持有他所期待的应有教养和素质，此类问题都未得到很好的解决。没有解决方案，这是利奥塔的哲学倾向决定的，也正是他哲学思想的本义。他反对任何名目的元叙事，自然也不会建立一套完整的能供任何人在实际应对事件、文本的时候具体操作的批判系统。德国学者弗兰克认为，利奥塔的理论缺乏一个以共享的语言体系为特征的主体间层面。共享语言体系的缺乏使得利奥塔主张的有效性缺乏基础。这一评价有其合理性，利奥塔对语句的过度关注造成对陈述行为及过程的自然忽略，语句背后所彰显的意识形态结构与权力也被一并忽略。我们认为，尽管利奥塔不相信历史和社会发展的规律性，在他的思想中，共同体系的存在也必然会同歧论的不可通约性构成矛盾，但他关于崇高及其揭示的歧论的论证如果使我们能够有效运用并在社会生活中产生一定作用，就不可避免要有一种共同的体系作为前提条件。不过，这种共同的体系却不能简单如弗兰克设想的那样来自于语言，而必然是某种更深层面的共同的价值体系。对我们来说，要做出历史现实下的科学、正确选择，这种价值体系只能也必须来自于马克思主义的科学的历史发展观和辩证唯物观。

在当前的中国语境下，现代性已经是一个作为进程的历史事实，在给我们带来巨大进步的同时，也已经或正在给我们带来各种困境。反思现代性应当也必须伴随现代化的全过程，在科学理论的指导下适当地运用后现代的视角反观现代性，能够使我们超越充斥着人类中心论、男权制、机械论和消费主义的现代世界，更好地关注这个时代的生态、和平、女权及其他解放运动，倾听那些沉默的"声音"。尤为值得注意的是，在全球化的今天，人们生活的方方面面越来越被现代科研机构和跨国金融资本主义所制约，并将个体和群体逐步整合进一个时尚消费的总体潮流之中，诉诸心灵的思想和艺术严重受到市场资本和消费文化的侵蚀。就此来说，利奥塔后现代崇高美学思想及其所崇尚的先锋艺术的实验精神显得尤为可贵，他的学说力图弥合理性和感性、思想和艺术、话语和图像之长期分立的局面，为我们当前的审美、政治、伦理提供了新的思考可能性。但是，利奥塔的后现代主义的价值取向来自于他身处的资本主义社会，更来自于他自身多年的研究和实践，有着历史反思的原因。所以，他对现代文明的抨击首先从元叙事这个本源上进行反思。而对于我们来说，当代中国仍处于实现现代化的进程之中，生产力和科技水平还相对较低，人们的科学理性相对缺乏，现代化的政治制度、经济制度和文化仍未发展到十分完善、健全的阶段。因此，我们更应该坚持马克思主义的基本指导地位不动摇，坚持在此基础上建立的，基本稳定的、具有普遍制度性的文化价值规范，也就是社会主义核心价值观，并由此以批判的眼光来看待利奥塔的后现代主义哲学、美学思想。

的确，每个人都应该创造美的生活，就像每个人应该向着道德前进，创造的生活和前进的步伐也并非千篇一律。但是，行动上的个人主义显然不是社会变革的最好选择，尤其当这种个人主义伴随着彻底的怀疑主义，并且对全局目标认识不足的时候。利奥塔在自己的理论中，把反思判断绝对化，过于强调历史事件的偶发性，仅仅指靠公众的修养和语言的力量，把他们对理念之声的敏锐感受力所激发"心灵的震撼"来作为社会公正和正义的筹码，陷入抽空个体生存现实物质根基的梦幻语境，只能在自己的批判学说里无穷打转，使"社会正义与其美学一道陷入不可言说的境地"①，很难在现实的社会建设中充当重要角色，发挥实质性影响。相反，马克思主义着眼于对资本主义经济基础和社会制度的批判，以其鲜明的阶级性关注西方经济与政治霸权的消除，其目的在于从根本上推翻资本主义制度，解放生产力，解放全人类，实现每个人的自由发展。现代性固有的弊端正需要马克思主义批判性的反省。实际上，在马克思的语境中，"革

---

① 秦喜清：《让－弗·利奥塔》，文化艺术出版社 2002 年版，第 237 页。

命"绝非仅仅局限于狭隘的阶级斗争和暴力革命，而指向实践的变革。可以说，内在的批判性意识是马克思哲学的核心精神，我们理解马克思的哲学贡献，必须着力于保持其思想固有的批判性维度，这是一种不妥协的辩证态度。马克思并没有自觉而明确地把自己的思想体系化，他的思想更不应该被归为西方专制主义的思想传统中；马克思主义也不是故步自封的刻板理论，而是充满生机的鲜活思想，不但揭示出了西方社会的困境，看到了一种全新社会的理想价值，为打碎旧世界的必然性与可能性作出了理论说明，而且指出了一条摆脱困境的现实出路，描绘出未来全新社会的蓝图。历史和现实已经证明，马克思主义仍然是我们在对历史与逻辑的科学把握中有效破解时代问题的思想精华。这是以利奥塔为代表的后现代主义哲学所永远无法超越的。

最后，必须指出的是，尽管利奥塔的思想存有不可忽视的局限性，但我们仍要对这位哲学家充满敬意而不必过分苛求。马克思曾说，任何真正的哲学都是自己时代的精神上的精华。在法国后现代思想阵营知识分子群像的深度书写中，不管是福柯对知识与权力关系的分析，德里达对在场形而上学的消解，还是利奥塔对宏大叙事的怀疑，德勒兹对欲望的重新解读，时代性已经成为与反理性、反主体性同样突出的鲜明特色，这也是法国哲学相对于英美分析哲学和德国理性传统的特质所在。① 由此出发，利奥塔思想的重要意义和独特价值，就在于他的时代性，在于他对时代危机的深度洞察，对人类命运的深刻忧虑和对个体生命的深切关爱。利奥塔深刻反思了西方社会的困境，指出工具理性对人性的侵蚀，提醒现代人警惕理性，打破盲目乐观主义的迷梦。他从崇高美学的基本观点出发，通过对社会公正的重新思考而对现有的道德立场进行了挑战。我们首先应该尊重

---

① 反理性特色主要针对当代法国哲学中盛行的后现代主义思想而言，但不可否认的是，法国哲学从来不缺"异类"。比如因宣称"柏拉图主义姿态"（Platonic gesture）而被认为与当代法国哲学环境格格不入的阿兰·巴迪欧（Alain Badiou）。巴迪欧被视为当代西方哲学语言学转向终结、科学思想转向开始的标志。他的事件哲学强调数学集合论中的无穷数概念，要求建立一种多元性的真理理论以适应存在的不可简约性。在他看来，哲学作为一种"逻辑的造反"，必须要重申真理的重要性，寻求普遍主义的可能。在此，我们发现一个有趣的现象：利奥塔和巴迪欧两位当代法国哲学家同样强调"事件"的重要意义，同样充满着伦理学期许，但哲学姿态迥然相反——前者奔向绝对歧论，后者走回形而上学。

利奥塔的后现代主义的批判精神和质疑精神，同时也应该认识到，一种思想能否成为现实社会理论发展和解决现实问题的有益借鉴，并不在于其所提出的具体内容中是否蕴藏着使一切问题迎刃而解的原点理论，而是在于其所秉持的精神和思想能否为我们敞开一个发人深省的思考空间。利奥塔的后现代哲学、美学思想生发于西方后工业社会的科技异化、文化裂变、知识转型、空间置换的巨大历史变革之中，作为西方传统哲学理论的"他者"，他用充满开放性的批判思想为人类关于哲学、美学、文化、艺术、社会、伦理的诸种思考开启了一个"异质"的理论场域，也为我们诠释当今时代的文化思想裂变提供了新的认知可能性。

利奥塔主要事迹年表

1924 年　　　　　　出生于法国凡尔赛

1948 年　　　　　　首次公开发表论文：《新时代》（*L'Age Nouveau*）
　　　　　　　　　第 28 卷的《德国的罪恶》和《现代》（*Les Temps*
　　　　　　　　　Moderns）5 月号的《生于 1925 年》

1950—1952 年　　　在阿尔及利亚的康斯坦丁担任中学哲学教师

1952—1959 年　　　回到法国，任教于拉弗莱什（La Flèche）的陆军
　　　　　　　　　子弟学校

1954 年　　　　　　加入"社会主义或野蛮"组织，出版《现象学》

1959—1966 年　　　任教于巴黎大学

1964 年　　　　　　加入"工人权力"组织

1966 年　　　　　　退出"工人权力"组织

1966—1970 年　　　任教于南特大学

1968 年　　　　　　在学生运动期间组织南特大学学生示威活动

1970—1987 年　　　任教于巴黎第八大学，从 1972 年起担任该校哲学
　　　　　　　　　教授

1971 年　　　　　　出版《话语，图像》

1973 年　　　　　　出版《冲动的装置》和《从马克思和弗洛伊德开
　　　　　　　　　始漂流》

1974 年　　　　　　出版《力比多经济学》

1974—1976 年	担任美国加州大学伯克利分校、圣地亚哥分校和约翰·霍普金斯大学客座教授
1976 年	担任美国威斯康星大学高级研究员
1977 年	出版《异教徒的指示》和《异教主义入门》
1978—1980 年	担任巴西圣保罗大学和加拿大蒙特利尔大学客座教授
1979 年	出版《公正游戏》和《后现代状况》
1983 年	参与创建巴黎国际哲学研究院，出版《歧论》
1984 年	出版《知识分子的坟墓和其他论文》
1984—1986 年	担任巴黎国际哲学研究院主席
1985 年	在巴黎蓬皮杜中心组织"非物质"艺术展
1986 年	被美国加州大学尔湾分校聘为杰出教授并负责该校"批判理论"项目，担任美国明尼苏达大学客座教授，出版《向儿童们解释后现代》
1988 年	担任德国席根大学客座教授，出版《旅行：法律、形式、事件》和《非人——时间漫谈》
1989 年	担任纽约州立大学宾汉姆顿分校客座教授，出版《利奥塔选集》
1990 年	担任丹麦奥胡斯大学高级研究员，美国纽约州立大学石溪分校客座教授
1991 年	担任意大利都灵大学高级研究员，出版《关于崇高的分析讲演录》
1992 年	担任美国耶鲁大学客座教授
1993 年	出版《后现代道德》
1993—1995 年	担任美国埃默里大学客座教授
1998 年	因癌症不治逝世

参考文献

中文部分

（一）专著

1. 杨大春：《语言 身体 他者——当代法国哲学的三大主题》，生活·读书·新知三联书店 2007 年版。

2. 王恒：《时间性：自身与他者——从胡塞尔、海德格尔到列维纳斯》，江苏人民出版社 2006 年版。

3. 江怡：《维特根斯坦》，湖南教育出版社 1999 年版。

4. 秦喜清：《让－弗·利奥塔》，文化艺术出版社 2002 年版。

5. 赵雄峰编著：《利奥塔论艺术》，吉林美术出版社 2007 年版。

6. 余虹、杨恒达、杨慧林主编：《问题》2，中国人民大学出版社 2003 年版。

7. 周宪主编：《文化现代性与美学问题》，中国人民大学出版社 2005 年版。

8. 王岳川等编：《后现代主义文化与美学》，北京大学出版社 1992 年版。

9. 陈嘉映：《海德格尔哲学概论》，生活·读书·新知三联书店 2005 年版。

10. 高宣扬：《当代法国思想五十年》，中国人民大学出版社 2005 年版。

11. 高宣扬：《后现代论》，中国人民大学出版社 2005 年版。

12. 高宣扬：《法兰西思想评论》（第一卷），同济大学出版社 2005 年版。

13. 杨祖陶、邓晓芒编译：《康德三大批判精粹》，人民出版社 2001 年版。

14. 周慧：《利奥塔的差异哲学：法则、事件、形式》，重庆大学出版社 2012 年版。

15. 尹航：《重返本源和谐之途——杜夫海纳美学思想的主体间性内涵》，中国社会科学出版社 2011 年版。

16. 王国维：《王国维文集》第三卷，姚淦铭、王燕编，中国文史出版社1997 年版。

（二）译著

1. ［美］道格拉斯·凯尔纳、斯蒂文·贝斯特：《后现代理论——批判性的质疑》，张志斌译，中央编译出版社 1999 年版。

2. ［美］道格拉斯·凯尔纳、斯蒂文·贝斯特：《后现代转向》，陈刚等译，南京大学出版社 2002 年版。

3. ［美］罗伯特·休斯：《新艺术的震撼》，刘萍君等译，上海人民美术出版社 1989 年版。

4. ［美］马泰·卡林内斯库：《现代性的五副面孔》，顾爱彬、李瑞华译，商务印书馆 2002 年版。

5. ［美］丹尼尔·贝尔：《资本主义文化矛盾》，赵一凡译，生活·读书·新知三联书店 1989 年版。

6. ［美］约瑟夫·纳托利：《后现代性导论》，潘非、耿红、聂昌宁译，江苏人民出版社 2004 年版。

7. ［法］让－弗朗索瓦·利奥塔：《后现代状况》，岛子译，湖南美术出版社 1996 年版。

8. ［法］让－弗朗索瓦·利奥塔：《后现代性与公正游戏》，谈瀛洲译，上海人民出版社 1997 年版。

9. ［法］让－弗朗索瓦·利奥塔：《后现代道德》，莫伟民、伭晓笛译，学林出版社 2000 年版。

10. ［法］让－弗朗索瓦·利奥塔：《非人——时间漫谈》，罗国祥译，商务印书馆 2001 年版。

11. ［法］让－弗朗索瓦·利奥塔：《话语，图形》，谢晶译，上海世纪出版集团 2012 年版。

12. ［法］埃马纽埃尔·列维纳斯：《从存在到存在者》，吴蕙仪译，江苏教育出版社 2006 年版。

13. ［英］路德维希·维特根斯坦：《哲学研究》，李步楼译，商务印书馆1996 年版。

14. ［英］詹姆斯·威廉姆斯：《利奥塔》，姚大志、赵雄峰译，黑龙江人民出版社 2002 年版。

15. ［英］理查德·墨菲:《先锋派散论——现代主义、表现主义和后现代性问题》,朱进东译,南京大学出版社 2007 年版。

16. ［英］伯克:《崇高与美——伯克美学论文选》,李善庆译,上海三联书店 1990 年版。

17. ［英］马尔科姆·布雷德伯里、詹姆斯·麦克法兰:《现代主义》,胡家峦译,上海外语教育出版社 1992 年版。

18. ［英］斯图亚特·西姆:《后马克思主义思想史》,吕增奎、陈红译,江苏人民出版社 2011 年版。

19. ［英］西蒙·莫尔帕斯:《导读利奥塔》,孔锐才译,重庆大学出版社 2014 年版。

20. ［德］彼得·比格尔:《先锋派理论》,高建平译,商务印书馆 2005 年版。

21. ［德］康德:《判断力批判》上卷,宗白华译,商务印书馆 1964 年版。

22. ［德］胡塞尔:《欧洲科学危机和超验现象学》,张庆熊译,上海译文出版社 1988 年版。

23. ［德］弗兰克:《理解的界限——利奥塔和哈贝马斯的精神对话》,先刚译,华夏出版社 2003 年版。

24. ［奥］西格蒙德·弗洛伊德:《梦的解析》,李燕译,陕西师范大学出版社 2011 年版。

25. ［英］鲍桑葵:《美学史》,张今译,商务印书馆 1985 年版。

26. 周国平编译:《尼采读本》,新世界出版社 2007 年版。

27.《马克思恩格斯全集》第 26 卷第 1 册,人民出版社 1972 年版。

（三）期刊

1. ［美］R.罗蒂:《哈贝马斯和利奥塔论后现代性》,李文阁译,《世界哲学》2004 年第 4 期。

2. 韩林合:《维特根斯坦论"语言游戏"和"生活形式"》,《北京大学学报》(哲学社会科学版) 1996 年第 1 期。

3. 肖鹰:《目击时间的深渊——利奥塔美学评述》,《国外社会科学》1996 年第 2 期。

4. 戚吟:《走向后现代之路——评利奥塔的〈漫游:法则、形式、事件〉》,《国外社会科学》1996 年第 2 期。

5. 戚吟：《无奈的后现代主义——论利奥塔的艺术理论》《文艺理论与批评》2001 年第 2 期。

6. 杨艳萍：《利奥塔研究述评》，《哲学动态》2001 年第 2 期。

7. 姚治华：《大圆满（Dzogchen）及海德格尔的四维时间》，《现代哲学》2006 年第 1 期。

8. 杨晓莲：《艺术·否定·社会——论阿多尔诺的美学思想》，《四川师范大学学报》（社会科学版）2002 年第 1 期。

9. 罗洪：《勒维纳斯的他者问题思考》，《安徽文学》2008 年第 8 期。

10. 文兵：《现代和后现代价值观的超越：多元中的追求》，《学术研究》2008 年第 8 期。

11. 王嘉军：《叔本华的崇高理论》，硕士学位论文，华东师范大学，2008 年。

12. 曹顺庆：《西方崇高范畴与中国雄浑范畴的比较》，《文艺理论研究》1989 年第 4 期。

13. 袁大勇、容新芳、秦建华：《山重水复探花明——中国崇高美学研究路径探索》，《社科纵横》2009 年第 1 期。

14. 苏国辉：《利奥塔后现代知识报告的批判逻辑》，《广西社会科学》2008 年第 7 期。

15. 汪民安：《后现代性的哲学话语》，《外国文学》2001 年第 1 期。

16. 陈嘉明：《利奥塔的悖谬逻辑》，《浙江学刊》2002 年第 5 期。

17. 张法：《利奥塔的后现代思想》，《四川外语学院学报》2002 年第 3 期。

18. 刘玮：《后现代主义大师利奥塔思想的内在矛盾》，《江西社会科学》2008 年第 11 期。

19. 傅华：《在悖论中生长的先锋艺术》，《西华师范大学学报》（哲学社会科学版）2007 年第 6 期。

20. 黄力之：《先锋艺术：跨世纪的反抗游戏》，《南京大学学报》（哲学·人文科学·社会科学版）2001 年第 5 期。

21. 张小平：《论先锋艺术及其特征》，《重庆邮电大学学报》（社会科学版）2010 年第 1 期。

22. 孔令笛：《加缪作品〈局外人〉中的荒诞之美》，《芒种》2013 年第 22 期。

23. 赵虹：《从利奥塔的三部著作看其后现代思想的连续性》，《科学·经济·社会》2010 年第 4 期。

24. 裴萱：《空间美学的建构及其后现代文化表征实践》，《郑州大学学报》（哲学社会科学版）2014 年第 2 期。

25. 李兵：《培育和践行社会主义核心价值观的实践逻辑》，《中国社会科学报》（马克思主义月刊）2015 年 5 月 27 日 B01 版。

26. 冯雪、刘庆：《崇高的后现代转向——以利奥塔崇高美学为例》，《内蒙古大学艺术学院学报》2012 年第 3 期。

（四）电子文献

1. 张庆熊：《胡塞尔论内在时间意识》，http：//www. douban. com/note/305755372/，2013 年 9 月 25 日。

2. 布隆伯格 2014 年哈佛大学毕业典礼演讲，http：//edu. takungpao. com/zcpx/q/2014/0708/2585609. html，2014 年 7 月 8 日。

英文部分

（一）专著

1. Badmington, Neil, ed. , *Posthumanism*, New York：Palgrave, 2000.

2. Baker, Robert, *The Extravagant*, Norte Dame：University of Norte Dame Press, 2005.

3. Benjamin, Aandrew, ed. , *Judging Lyotard*, London & New York：Routledge, 1992.

4. Bennington, Geoffrey, *Lyotard*：*Writing the Event*, New York：Columbia University, Press, 1988.

5. Brewster, Scott, Joughin, John J. , Owen, David, and Walker, Richard J. , ed. , *Inhuman Reflections*, Manchester & New York：Manchester University Press, 2000.

6. Browning, Gary K. , *Lyotard and the End of Grand Narratives*, Cardiff：University of Wales Press, 2000.

7. Carroll, David, *Paraesthetics - Foucault · Lyotard · Derrida*, New York & London：Methuen, 1987.

8. Crowther, Paul, *The Kantian Sublime*：*from Morality to Art*, Oxford：Clarendon, 1989.

9. Crowther, Paul, *Critical Aesthetics and Postmodernism*, Oxford: Clareton, 1993.

10. Curtis, Neal, *Against Autonomy: Lyotard, Judgement and Action*, Aldershot, Hants& Burlington, VT: Ashgate, 2001.

11. Davis, Tony, *Humanism*, London & New york: Routledge, 1997.

12. Haber, Honi Fern, *Beyond Postmodern Politics: Lyotard, Rorty, Foucault*, London & New York: Routledge, 1994.

13. Harvey, David, *The Condition of Postmodernity*, Oxford: Blackwell, 1990.

14. Harvey, Robert, ed. , *Afterwords: Essays in Memory of Jean – François Lyotard*, Occasional Papers of the Humanities Institute at Stony Brook, Stony Brook, N. Y. : Humanities Institute, 2000.

15. Hutchings, Kimberly, *Kant, Critique and Politics*, London & New York: Routledge, 1996.

16. Lash, Scott and Friedman, Jonathan, ed. , *Modernity and Identity*, Cambridge, Massachusetts: Blackwell, 1989.

17. Lyotard, Jean – François, *Peregrinations: Law, Form, Event*, New York: Columbia University Press, 1988.

18. Lyotard, Jean – François, *The Lyotard Reader*, ed. Andrew Benjamin, Oxford: Blackwell, 1989.

19. Lyotard, Jean – François, *Duchamp's Trans/former*, Venice, California: Lapis Press, 1990.

20. Lyotard, Jean – François, *The Postmodern Explained to Children*, Lpndpn: Turnaround, 1992.

21. Lyotard, Jean – François, *Toward the Postmodern*, ed. Robert Harvey and Mark S. Roberts, New Jersey: Humanities Press, 1993.

22. Lyotard, Jean – François, *The Lyotard Reader & Guide*, ed. Keith Crome and James Williams, Edinburgh: Edinburgh University Press, 2006.

23. Malpas, Simon, *Jean – François Lyotard*, London & New York: Routledge, 2003.

24. Nordquist, Joan, *Jean – François Lyotard: A Bibliography*, Santa Cruz, California: Reference and Research Services, 1991.

25. Muller – Zettelman, Eva, *Theory into Poetry*, Amsterdam & New York:

Rodopi B. V. , 2005.

26. Nouvet, Claire, Stahuljak, Zrinka, and Still, Kent, ed. , *Minima Memoria: In the Wake of Jean – François Lyotard*, Stanford: Stanford University Press, 2007.

27. Pefanis, Julian, *Heterology and the Postmodern: Bataille, Baudrillard, and Lyotard*, Durham & London: Duke University Press, 1991.

28. Rosiek, Jan, *Maintaining the Sublime: Heidegger and Adorno*, Bern: Peter Lang AG, 2000.

29. Readings, Bill, *Introducing Lyotard: Art and Politics*, London & New York: Routledge, 1991.

30. Rojek, Chris and Turner, Bryan S. , ed. , *The Politics of Jean – François Lyotard*, London & New York: Routledge, 1998.

31. Shaw, Philip, *The Sublime*, London & New York: Routledge, 2006.

32. Silverman, Hugh J. , ed. , *Lyotard: Philosophy, Politics and the Sublime*, London & New York: Routledge, 2002.

33. Sim, Stuart, *Beyond Aesthetics*, Toronto: University of Toronto Press, 1992.

34. Sim, Stuart, *Jean – François Lyotard*, Hertfordshire: Prentice Hall/ Harvester Wheatsheaf, 1996.

35. Sim, Stuart, *Lyotard and the Inhuman*, Cambridge: Icon/Totem, 2000.

36. Steuerman, Emilia, *The Bounds of Reason: Habermas, Lyotard, and Melanie Klein on Rationality*, London & New York: Routledge, 2000.

37. Williams, James, *Lyotard and the Political*, London & New York: Routledge, 2000.

38. Williams, James, *Lyotard: Towards a Postmodern Philosophy*, Cambridge & Malden, MA: Polity Press, 1998.

（二）译著

1. Lyotard, Jean – François, *Just Gaming*, trans. Wlad Godzich, Minneapolis: University of Minnesota Press, 1985.

2. Lyotard, Jean – François, *The Differend: Phrase in Dispute*, trans. Georges Van Den Abbeele, Minneapolis: University of Minnesota Press, 1988.

3. Lyotard, Jean – François, *Phenomenology*, trans. Brian Beakley, New

York: State University of New York Press, 1991.

4. Lyotard, Jean – François, *The Postmodern Explained: Correspondence 1982 – 1985*, trans. Don Barry, Bernadette Maher, Julian Pefanis, Virginia Spate, and Morgan Thomas, Minneapolis: University of Minnesota Press, 1992.

5. Lyotard, Jean – François, *Political Writings*, trans. and ed. Bill Readings and Kevin Paul Geiman, London: UCL Press, 1993.

6. Lyotard, Jean – François, *Libidinal Economy*, trans. Iain Hamilton Grant, London: Athlone Press, 1993.

7. Lyotard, Jean – François, *Lessons on the Analytic of the Sublime*, trans. Elizabeth Rottenberg, Stanford: Stanford University Press, 1994.

8. Lyotard, Jean – François, *Signed Malraux*, trans. Robert Harvey, Minneapolis: University of Minnesota Press, 1999.

9. Lyotard, Jean – François, *The Confession of Augustine*, trans. , Richard Beardsworth, Stanford: Stanford University Press, 2000.

10. Lyotard, Jean – François, *Soundproof Room: Malraux's Anti – aesthetics*, trans. Robert Harvey, Stanford: Stanford University Press, 2001.

11. Longinus, '*Longinus' on Sublimity*, ed. and trans. D. A. Russell, Oxford: Clarendon Press, 1965.

12. Merleau – Ponty, Maurice, *The Primacy of Perception*, ed. and trans. James M. Edie, Evanston: Northwestern University Press, 1964.

13. V · Descombes, *Modern French Philosophy*, trans. , L. Scott – Fox and J. M. Harding, London: Cambridge University Press, 1980.

（三）期刊

1. David, Anthony, "Lyotard on the Kantian Sublime", in *International Studies in Philosophy*, Vol. 29, Iss. 4, 1997.

2. Fry, Karin, "The Role of Aesthetics in the Politics of Jean – François Lyotard", in *Philosophy Today*, Vol. 48, No. 1, Spring 2004.

3. Holmqvist, Kenneth, and Pluciennik, Jaroslaw, "A Short Guide to the Theory of the Sublime", in *Style*, Vol. 36, No. 4, Winter 2002.

4. Huyssen, Andreas, "Introduction: Modernism after Postmodernity", in *New German Critique*, Vol. 33, No. 3, Fall 2006.

5. Nuyen, A. T., "Lyotard's Postmodern Ethics and the Nomative Question", in *Philosophy Today*, Vol. 42, Iss. 4, Winter 1998.

6. Piché, Claude, "The Philosopher – Artist: A Note on Lyotard's Reading of Kant", in *Research in Phenomenology*, Vol. 22, 1992.

7. Plug, Jan, " 'As if' Political", in *Centennial Review*, Vol. 41, Iss. 2, 1997.

8. Ross, Alison, "The Art of the Sublime", in *Philosophy Today*, Vol. 49, Iss. 1, Spring 2005.

9. Van de Vall, Renée, " Lyotard on the Sublime", in *Art & Design*, Vol. 10, No. 1 – 2, 1995.

（四）专刊

1. *Diacritics*, Vol. 14, No. 3, Fall 1984.

2. *Jean – François Lyotard: Time and Judgment*, *Yale French Studies*, No. 99, 2001.

法文部分

（一）专著

1. Lyotard, Jean – François, *Discours, Figure: Collection d'Esthétique*, Paris: Klincksieck, 1971.

2. Lyotard, Jean – François, *Dérive à Partir de Marx et Freud.* Paris: Union Générale d'Editions, 1973.

3. Lyotard, Jean – François, *Les Transformateurs Duchamp*, Paris: Galilée, 1977.

4. Lyotard, Jean – François, *La Condition Postmoderne*, Paris: Galilée, 1979.

5. Lyotard, Jean – François, *L'Enthousiasme: la Critique Kantienne de l'Histoire*, Paris: Galilée, 1986.

6. Lyotard, Jean – François, *Que Peindre? Adami Arakawa Buren* (2 vols), Paris: Éditions de la Différence, 1987.

（二）期刊

1. Lyotard, Jean – François, "Nés en 1925", in *Temps Modernes*, May (32), 1948.

索　引

后 记

岁月如流，5 年前博士毕业答辩的场景还历历在目。回想当初选择利奥塔的崇高美学作为论题的初衷，是出自对当代法国思想的兴趣。遗憾的是，从硕士论文专注的波德里亚、布尔迪厄，到博士论文的研究对象利奥塔，6 年的研究生生涯早已逝去，我却仍旧没有参透当代法国思想的要义。虽是如此，在我眼中，当代法国思想家们风格各异的学术理路和云谲波诡的哲学思想还是一样引人入胜。就像狄更斯在《双城记》开头写的那样："那是最美好的年代，那是最糟糕的年代；那是智慧的年头，那是愚昧的年头；那是信仰的时期，那是怀疑的时期；那是光明的季节，那是黑暗的季节；那是希望的春天，那是失望的冬天；我们全都直奔天堂，我们全都在直奔相反的方向——简而言之，那时跟现在非常相像，某些最喧嚣的权威坚持要用形容词的最高级形容它。说它好，是最高级的；说它不好，也是最高级的。"带着这样的纠结，我重新翻开博士论文审读修改，希望把自己再次浸入利奥塔的世界，用把论文变成图书出版物的方式向所有关爱我的人致敬，完成一个并不盛大的仪式。

感谢我的导师曾繁仁先生。先生高尚的品格、严谨的学风、谦逊的为人、豁达的心境无时无刻不在鼓励、鞭策着我。不管治学，还是做人，先生都传授给我足以受用一生的宝贵财富。没有先生，我便无法完成博士论文，更无法顺利完成学业。时至今日，先生的关怀依然如春风在侧，让我备感温暖。这部书稿即将出版之际，先生欣然为本书作序，实在感激不尽。

感谢我的美国导师 Martin Schwab 教授，教授在我留学期间给了我最无私的关心、照顾与帮助。身为德裔美籍，教授兼具德国人的严谨细致，美国人的幽默达观。他为哲学功底并不扎实的我单独授课，不厌其烦地为我解释那些难懂的概念范畴。从论文指导到日常生活，他为我所做的一切，我想，千言万语也难以尽表，唯有感恩。

感谢我的家人，感谢所有的师长、亲友和同事：你们让我昂然面对生活的一切，在欢乐、悲伤、惬意、黯然、轻松、艰难……在诸多容易与不容易之间一直拥有微笑前行的勇气和动力。

最后，还要感谢为这本书顺利出版而付出辛勤劳动的所有人，尤其是中国社会科学出版社的张昊鹏编辑和其他相关工作人员。谢谢你们！

一路走来，我得到的爱和包容实在太多太多，用以付出的情和回报却又太少太少。我深感惭愧，希望自己可以做一株棉花，饱享阳光，释放温暖，献给所有关爱我的人。

是为后记。

刘冠君

2015 年 5 月 31 日